대기업, 공기업이 원하는

고졸
취업

| 김태완(블루벅스 대표) 지음 |

나비의 활주로

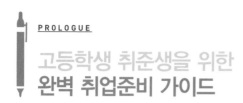

고등학생 취준생을 위한
완벽 취업준비 가이드

"제 꿈은 무엇일까요? 당장 무엇을 준비해야 하나요?" "아직 진로를 정하지 못했어요." "특별히 하고 싶은 것이나 꿈이 없어요." "회사와 직무를 잘 모르겠어요." "당장 무엇을 준비해야 하나요?" "휴학, 졸업연기 할까요?" "전공에 흥미가 없어요." "제 전공으로 취업할 수 있을까요?" "지금까지 50여 개 이상 기업에 지원해서 서류에서 떨어졌는데 무엇이 문제일까요?" "취업할 수 있을까요?" "이제는 자신감도 없고 미래가 너무 불안해요." "자기소개서, 면접 준비 어떻게 하나요?" "대학만 들어오면 다 잘 될 줄 알았는데…."

이는 매년 명문대 대학생 500여 명을 대상으로 취업과 진로상담을 통해 필자가 가장 많이 듣는 질문들이다. 이러한 질문을 하는 학생들의 한 가지 공통점은 방향을 잡지 못하고 있다는 것이다. 많은 대학생들이 방향을 잡지 못하고 방황하는 이유가 무엇일까? 그것은 진로, 즉 어떤 직업을 가질 것인가에 대한 방향을 잡지 못한채 중학교에서 고등학교를 진학할 때부터 대학진학만을 목표로 공부했고 오로지 성적을 통해서 명문대학과 인기학과를 선택하는 데만 목표를 두었기 때문이다. 대학만 들어가면 인생의 밝은 미래만이 기다리고 있을 것이라고 생각했는데 막상 입학하고 보니 청년실업 (4년제 대학생 평균 취업률 52.3퍼센트, 2015년 기준)이라는 엄청나게 큰 벽이 앞을 가로 막고 있을 뿐이다. 그럼에도 대부분의 대학생들은 대학교에 들어와 서도 중·고등학교 때와 다르지 않게 남들보다 속도가 뒤쳐질까 봐 불안해하며 방향 없이 스펙만 쌓아 가며 취업준비를 하기 쉽다.

그럼 이러한 현상은 단지 대학생들만의 문제일까? 지금 여러분이 대학진학을 목 표로 열심히 공부하면서 고등학교에 다니고 있는 학생이라면 아마도 이런 생활을 반복하고 있지 않을까 한다. 매일 새벽 일찍 피곤한 몸으로 등교해서 학교 수업, 학 교 야간 자습 또는 학원 수업을 끝내고 집에 돌아가면 인터넷 동영상 강의를 듣고 밤 12시가 넘어서야 잠이 들 것이다. 게다가 이러한 생활의 반복은 오로지 대학 입 학이라는 목표가 이루어 질 때까지 수년 동안 계속된다.

그렇다면 도대체 왜 대학에 진학하려고 하는가? 부모님과 선생님의 기대나 주위 의 시선 때문인가? 막연하게 당연히 그래야 하기 때문인가? 그냥 아무 생각 없이 남 들이 그렇게 하니까? 대학에 가는 것 이외에는 다른 대안이 없어서? 대기업에 취직 하려면 대학교를 가야 하니까? 인생에서 성공할 수 있는 유일한 방법이라서? 자신 의 분명한 꿈과 비전을 이루기 위해서?

어떤 답이든 상관없다. 다만 선택에 대한 책임은 결국 자신의 몫이다. 어느 누구 도 여러분의 선택에 책임지지 않는다. 그래서 여러분이 진학이든 취업이든 어떤 선 택을 하더라도 한 가지 명확하게 알았으면 한다. 그 선택이 타인의 의지가 아닌 뚜 렷한 목표나 꿈을 가지고 현실에 대한 냉정한 분석을 통해, 소중한 미래를 구체적으 로 계획한 후에 스스로의 의지에 따라 한 것이어야 한다는 점을 말이다. 필자는 대학 진학에 대한 부정적 견해를 말하려는 것도, 고졸 취업을 장려하고자 하는 것은 아니다. 다만 여러분이 자신의 미래를 위해 충분한 시간을 가지라는 것이다. 그리고 나서 대학 진학을 할지, 취업을 할지 고민해 보기 바란다. 고등학교를 졸업하고 취업한다고 해서 대학을 포기하는 것이 아니다. 정말 필요한 시점에 직장을 다니면서 대학을 다니는 방법도 얼마든지 있다.

서점에 가면 대학생을 위한 취업 지침서는 얼마든지 쉽게 볼 수 있다. 그러나 고등학생들에게 필요한 진로선택과 취업을 위한 지침서는 극소수이다. 5년 전 처음으로 고졸취업 지침서를 쓸 당시에만 해도 고졸취업 지침서는 전무한 상태였지만, 그동안 몇 권의 고졸취업 지침서를 서점에서 볼 수 있었다. 이것은 참으로 고무할 만한 일이다. 그 만큼 고졸취업에 대한 사회적 관심이 커졌다는 것을 증명해 주기 때문이다.

그러나 조금 아쉬운 것은 고졸취업 지침서들이 고졸취업 열풍에 대한 기사 모음집이나 면접, 자기소개서를 준비하기 위한 일반적인 이론을 실은 정도이다. 그래서 필자는 5년 동안 더 많은 고졸취업에 대한 분석과 강의 그리고 상담을 통해 현장에서 경험한 내용들을 바탕으로 업그레이드된 고졸취업 책을 내게 되었다. 이 책은 여러분 스스로 진로를 선택하는 방법과 취업을 준비할 수 있도록 만든 참고서이다. 그래서 인생 3막 시대에 살아갈 여러분이 진로선택에 대한 냉철한 준비와 판단을 하는데 도움을 줄 것이다. 특히 자기소개서와 면접 준비를 위해 가장 먼저 해야 하는 것이 철저한 사전 분석 즉 자기분석, 직무분석, 그리고 기업분석이다. 필자가 여러 해 동안 학생들을 대상으로 1대1 취업코칭이나 그룹코칭을 하면서 사용했던 분석

방법을 고등학생 여러분에게 맞도록 수정하여 좀 더 단순화했으며 사례와 함께 상세히 실었다. 또한 자기소개서 작성과 면접 준비를 혼자서도 할 수 있도록 꼭 알아야 할 이론(기본편, 핵심편)은 쉽고 간단하게 설명하고 사례(실전편)를 통해 이해를 높였다.

청소년기부터 장년에 이르기까지 평생 멘토링을 추구하는 블루벅스의 대표멘토님들께서 집필에 도움을 주셨다. 또한 매년 필자가 진행하는 학교강의에서 만나 자기소개서와 면접 코칭을 통해 인연이 된 서울여자상업고등학교 최세현, 박선영 학생에게도 감사를 꼭 전하고 싶다. 지금까지 수많은 고등학생들을 만나 봤지만 이렇게 밝고 긍정적이고 열정적이며 인성이 뛰어난 학생들은 드물었던 것 같다. 이제는 직장인이 된 최세현(신용보증기금)과 박선영(MBC)학생의 도움으로 이 책의 사례들 중 일부를 준비할 수 있었다.

마지막으로 이 나라에 진정한 교육자란 무엇인지 어떻게 살아야 하는지를 40 평생 온 몸으로 보여 주신 고(故) 김만석 교장 선생님의 영전에 이 책을 바친다.

블루벅스 대표멘토 김태완

CONTENTS

PART3 서류전형 대비 이력서와 자기소개서 작성 비밀

PART4 실전에 강해지는 면접의 비밀

PART5 면접 이미지 메이킹 이것만은 알아두자

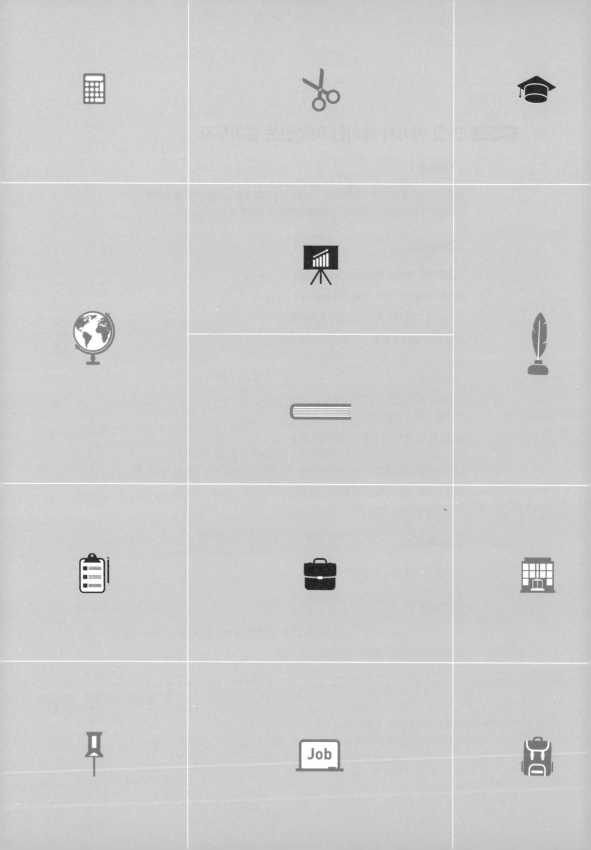

PART 1

대안이 아니라 대세,
고졸 취업

> ## 부모님 세대와는 전혀 다른
> ## 우리의 인생

지난 2000년에 76세였던 한국인의 평균기대 수명이 2020년에는 81세가 되고 2040년이 되면 100세를 넘게 된다고 한다. 이러한 평균기대 수명의 증가는 정치, 경제, 사회, 문화 전반뿐 아니라 개인의 삶에도 큰 변화를 일으키고 있다. 특히, 한 개인이 평생에 걸쳐 자아실현과 행복한 삶을 살기 위해 필요한 경제활동 요구기 간 즉 일을 해야 하는 기간이 부모님 세대보다 점점 더 길어지게 된다.

그러나 안타깝게도 현실은 우리가 원하는 기간만큼 직장에서 경제활동을 오랫동안 할 수 없다. 전 세계적으로 장기적인 경기불황과 침체 그리고 무한경쟁 체제 속에서 기업들은 채용과 구조조정정년이 되기 전에 강제퇴직 시킴을 반복하면서 생존을 위해 몸부림치고 있다. 그러다 보니 여러분이 미래에 하게 될 안정된 직장생활이 위협받는 것이다. 따라서 이제는 과거처럼 한번 공부해서 취업하고 퇴직하여 노후를 즐기는 부모세대의 일반적인 삶을 기대하기 어렵다. 앞으로 도래할 100세 시대에는 공부하고 취업한 다음 다시 공부해서 재취업하는 과정을 삶의 전반에 걸쳐서 계속해야만 한다. 이러한 삶의 유형 변화로 인해 현재의 청소년들인 여러분은 부모님과는 다른 방식의 삶을 준비해야 하며 성공적인 직업선택과 취업 그리고 미래를 위해 계획적이고 체계적인 준비가 필요하다.

📢 인생 2막 시대 – 부모님 세대

먼저 부모님 세대의 삶을 한번 살펴보자. 평균수명이 76세 정도였던 부모님 세대에는 20~25년간 교육받고 첫 직장을 잘 구한 다음 30~40년 직장생활 후에 10~15년 정도 안정된 노후 생활을 보낼 수 있었다.

25세	60세	75세
교육	경제활동(취업)	노후생활(은퇴)
20~25년	35~40년	15년

즉, 2000년 초반까지 제 1막 교육과 제 2막 취업을 통해서 은퇴 후 안정된 노후 생활이 어느 정도 보장된 인생2막 시대는 천편일률적인 단순경쟁시대였다. 교육 → 취업 → 은퇴라는 예측 가능한 삶 속에서 안정된 평생 직장생활이 가능했으며 상대적으로 짧은 노후생활이라는 특징이 있었다. 그리고 이 시대에는 학벌대학교와 첫 직장대기업이 인생에서 중요한 의미를 부여했고 인생 초반의 스펙이 자신의 삶을 어느 정도 결정짓는 중요한 기준이 되었다. 그래서 재수, 삼수, 사수하며 유명 대학에 입학하려고 했고 대학을 졸업하면 대기업 취업이 보장되는 시대였다. 한번 직장생활을 시작하면 인생 역전 또한 쉽지 않았다.

📢 인생 3막 시대 - 우리 세대

그러나 평균수명이 20~30년이나 길어진 여러분 세대에는 부모님과는 전혀 다른 삶, 다시 말해 인생 2막이 아닌 3막 시대가 펼쳐지고 있다.

25세	60세	75세	100세
교육	취업과 재교육	창직	노후생활(은퇴)
20~25년	35~40년	15년	25년

앞에서 이미 말한 바와 같이 2000년IMF 이후 세계적인 경기불안과 기업들의 무한경쟁시대에 접어들면서 평생직장이라는 개념은 사라지고 평생직업이라는 불안정한 직장생활이 시작되었다. 기업은 유명대학 출신, 성적이 우수한 인재들을 채용하여 정년을 보장하며 그동안 큰 문제없이 회사를 성장시켜 왔다. 그러나 IMF와 그 이후의 수많은 경제위기라는 괴물 앞에선 속수무책이었고 대기업이나 그룹들이 공중분해 되고 엄청난 구조조정이 이루어졌다.

이때부터 기업들은 생존을 위해서 학벌이 아닌 역량중심으로 인재를 선발하게 되었고 매년 평가를 통해서 부적합한 인력들은 회사를 그만두게 하였다. 2016년부터 정부가 법으로 정년을 60세로 규정하고 있지만 정년까지 다닐 수 있는 사람이 얼마나 될지는 아무도 모른다. 이제는 명문 대학을 나오면 취업이 보장되고 한번 취업되면 정년까지 문제없이 갈 수 있는 세상이 아니다. 대학을 나와도 40~50퍼센트가 취업을 못하고 대기업에 들어가도 40~50대에 많은 직장인들이 회사를 그만 둬야 하는 시대이다. 이것이 바로 여러분 앞에 펼쳐질 인생 3막 시대의 모습이다.

인생 3막 시대의 삶은 제1막 교육, 제2막 취업 후에도 끊임없는 재교육을 통해, 제3막 50~75세의 재취업이나 창직을 준비해야 하는 마라톤레이스와 같다.

따라서 가장 중요한 1막 진로탐색과 취업준비 단계부터 시작하여중학교 또는 고등학교 2막 취업/재취업을 걸쳐서 철저한 계획과 체계적인 준비를 통해 3막 재취업과 창직의 삶을 성공적으로 이루어 안정되고 행복한 삶을 준비해야만 한다.

📢 인생은 속도가 아니라 방향이다

"아직 진로를 정하지 못했어요." "회사와 직무를 잘 모르겠어요." "당장 무엇을 준비해야 하나요?" "휴학, 졸업연기 할까요?" "전공이 흥미가 없어요." "제 전공으로 취업할 수 있을까요?" "지금까지 50여 개 이상 기업에 지원해서 떨어졌는데 무엇이 문제일까요?" "취업할 수 있을까요?" "이제는 자신이 없고 미래가 너무 불안해요." "자기소개서, 면접 준비 어떻게 하나요?"

이는 보통 한 해 동안 수도권 명문 대학생 500여 명을 대상으로 취업과 진로상담을 통해 가장 많이 들은 질문들이다. 이들의 한 가지 공통점 또한 방향을 잡지 못하고 있다는 것이다. 많은 대학생들이 방향을 잡지 못하고 방황하고 있는 이유는 무엇일까? 그것은 진로, 즉 어떤 직업을 가질 것인가에 대한 방향 없이 중학교에서 고등학교에 진학할 때부터 대학 진학만을 목표로 공부했고 오로지 성적을 통해서 인기대학과 학과를 선택하는 데만 목표를 두었기 때문이다.

대학만 들어가면 모든 것이 끝이라고 생각했는데 막상 들어와 보니 청년실업4년제 대학생 평균 취업률 52.3퍼센트 2015년 기준이라는 엄청나게 큰 벽이 앞을 가로 막고 있는 것이다. 물론 자신의 진로에 대해 일찍부터 고민하고 진로의 방향을 잘 잡아서 체계적으로 준비하는 학생들도 있지만, 상당수의 대학생들은 진로와 취업에 대한 방향을 잡지 못하고 있는 것이 현실이다.

방향이 없거나 틀리면 속도는 아무런 의미가 없다. 그럼에도 학생들은 남들보다 속도가 뒤처질까 봐 불안해하며 방향 없이 스펙만 쌓고 입사지원하면서 취업 준비를 한다. 부모님 세대와는 전혀 다른 방법으로 진로, 취업과 미래를 준비해야 하는데 말이다. 그렇다면 이제 어떻게 해야 할까?

첫째, 남들과 비교하지 말고 자신만의 체계적인 준비를 해야 한다.

사람마다 기질, 재능, 직무적성이 다 다르고 이해와 능력의 속도가 다르다. 그런데 모두가 같은 속도와 방법으로 스펙을 준비하고 취업하려고 한다. 즉, 남들이 대학갈 때 자신도 유명대학을 가야하고 졸업해서 남들이 가고 싶어 하는 대기업을 가려고 한다. 그러다 보니 자신만 뒤처진 것 같고 불안해한다.

고등학교든 대학교든 졸업 후 여러분은 최소 40년 이상의 경제활동을 해야 한다. 시작이 1~2년 늦는다고, 시작이 남들과 다르다고, 원하는 회사와 직업이 아니더라도 걱정할 것 없다. 필자도 20여 년 동안 4번의 전직과 체계적인 준비와 노력을 통해 인생3막의 평생직업을 찾았다. 여러분도 학년에 맞는 자기분석과 직무탐색을 통해 방향을 정하고, 필요한 스펙과 역량을 주어진 시간 내에 어떻게 준비해야 할지 철저한 계획과 적극적인 노력을 통해서 만들어 가면 된다.

둘째, 인생에는 여러 갈래의 길과 기회가 있다.

어른들로부터 "명문대학을 가야만 더 좋은 직장, 안정된 직장을 갈 수 있어."라는 말을 많이 들었을 것이다. 하지만 이제 이것이 정답이 아니라는 것을 이 책을 인내심을 가지고 계속 읽게 되면 분명하게 알게 될 것이다. 또한, "첫 직장이 중요하기 때문에 가능하면 대기업을 가야 해."라는 말도 많이 들었을 것이다. 어느 정도 틀린 말은 아니지만 이것은 평생직장 시대에 살았던 386세대에나 해당한다. 평생직업 시대에는 직업에 대한 체계적인 준비와 역량만 있다면 자신이 원하는 직장을 경력으로 나중에 들어갈 수도 있다. 즉 방법과 기회가 다양해졌기 때문이다. 단 중소규모의 첫 회사를 선택할 때는 자신의 직무와 역할에 대해서 철저히 분석해야 한다. 10여 년 동안 수천 명의 경력자를 만난 필자는 얼마든지 다양한 사례를 말해 줄 수 있다.

셋째, 실천은 자신이 하지만 준비는 멘토와 함께 한다.

막상 진로나 취업에 대해서 무엇을 어떻게 준비해야 할까 혼자 고민하다 보면 막연한 경우가 많다. 인터넷이나 지인을 통한 정보는 한계가 있고 신뢰할 수도 없다. 또한, 여러분이 복잡해진 직업의 세계를 제대로 파악하기란 더욱 힘들다. 이러한 문제를 해결하는 데는 각 학교에 있는 취업지원센터에서 진로와 취업관련 다양한 프로그램들과 전문 상담선생님들의 도움 받아 보길 적극 추천한다.

마지막으로 취업의 비법을 알려주고자 한다. 취업의 비법은 바로 올바른 인성이다. 이제는 '인성이 실력인 시대'이다. 기업은 인성을 최종 선발의 기준으로 삼는다. 여기에 남들과 비교하지 않는 절대적 자신감만 더 한다면 아주 강력한 무기를 가지게 될 것이다.

대졸 불패 신화는 깨진 고졸 취업 시대

🔊 대학은 더 이상 취업의 보증수표가 아니다

만약 지금 당신이 명문대학 진학을 목표로 열심히 공부하면서 고등학교에 다니고 있는 학생이라면, 주중 주말 상관없이 학교 수업, 학교 야간 자습 또는 학원 수업을 끝내고 집에 돌아가면 인터넷 동영상 강의를 들을 것이다. 그렇다면 매일 새벽 일찍 피곤한 몸으로 등교해서 밤 12시가 넘어서야 잠이 들게 된다. 이러한 생활의 반복은 오로지 대학 입학이라는 목표가 이루어 질 때까지 계속될 것이다.

그렇다면 당신은 도대체 왜 좋은 대학에 가려고 하는가? 부모님이나 선생님의 기대 때문에? 주위의 시선 때문에? 막연히 당연히 그래야 하기 때문에? 그냥 아무 생각 없이? 좋은 대학에 가는 것 이외에는 다른 대안이 없어서? 좋은 직장에 취직하기 위해서? 인생에서 성공할 수 있는 유일한 방법이라서? 꿈을 이루기 위해서?

어떤 것이 답이든 상관없다. 이유가 어찌 되었든 모든 선택은 결국 당신의 몫이다. 그러나 한 가지 명확하게 생각해보고 넘어갔으면 한다. 당신의 답이 타인의 의지가 아닌 스스로 의지에 의한 것일까? 뚜렷한 목표나 꿈이 있는 상황에서, 현실에 대한 냉정한 분석을 통해, 소중한 미래를 구체적으로 상상한 후에 한 답변인지부터 살펴보라.

지금까지 대다수의 사람들은 소수만이 갈 수 있는 명문대학을 가기 위해서 부모님 때부터 치열하게 공부하고 경쟁해 왔다. 그리고 실패하면 재수, 삼수를 하고 편입해서라도 명문대학을 가려고 했다. 과연 명문대학만 들어가면 당신의 인생은 탄탄대로가 되어 활짝 필 수 있을까?

명문대학이든 아니든 간에 어떻게든 대학에 들어갔다고 치자. 그러면 모든 것이 해결될까? 그렇지가 않다. 더 큰 경쟁과 시련과 장벽이 당신을 기다리고 있다. 대학교 1학년 때부터 취업을 위한 스펙 쌓기 경쟁에 돌입해야 한다. 하늘 높은 줄 모르고 치솟는 등록금을 부모님께서 마련해주신다면 다행이지만, 그렇지 못하면 등록금뿐만 아니라 생활비까지 해결해야 한다. 이 모든 살인적인 비용을 감수하기 위해 아르바이트로 바쁜 생활을 해가면서도 학점에, 외국어 점수에, 자격증 그리고 인턴까지 챙겨야 한다. 그러지 않으면 취업은 어림도 없다.

스펙을 쌓았다고 취업을 할 수 있을까? 누구나 선호하는 대기업에 취업하기 위해서는 몇 십대 일의 경쟁은 기본이다. 1~2년의 휴학과 한두 번의 졸업연기를 통해 대학을 4년이 아닌 6년 이상을 다니게 되고 취업 재수, 삼수는 기본이다. 실감이 나지 않는다면 다음의 통계자료를 유심히 살펴보자.

대졸 취업률

우리나라 대학교육은 고비용·저효율 구조다. 고등학생 10명 중 7명70.7퍼센트 이상이 대학에 진학하고 등록금연간 1,085만 원은 경제협력개발기구OECD 회원국 중 4번째

2013년로 높지만 청년고용률은 40.7퍼센트2014년로 OECD 34개국 중 29위로 OECD 평균50.9퍼센트보다 크게 낮다. 비싼 교육이 제 값을 못하고 있는 것이다. 잠재성장률을 높이려면 이런 비효율적인 대학교육이 바뀌어야 한다.

특히 2015년 기준 4년제 대학의 취업률이 52.3퍼센트, 일반대학원이 68.9퍼센트로 나타났다. 즉 4년제 대학을 졸업한 취업 대상자의 절반은 임시직조차 구하지 못한 상태이다.

또한 통계청이 발표한 2015년도 대졸 이상 학력의 비非경제활동인구가 전년보다 4.7퍼센트 늘어난 334만 6천 명에 달한다. 비경제활동인구는 만 15세 이상 인구에서 취업자와 실업자를 뺀 인구이다. 대학을 나온 고학력자이지만 구직활동도 하지 않고 그냥 놀고 있는 사람이 334만 명을 넘어섰다는 얘기다. 특히 2015에는 2009년6.6퍼센트 이후 대졸 비경제활동 인구가 최대 증가 폭을 보여 극심한 취업난을 반영했다. 이런 측면에서 대졸 이상 비경제활동인구가 증가하고 있는 것은 원하는 직업을 찾지 못하는 젊은이들이 늘어나고 있는 점도 그 원인으로 꼽힌다.

전문대 U턴 현상

4년제 대학을 졸업하고도 취업이 어려워지면서 전문대학에 다시 입학하는 이른바 전문대 U턴 현상도 속출하고 있다. 취업난에 허덕이는 대졸자들이 전문직으로 취업이 가능한 간호과, 물리치료과, 치기공과 등의 전문대학에 재입학하는 학력 U턴 현상이 갈수록 심화되고 있는 것으로 나타났다.

국회 교육문화체육관광위 소속 유기홍 의원은 한국전문대학교육협의회의 '2012~2014년 일반대학4년제 졸업 후 전문대학 U턴 입학 현황' 자료를 인용, 최근

3년간 4년제 대학 졸업생 중 전문대에 재입학하고 실제 등록한 학생이 3천638 명이라고 밝혔다.

연도별로는 2013년 1천253명, 2014년 학년 1천283명, 2015년 1천379명, 2016 년 1천391명으로 해마다 증가하고 있다. 이러한 현상은 정부에서 가시적인 청년 실업 해소대책이 나오지 않는 한 더욱 심화할 것이라고 지적했다.

고졸취업을 장려하거나 대학입학에 대해 부정적인 측면만을 강조하려는 의도 는 전혀 없다. 단지 어떤 선택을 하든지 원하는 바를 이루기 위해서는 현실을 정 확하게 파악해야만 한다. 객관적인 환경에 대한 막연한 기대나 환상을 가지고 접 근하다가 실패하는 일은 없어야 하지 않겠는가. 고졸취업이든 대학진학이든 상황 에 대해 냉철히 파악한 후 그에 대한 준비와 대응책을 마련하는 것이 실패를 최소 화하는 길이다. 상상을 초월하는 경쟁체제를 깨달았음에도 승부를 보겠다고 결심 했다면 이는 진정한 의미의 도전이라고 할 수 있다. 도전을 계속하겠는가? 다른 현명한 대안을 찾아보겠는가? 아직도 결정내릴 수가 없거나 마음을 바꿀 생각이 전혀 없다면 조금 더 시간을 두고 숙고하길 바란다.

📢 고졸취업은 대안이 아니라 대세다

앞에서도 언급한 것과 같이 경기불황과 침체 그리고 무한경쟁 시대에서 기업은 살아남기 위해 다양한 노력들을 기울이고 있다. 그 중에서도 인재확보 전쟁은 이 제 전 세계적인 트렌드가 되었다. 하지만 한국은 다른 OECD 국가에 비해서 고학 력 인플레이션을 겪고 있다.

이러한 상황에서 기업은 단순히 학력이 높은 인재를 채용하여 높은 인건비를 감당해야 하는 부담을 겪고 있다. 그래서 이제 학력 중심이 아닌 직무 중심으로 인재를 선발하다 보니 직무에 적합한 인재라면 학력이 아니라 능력좀 더 정확히 말하면 역량을 보게 되었다.

이러한 현상이 정부의 고졸취업 확대라는 정책과 맞물려 이제 열린 고용시대가 도래하게 된 것이다. 지금까지 학력과 학벌 위주로 고용이 이루어지던 닫힌 시장이었다면, 이제는 직무에 적합한 역량을 가졌다면 학력과 학벌을 파괴하는 열린 고용시장으로 변화한 것이다.

흔히들 고졸 취업이라고 하면 전문계 고등학교 졸업자에게나 해당하는 얘기라고 생각하기 쉽다. 혹은 그마저도 생산직이나 기술직에만 국한된 것으로 생각할 수 있다. 그렇지 않다. 세상은 변했다. 다음 내용을 보면 고졸채용이 어떻게 변화하고 있는지 느낄 수 있다.

첫째, 대기업들을 중심으로 고졸 채용이 확산하고 있다.

둘째, 고졸 취업의 영역이 전통적인 생산, 기술직에서 관리직으로 점차 확대되고 있다.

셋째, 고졸 취업자들에 대한 수요가 늘어나는 데 비해, 기업들은 생각만큼 고졸 취업자들을 찾기가 쉽지가 않고, 결국 그 자리에 대졸자들을 선발한다.

넷째, 실업계뿐만 아니라 인문계 학생들, 특히 성적 우수자 들이 대학진학보다 취업에 관심을 두기 시작했다.

다섯째, 정부도 고졸 취업확대에 적극적으로 나서고 있다.

여섯째, 학생들과 부모님들의 인식이 '인문계고 보다 전문계고를, 대졸취업보다 고졸취업'으로 변화하고 있다.

이처럼 고등학교를 졸업하고 기업에 취업하는 것이 대학에 입학하는 것만큼의 비중을 가진 대안으로 떠오르는 중이다. 그것도 대학을 가지 못해서 어쩔 수 없이 선택해야 하는 차선책이 아니라 매우 똑똑하고 현명한 최선의 선택이 되고 있는 것이다.

대학 진학에 대한 아쉬움이 남을 것이라고 걱정하는가? 얼마든지 기회는 있다. 직장을 다니면서 사이버대학교나 방송통신대학교에 다니면서 충분히 학사학위를 취득할 수 있고, 야간 대학원에 다니면서 석사는 물론 박사까지도 취득할 수 있다. 또한 일부의 기업에서는 사내대학이나 계약학과와 같은 정책을 통해서 고졸 출신들이 지속적으로 공부할 수 있도록 배려한다.

따라서 고등학교를 졸업함과 동시에 대학에 들어가야 한다는 고정관념은 버리는 것이 좋다. 직장을 다니면서도 충분히 공부에 대한 욕구를 충족시킬 수 있는 시대가 되었다. 간판으로서 대학이 아닌 진짜 필요에 의한 학위가 인생에 진정으로 도움이 되지 않겠는가? 다시 한 번 강조하지만 이제 고등학교 졸업과 동시에 대학입학이라는 등식은 깨지고 있다. 고등학교 졸업과 동시에 취업, 그리고 취업 후 필요할 때 대학입학이라는 인생의 훌륭한 경로도 우리 앞에 놓여 있음을 기억하고 충분히 고민해 보기 바란다.

고등학생 취업비율 증가

고졸 전체 취업비율이 2010년 19.2퍼센트에서 2015년 39.5퍼센트로 증가했고 전문계고 취업비율도 2010년 19.2퍼센트에서 2015년 46.6퍼센트로 증가하였다 교육부 자료, 2015.

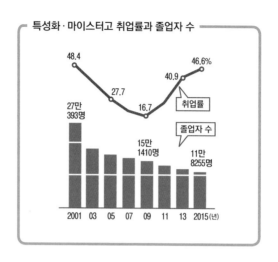

특성화·마이스터고 취업률과 졸업자 수

LG경제연구원 '고졸 취업이 청년 고용 견인한다'는 2015년 보고서에는 청년 고졸자의 실업률은 2005년 9.1퍼센트에서 지난해에는 8.9퍼센트로 감소했지만, 청년 대졸자의 실업률은 6.2퍼센트에서 9.6퍼센트로 크게 상승했다.

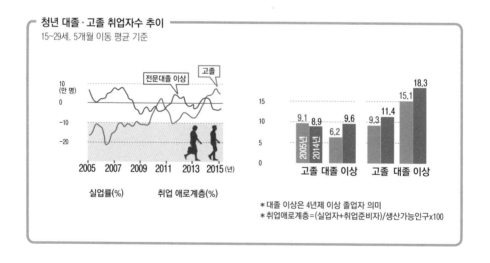

청년 대졸·고졸 취업자수 추이
15~29세. 5개월 이동 평균 기준

* 대졸 이상은 4년제 이상 졸업자 의미
* 취업애로계층=(실업자+취업준비자)/생산가능인구x100

졸업생 취업희망률 2년 연속 상승, 선先 취업 후後 진학 전형 3배 증가

고등학교 졸업 후 바로 취업을 희망하는 고등학생의 비율이 점점 늘어나고 있다. 2015년, 고등학생 10명 중 5명48.2퍼센트에 비해 올해는 10명 중 6명59.1퍼센트이 취업을 원했다. 2학년 59.6퍼센트, 1학년 63.7퍼센트에서 보듯이 저학년으로 갈수록 대학 진학보다 취업을 더 선호하는 것으로 조사되었다. 이제 우리 사회에 '고졸 취업 시대'가 열리고 있다는 분석이다.

특성화고나 마이스터고의 인기는 대학입시에도 반영이 되었다. 대학 진학률 추이가 2008년 83.8퍼센트에서 2015년 70퍼센트교육과학기술부, 통계청로 줄어든 것이 이를 증명한다.

정부와 대학들이 특성화고나 마이스터고를 졸업하고 바로 직장에 취업한 '재직자를 위한 특별전형3년 이상 근무경력'을 대폭 확대하였다. 2012년 2퍼센트, 2014년 4퍼센트에서 2015년 5.5퍼센트까지 선발 비중을 높였고, 이 전형으로 선발하는 4년제 대학·전문대학은 지난해 23개교에서 올해 69개교로 크게 늘어났다. 반면에 졸업 후 취업하지 않고 바로 대학에 입학하는 특성화고 졸업생들을 우대하는 '동일계 특별전형' 선발 인원은 2012학년도 총 대입 정원의 5퍼센트에서 2014년 3퍼센트, 2015년도 1.5퍼센트로 줄어들고 있다.

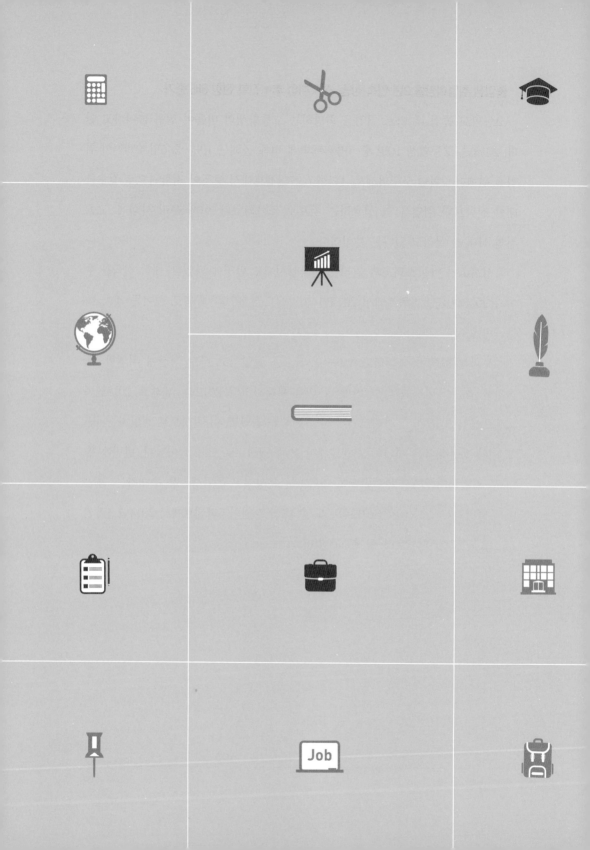

PART 2

성공취업 준비
이것부터
시작하자

> ## 스펙, 능력, 역량 그리고
> ## 직무란 무엇인가?

☀ 스펙이란 무엇인가?

당신은 초등학교 때부터 '스펙'이란 단어를 귀에 박히도록 들어왔을 것이다. 아직도 스펙쌓기 열풍은 여전하다. 과연 무엇 때문에 스펙을 쌓고자 이렇게 온 힘을 기울이고 있는 것일까? 사전적 의미로 스펙을 정리해본다면 '학력, 학교 성적, 토익점수, 자격증, 교내외활동 등을 합한 외적조건의 총체'라고 할 수 있다. 여기서 중요한 것은 스펙이 외적인 조건이라는 것이다. 스펙의 원래 단어인 specification 역시 '무엇에 대한 설명서나 사양'이라는 의미이다. 두 가지를 통해 보았을 때, 결국 스펙이란 '어떤 사람에 대한 외적 설명서'가 된다.

어떤 사람의 외적인 면에 대한 설명은 모두 증명서로 표현된다. 졸업증명서, 성적증명서, 자격증, 봉사활동증명서, 헌혈증명서 등이 스펙을 표현하는 대표적인 증명서들이다. 증명서란 무엇인가? 어떤 사람이 과거에 '이러이러한 자격이나 성적을 얻었다'는 것을 증명해주는 문서다. 이렇듯 스펙은 그 사람의 외적인 면과 과거만을 설명해준다. 따라서 스펙은 어떤 사람의 내적인 면과 미래의 잠재력은 설명해주지 못한다는 단점을 가지고 있다. 영어점수가 높다고 무조건 영어를 잘하는 것은 아니지 않는가.

스펙은 그 사람의 인성人性, 자질資質, 잠재력潛在力 등에 대해서는 말해주지 않는다. 스펙이 뛰어나다고 무조건 인간성이 좋다고 할 수 없고 스펙이 부족하다고 인간성이 나쁘다고 할 수 없다. 스펙이 뛰어나지만 대인 관계능력이 나빠서 사회에 나갔을 때는 성공적인 삶을 살지 못하는 이들도 있다. 스펙이 뛰어나지는 못하지만 커뮤니케이션 스킬Communication Skill이나 팀워크 정신이 뛰어나서 어느 조직에서나 환영받는 이들도 있다.

이러한 경우들 보더라도 스펙은 객관적 판단기준이 되지 못하는 한계를 가진다. 결국 스펙은 어떤 사람을 평가할 때 '좋은' 판단 기준이 되긴 하지만, '절대적인' 판단 기준은 되지 못한다.

☀️ 능력과 역량의 의미와 차이는 무엇인가?

취업을 준비하기 전에 알아두어야할 가장 중요한 것은 자신을 채용할 기업의 입장에서 채용의 의미와 기준이 바뀌었다는 것을 아는 것이다. 1997년 IMF를 전후로 기업 채용의 기준과 의미에는 급격한 변화가 있었다. 즉, IMF 이전 시대에 기업들은 우수하고 능력 있는 인재를 선별하는 채용을 했다면 IMF 이후부터 지금까지 기업들은 적합하고 역량 있는 인재를 선발하기 위해 집중하고 있다.

여기에서 우리는 '우수한'과 '적합한' 그리고 '능력 있는'과 '역량 있는' 인재의 차이를 분명하게 이해해야 한다. 우수하고 능력 있는 인재를 선발할 때는 공채를 통해 직무가 아닌 스펙을 중심으로 하여 성적에 따라 직무 배치를 해왔다면, 지금처럼 적합한 역량 있는 인재를 선발하는 경우에는 처음부터 직무 별로 적합한 역량을 가진 인재를 선발하게 된다. 그러다 보니 선발의 기준과 방법도 완전히 달라진 것이다. 따라서 직무, 역량이라는 단어에 대해 명확하게 이해해야 성공적인 취업 준비를 할 수 있게 된다.

신입사원을 선발할 때 중점적으로 평가하는 것은 지원자의 직무중심 역량이다. 역량은 자기소개서뿐만 아니라 면접 등 채용 전반에 나타나는 중요한 용어이고 의미이다. 기업들이 역량을 평가하는 핵심전제는 '과거에 성취 경험이 있는 사람은 미래에도 성취할 가능성이 크다'라는 것이다. 따라서 자신이 살아온 과정을 통해 어떠한 역량을 얻게 되었는지를 효과적으로 표현하는 것이 중요하다.

그렇다면 직무와 역량은 무엇이며 또한 능력과 역량의 차이는 무엇일까? 먼저 직무란 맡은 일, 즉 내가 직업상에서 그 일에 책임지고 담당하는 일을 의미하며 쉽게 이해하자면 내가 희망하여 지원한 일을 직무로 보면 된다.

역량은 어떤 일직무을 잘 해내는데 꼭 필요한 개인의 능력이다. 즉 능력이란 사람이 할 수 있는 모든 것들을 능력이라고 한다. 그러한 능력들 중에 특정한 일 즉 특정 직무를 하는데 꼭 필요한 능력을 우리는 그 직무에 필요한 역량이라고 표현한다.

역량力量, Competence은 '어떤 목표에 대한 성과를 내기 위해 이미 축적된 개인의 구체적인 행동양식들, 즉 지식Knowledge, 기술Skill, 재능Ability, 태도Attitude, 적성Aptitude을 가지고 직무 또는 역할을 성공적으로 수행할 수 있는 능력'을 말한다.

(참고 : NCS에서는 세 가지로 분류 – 지식Knowledge, 기술Skill, 태도Attitude)

다시 말하면 역량은 기업과 같은 조직에서 특정 직무를 수행하는 과정에서 특별히 뛰어난 성과를 내는 사람들의 개인적인 특성이나 자질을 말한다. 학생의 입장에서 본다면 역량은 단순히 성적이 우수하고 두루두루 공부를 잘한다는 것을 의미하는 것이 아니라, 자신에게 주어진 과제나 역할을 남들 보다 탁월하게 수행할 수 있는 특성이나 자질을 의미한다. 물론 학교 성적도 포함되지만 학교활동동아리, 교외활동에서 원활한 대인관계 및 의사소통 능력이 있거나 주어진 과제를 잘 수행하는 능력 등을 역량으로 표현할 수 있다.

기업은 일 잘하는 사람, 즉 남들보다 뛰어난 성과를 창출할 수 있는 인재를 원한다. 과거 산업사회에서는 업무에 대한 지식과 기술이 있으면 성과를 낼 수 있었다. 그러나 지식정보사회의 도래로 인하여 지식과 기술만으로는 부족하게 되었다. 논리적, 비판적으로 사고하고 사람을 설득하고 갈등을 해결하며, 새로운 지식을 창출하거나 기존의 지식들을 종합적으로 분석할 수 있어야만 탁월한 성과의 창출이 가능하게 되었다. 이와 같이 남들에 비해 탁월한 성과를 낼 수 있는 원동력이 되는 것이 곧 역량이다.

그런데 지금의 학교교육은 지식과 기술의 개발에 중점을 둔 능력개발 중심으로 이루어지고 있어 기업이 요구하는 역량을 갖추기에는 한계가 있다. 성공적인 사회진출을 위해서는 교과학습을 통한 지식과 기술의 함양뿐만 아니라 사회와 기업이 요구하는 역량개발을 위한 별도의 노력이 절대적으로 필요하다.

역량의 종류

역량은 크게 두 가지로 구분할 수 있다.

정량적인 역량 Hard Skill

지식Knowledge, 기술Skill, 스펙Spec, 정보기술Information Technology

정성적인 역량 Soft Skill

태도Attitude, 적성Aptitude, 가치관Value, 재능Ability, 성격Character, 동기Motives, 특질Traits
업무수행 역량 업무 수행에 필요한 능력
관계중심 역량 조직 속에서 함께 일하는 능력
개인자질 역량 자기관리 및 개발을 위한 능력

한국경영자총협회가 인사담당자 대상345개 기업으로 신입사원 채용 시 중요하게 보는 역량은 '조직부합력·협동심·업무전문성·창의성·적극성·성취욕' 순으로 나왔으며, 직업능력개발원의 조사532개 기업에서는 '문제해결능력, 대인관계능력, 전공능력, 의사소통능력' 순으로 나타났다. 이러한 능력들은 물론 선천적으로 타고난 능력도 있지만 대부분 지속적인 학습으로 개발될 수 있다.

기업마다 학자마다 역량에 대한 정의와 구분은 다르지만 여기서는 자기소개서나 면접에서 가장 많이 표현하는 역량을 크게 세 가지로 구분하여 보겠다. 아래에 나열된 역량과 관련된 용어들을 참고하여 자기소개서나 면접 시 자신의 역량을 정확하고 구체적으로 표현해 보기 바란다.

자기소개서와 면접에서 자주 사용되는 기본역량

하드 스킬Hard Skill

전문지식	· 특정 분야에 대해 가지고 있는 정보, 즉 알고 있는 것을 말함 · 해당분야의 지식, 경험, 기술 및 자격을 갖춘 능력 · 해당 직무에 대해 지속적인 관심과 열정을 바탕으로 필요한 지식, 경험, 기술 등을 사전에 습득함으로써 실제 업무를 빠르게 이해하여 성과를 올릴 수 있는 능력 · 전문 지식 정보의 습득 및 갱신을 위해 지식을 효율적으로 제어할 수 있는 능력. 지식습득은 새로운 정보를 학습하고 습득된 정보를 효율적으로 사용할 수 있는 능력과 결부
전문기술	· 특정한 과제를 신체적 또는 정신적으로 수행할 수 있는 능력 · 특정 직무를 수행하는데 꼭 필요한 전공이나 관련 기술 및 자격증을 보유하고 있는 능력
정보기술활용 능력	· 관련업무 및 그 이상의 주제에 대해서 관심을 갖고 여러 방법을 활용하여 정보를 수집하며 이를 이용 가능한 정보로 가공/활용할 수 있는 능력 · 정보수집/분석/활동 · 정보기기 및 기술을 활용할 수 있는 능력 · 정보를 정확히 찾아내는 능력 · 수집한 자료Data를 분석하여 직무 수행에 도움이 되는 정보Information를 만드는 능력

소프트 스킬Hard Skill

· 업무수행 역량 업무 수행에 필요한 능력

역량의 종류	역량의 정의
문제해결능력	· 문제를 미리 예견하고 그 핵심원인을 분석하여, 다방면으로 창의적인 대안을 모색하여 해결책을 찾아내는 능력 · 직무를 수행하는 과정에서 발생 가능한 문제들을 미리 예측하고 또한 이미 발생한 문제의 본질과 핵심을 정확하게 파악하여 전략적인 사고를 바탕으로 구체적인 방안을 제시하여 문제를 해결하는 능력 · 문제인식, 문제분석, 대안제시, 대안평가 및 선정, 구체적인 실행방안 수립, 적극적인 실행
상황대처능력	· 직무를 수행하는 과정에서 발생하는 다양한 상황에 당황하지 않고 신속하고 능동적으로 순발력 있게 대처하는 능력
기획력	· 어떤 문제나 목표를 처리하기 위해서 문제나 목표를 잘 정의하고 필요한 일의 우선순위와 진행과정에 대한 계획을 잘 세우고 진행과정에서 예상되는 문제를 미리 예견하며 대처할 수 있도록 계획하는 능력

창의성	· 열린 사고와 어떠한 상황을 기존의 경험과 선입견에 얽매이지 않고 새로운 관점으로 보고 이해하여 그것을 바탕으로 새로운 기획을 제시하는 것 · 창의력은 무유창조가 아닌 유유창조이기 때문에 새로운 시각과 인식에서 시작함 · 남들과 다른 방식으로 관찰하는 것을 바탕으로 발상을 전환하여 새로운 형식의 아이디어를 제안함
분석력	· 사물의 현상을 정확히 분석할 수 있는 능력 · 어떤 목적이나 목표에 적합한 정보를 얻기 위한 정확한 분석 능력이 필요
국제화 능력 글로벌 마인드	· 인종적, 문화적, 지역적 차이를 개방적으로 수용하고 이를 활용해야 함. 이를 위해서는 외국어 구사능력은 기본이며, 인종, 국가, 기업, 경영 방식 등에서 나타나는 개인이나 집단의 특성을 파악하고 차이점을 인정하여 이를 긍정적으로 활용할 수 있어야 함 · 국제적 이슈에 대한 지속적인 관심과 파악 · 외국인과의 친숙한 커뮤니케이션 및 관련 어학 능력 · 다양한 문화, 인종, 역사, 정치, 지역, 환경 및 나라에 대한 이해와 적응, 수용능력 · 무역지식과 글로벌 매너
고객지향능력	· 서비스를 받는 고객의 입장에서 생각하고 고객의 요구와 기대사항을 꾸준하게 파악하여 정확하게 이해하고 예측하여 이것을 바탕으로 업무를 추진하여 성과를 높이는 능력 · 고객에게 항상 최선의 서비스를 제공하려는 자세 · 고객이 만족하려면 어떤 서비스를 취해야 만족할 수 있는지 고객의 입장에서 그 마음을 생각하고 고객이 요구하기 전에 먼저 행동하는 것 · 진심에서 우러난 미소를 짓고 역지사지의 관점에서 열정적으로 서비스할 수 있는 역량

• 관계중심 역량 조직 속에서 함께 일하는 능력

대인관계능력 관계구축능력	· 내·외부 고객을 비롯한 업무 상 접하게 되는 타인에 대한 폭넓은 이해를 바탕으로 본인의 업무수행 및 조직성과 향상에 유익한 인간관계를 형성하는 능력 · 목표달성을 위해 사람들과 협력적인 관계를 만들어 가고 이를 유지하는 능력 · 타인입장과 기분을 배려하고, 쉽게 어울리며 친해질 수 있는 역량
통합조정능력 (갈등해결)	· 이해 당사자들의 갈등의 속성을 잘 파악하고 조정하는 능력조정자 · 사람들 사이에서 문제나 갈등이 있을 경우 나서서 해결하고 조정하기를 좋아함 · 자신만의 갈등해결 방법이나 절차를 가지고 있어야 함

협동력 (팀워크)	• 팀의 목표달성을 위해 구성원들과의 원활한 의사소통과 자발적인 협조 및 적극적으로 솔선수범하는 태도 • 타인이해, 책임감, 팀 몰입, 개방성, 의견수렴, 협력분위기 조성, 모범제시, 유용한 정보 제공, 팀원지원, 희생, 배려, 헌신, 솔선수범 등이 필요함
의사소통능력	• 상대의 의견, 기대, 욕구를 경청하여 내용의 핵심을 명확하게 이해하고 자기 자신의 생각 과 의견을 다양한 방식으로 논리적이고 명확히 표현하며 전달하여 이해시키는 능력 • 문장력, 표현력, 발표력, 경청능력 등이 필요함
설득력/협상력	• 의견이 상충되는 상대방을 설득하여 양쪽 모두 수용 가능한 결과를 찾아 합의를 끌어내는 능력 • 서로의 의견이 상충하는 원인을 정확하게 분석하고 논리적 근거를 바탕으로 성립된 대안 을 제시하고, 의견을 교류하여 서로가 만족할 수 있는 해결방안을 제시함
리더십	• 구성원들에게 목표한 방향을 제시하고 그 방향으로 이끌어 가는 영향력 • 집단과 각 구성원들의 목표 달성을 촉진하기 위하여 다른 구성원들에게 영향을 미치고 구 성원들을 동기화시키는 역량 • 목표공유, 목표설정, 추진력, 격려, 팀워크 형성, 의견수렴
대면 영향력	• 타인에게 자신을 인식시키고 좋은 인상을 주는 능력 • 첫인상, 좋은 음성, 무게감과 신뢰도가 높음

• 개인자질 역량 자기관리 및 개발을 위한 능력

주인의식	• 누군가를 위해 일하는 게 아니라 나를 위해 일하는 즐거움 • 주인의식이 있으면 내가 나 스스로를 어떤 일을 하는데 있어서 혹은 내 삶에 있어서 주인주체으로 여 기고 말 그대로 주인으로서 주체가 되어 행동함 • 주인의식은 결코 타인이 나에게 줄 수 없는 것으로 주인의식은 아무 때나 드러나는 것이 아니라 어떤 일에 대한 애정에서 비롯된다. 쉽게 말해 '무언가를 좋아서 하는 이유'는 바로 주인의식 때문이다. 그 일 또는 행위이 '나의 것'이라고 여겨질 때 주인의식은 발휘된다. 그 래서 지원동기 특히 내적동기가 중요하다.
자기개발능력	• 스스로 목표를 설정하여 자기 주도적으로 학습함으로서 자신의 역량을 개발하고 강화하 는 능력 • 자신의 강약점을 잘 파악하여 이를 보완하기 위해 꾸준히 자기개발 노력을 기울이며 보다 전문적인 지식과 기술을 습득하기 위해 학습기회를 놓치지 않는 능력 • 자기 주도적 학습력-자기개발을 위해 스스로 학습목표를 설정하고 이를 적절한 학습방법 및 전략을 선택하여 실행하는 역량

가치관과 직업관	· 가치관은 사람, 사물, 일 등이 자신에게는 얼마나 어떻게 중요한 것인가를 판단하는 기준이다. 사람들은 가치관이 모두 다르기 때문에 문제에 대한 해결방법, 인생목표, 직업에 대해서 다른 기준을 가지고 있음. 즉 같은 직업이라고 하더라도 어떤 사람은 명예를, 어떤 사람은 돈을, 어떤 사람은 자아실현을 더 중요하게 여김. 가치관은 직업을 선택하는 동기에도 영향을 미침. · 직업관이란 자신이 속한 직장과 자신의 직업에 대한 생각과 임하는 자세를 말함. 직업과 직장에 대해 올바르고 긍정적인 생각을 가지고 있는지, 일에 대한 의욕을 가지고 있는지를 알아봄.
결단력	· 결정적인 판단을 하거나 단정을 내릴 수 있는 능력 · 위험을 감수하고 결심한 것은 행동으로 옮기며 판단은 망설이지 않아야 함
의사결정력	· 자기의사를 합리적이고 논리적이며 적절한 시기에 결정하고 결정 후 행위의 의미와 결과를 판단할 수 있는 능력
공감수용능력	· 상대방의 입장에서 생각하고 받아 줄 수 있는 능력 · 타인의 말을 잘 들어 주고 이해하고 공감하는 역량
목표의식 (목표지향성)	· 자기개발 목표를 달성하기 위한 장·단기 계획을 수립하고, 이를 성취하기 위해 끊임없이 자기개발을 실행하며, 그 성과를 평가하는 역량
성취동기	· 어떤 목표를 이루겠다는 강한 내적 동기를 가진 능력
수리능력	· 수리 및 계량적인 자료에 친숙하고 수리 계산이 빠르며, 효과적으로 정리 및 관리할 뿐 아니라 다양하고 복잡한 수리 자료들 속에서 핵심적인 의미를 파악하거나 수치자료를 근거로 추론하는 능력
스트레스해결능력	· 업무 및 주변 상황의 압박에도 평정을 잃지 않고 일관성을 유지하는 능력 · 스트레스를 자신만의 방법으로 해소하는 능력
신뢰구축능력	· 언행의 일관성, 도덕성, 윤리성, 책임 의식을 갖고 신뢰를 주는 능력 책임감, 정직, 말과 행동에 일관성이 있음
도덕성 윤리성	· 조직의 규정이나 윤리강령, 구성원 간에 합의된 기준, 지침 등을 양심과 사회규범에 따라 올바르게 행동하고 지키는 것
이해력	· 사리를 분별하여 해석하는 힘, 자료의 의미를 파악 · 적용 · 분석 · 관계 지우는 능력
인내력/지구력	· 힘들고 어려운 상황에도 포기치 않고 끝까지 감당하는 능력 · 어떤 일정한 작업 혹은 일을 장시간 계속 진행할 수 있는 능력 · 괴로움이나 어려움을 잘 참고 견딤
적응력	· 일정한 조건이나 환경 등에 맞추어 응하거나 알맞게 되는 능력 · 새로운 조건이나 환경에 빨리 순응하고 맞추며 새로운 지식이나 기술을 빠르게 습득하는 능력

판단력	• 사물을 인식하여 논리나 기준 등에 따라 판정할 수 있는 능력 • 논리적이고 확실한 근거에 의해 판단하고 정보의 필요유무를 잘 알아야 함
적극성/진취성	• 적극적인 자세와 자신감을 가지고 새로운 시도를 하고 동시에 주어진 업무도 주도적으로 추진하는 능력 • 현재 상태에 머무르기 보다는 항상 긍정적이고 적극적인 사고와 자신감을 가지고 새로운 기회를 찾고 그것에 과감하게 도전하여 성취감을 느끼는 것
도전정신	• 업무수행에 있어 적극적/진취적으로 생각하고 행동하며 과감히 현상을 타파하여 난관을 극복하고자 하는 태도 • 나에게 주어진 능력이나 목표 보다 더 높은 목표를 설정하거나 낯선 환경 또는 새로운 것들에 과감히 시도하고 행동하는 태도
열정	• 어려운 상황에서 도전하고 항상 생동감을 주는 능력 • 적극적, 활동적, 도전을 즐김

NCS 직업기초능력

NCSNational Competency, Standards, 국가직무능력표준, www.ncs.go.kr는 정부가 스펙을 벗어나 능력중심 사회를 지향하기 위해서 도입했다. NCS는 산업현장에서 직무를 수행하기 위해 요구되는 지식, 기술, 소양 등의 내용을 국가가 산업부문별, 수준별로 체계화한 것이다. 산업현장의 직무를 성공적으로 수행하기 위해 필요한 능력지식, 기술, 태도을 국가적 차원에서 표준화한 것을 의미한다.

NCS에 다양한 분류체계 중 '능력단위'는 국가직무능력표준 분류체계의 하위단위로서 NCS의 기본 구성요소이다. 능력단위 아홉 가지 항목 중에서도 직업기초능력은 능력단위별로 업무 수행을 위해 기본적으로 갖추어야 할 직업능력을 의미하며 10개 영역으로 구분되어 있다. 직업기초능력에 제시된 여러 역량 가이드를 통해서도 자신의 강점이 무엇인지 이해할 수 있을 것이다.

열 가지 직업기초능력

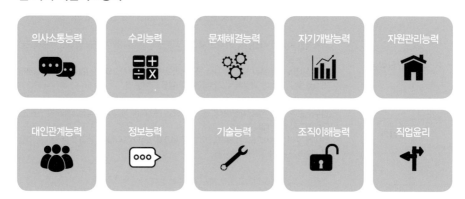

의사소통능력

업무를 수행함에 있어 글과 말을 읽고 들음으로써 다른 사람이 뜻한 바를 파악하고, 자기가 뜻한 바를
글과 말을 통해 정확하게 쓰거나 말하는 능력

문서이해능력	업무를 수행함에 있어 다른 사람이 작성한 글을 읽고 그 내용을 이해하는 능력	· 문서 정보 확인 및 획득 · 문서 정보 이해 및 수집 · 문서 정보 평가
문서작성능력	업무를 수행함에 있어 자기가 뜻한 바를 글로 나타내는 능력	· 작성 문서의 정보 확인 및 조직 · 목적과 상황에 맞는 문서 작성 · 작성한 문서 교정 및 평가
경청능력	업무를 수행함에 있어 다른 사람의 말을 듣고 그 내용을 이해하는 능력	· 음성 정보와 매체 정보 듣기 · 음성 정보와 매체 정보 내용 이해 · 음성 정보와 매체 정보에 대한 반응과 평가
의사표현능력	업무를 수행함에 있어 자기가 뜻한 바를 말로 나타내는 능력	· 목적과 상황에 맞는 정보 조직 · 목적과 상황에 맞게 전달 · 대화에 대한 피드백과 평가
기초 외국어능력	업무를 수행함에 있어 외국어로 의사소통 할 수 있는 능력	· 외국어 듣기 · 일상생활의 회화 활용

수리능력

업무를 수행함에 있어 사칙연산, 통계, 확률의 의미를 정확하게 이해하고, 이를 업무에 적용하는 능력

기초연산능력	업무를 수행함에 있어 기초적인 사칙연산과 계산하는 능력	· 과제 해결을 위한 연산 방법 선택 · 연산 방법에 따라 연산 수행 · 연산 결과와 방법에 대한 평가
기초통계능력	업무를 수행함에 있어 필요한 기초 수준의 백분율, 평균, 확률과 같은 통계 능력	· 과제 해결을 위한 통계 기법 선택 · 통계 기법에 따라 연산 수행 · 통계 결과와 기법에 대한 평가
도표분석능력	업무를 수행함에 있어 도표그림, 표, 그래프 등가 갖는 의미를 해석하는 능력	· 도표에서 제시된 정보 인식 · 정보의 적절한 해석 · 해석한 정보의 업무 적용
도표작성능력	업무를 수행함에 있어 필요한 도표그림, 표, 그래프 등를 작성하는 능력	· 도표 제시 방법 선택 · 도표를 이용한 정보 제시 · 제시 결과 평가

문제해결능력

업무를 수행함에 있어 문제 상황이 발생하였을 경우, 창조적이고 논리적인 사고를 통하여 이를 올바르게 인식하고 적절히 해결하는 능력

사고력	업무와 관련된 문제를 인식하고 해결함에 있어 창조적, 논리적, 비판적으로 생각하는 능력	· 창의적 사고 · 논리적 사고 · 비판적 사고
문제처리능력	업무와 관련된 문제의 특성을 파악하고, 대안을 제시, 적용하며 그 결과를 평가하여 피드백하는 능력	· 문제 인식 · 대안 선택 · 대안 적용 · 대안 평가

자기개발능력

업무를 추진하는데 스스로를 관리하고 개발하는 능력

자아인식능력	자신의 흥미, 적성, 특성 등을 이해하고, 이를 바탕으로 자신에게 필요한 것을 이해하는 능력	· 자기이해 · 자신의 능력 표현 · 자신의 능력발휘 방법 인식
자기관리능력	업무에 필요한 자질을 지닐 수 있도록 스스로를 관리하는 능력	· 개인의 목표 정립동기화 · 자기통제 · 자기관리 규칙의 주도적인 실천
경력개발능력	끊임없는 자기개발을 위해서 동기를 갖고 학습하는 능력	· 삶과 직업세계에 대한 이해 · 경력개발 계획 수립 · 경력전략의 개발 및 실행

자원관리능력

업무를 수행하는데 시간, 자본, 재료 및 시설, 인적자원 등의 자원 가운데 무엇이 얼마나 필요한지를 확인하고, 이용 가능한 자원을 최대한 수집하여 실제 업무에 어떻게 활용할 것인지를 계획하고, 계획대로 업무 수행에 이를 할당하는 능력

시간관리능력	업무 수행에 필요한 시간자원이 얼마나 필요한지를 확인하고, 이용 가능한 시간자원을 최대한 수집하여 실제 업무에 어떻게 활용할 것인지를 계획하고 할당하는 능력	· 시간자원 확인 · 시간자원 확보 · 시간자원 활용계획 수립 · 시간자원 할당
예산관리능력	업무 수행에 필요한 자본자원이 얼마나 필요한지를 확인하고, 이용 가능한 자본자원을 최대한 수집하여 실제 업무에 어떻게 활용할 것인지를 계획하고 할당하는 능력	· 예산 확인 · 예산 할당
물적자원관리능력	업무수행에 필요한 재료 및 시설자원이 얼마나 필요한지를 확인하고, 이용 가능한 재료 및 시설자원을 최대한 수집하여 실제 업무에 어떻게 활용할 것인지를 계획하고 할당하는 능력	· 물적 자원 확인 · 물적 자원 할당

인적자원관리능력	업무수행에 필요한 인적자원이 얼마나 필요한지를 확인하고, 이용 가능한 인적자원을 최대한 수집하여 실제 업무에 어떻게 활용할 것인지를 계획하고 할당하는 능력	• 인적자원 확인 • 인적자원 할당

대인관계능력

업무를 수행함에 있어 접촉하게 되는 사람들과 문제를 일으키지 않고 원만하게 지내는 능력

팀웍능력	다양한 배경을 가진 사람들과 함께 원활하게 업무를 수행하는 능력	• 적극적 참여 • 업무 공유 • 팀구성원으로서의 책임감
리더십능력	업무를 수행함에 있어 다른 사람을 이끄는 능력	• 동기화시키기 • 논리적인 의견 표현 • 신뢰감 구축
갈등관리능력	업무를 수행함에 있어 관련된 사람들 사이에 갈등이 발생하였을 경우 이를 원만히 조절하는 능력	• 타인의 생각 및 감정 이해 • 타인에 대한 배려 • 피드백 제공 및 받기
협상능력	업무를 수행함에 있어 다른 사람과 협상하는 능력	• 다양한 의견 수렴 • 협상 가능한 실질적 목표 구축 • 최선의 타협방법 찾기
고객서비스능력	고객의 요구를 만족시키는 자세로 업무를 수행하는 능력	• 고객의 불만 및 욕구 이해 • 매너 있고 신뢰감 있는 대화법 • 고객에의 불만에 대한 해결책 제공

정보능력

업무와 관련된 정보를 수집하고, 이를 분석하여 의미 있는 정보를 찾아내며 의미있는 정보를 업무수행에 적절하도록 조직하고 조직된 정보를 관리하며, 업무 수행에 이러한 정보를 활용하고 이러한 제과정에 컴퓨터를 사용하는 능력

컴퓨터활용능력	업무와 관련된 정보를 수집, 분석, 조직, 관리, 활용하는데 있어 컴퓨터를 사용하는 능력	· 컴퓨터 이론 · 인터넷 사용 · 소프트웨어 사용
정보처리능력	업무와 관련된 정보를 수집하고, 이를 분석하여 의미 있는 정보를 찾아내며, 의미 있는 정보를 업무수행에 적절하도록 조직하고, 조직된 정보를 관리하며, 업무 수행에 이러한 정보를 활용하는 능력	· 정보 수집 · 정보 분석 · 정보 관리 · 정보 활용

기술능력

업무를 수행함에 있어 도구, 장치 등을 포함하여 필요한 기술에는 어떠한 것들이 있는지 이해하고, 실제로 업무를 수행함에 있어 적절한 기술을 선택하여 적용하는 능력

기술이해능력	업무 수행에 필요한 기술적 원리를 올바르게 이해하는 능력	· 기술의 원리와 절차 이해 · 기술 활용 결과 예측 · 활용 가능한 자원 및 여건 이해
기술선택능력	도구, 장치를 포함하여 업무 수행에 필요한 기술을 선택하는 능력	· 기술 비교, 검토 · 최적의 기술 선택
기술적용능력	업무 수행에 필요한 기술을 업무 수행에 실제로 적용하는 능력	· 기술의 효과적 활용 · 기술 적용 결과 평가 · 기술 유지와 조정

조직이해능력

업무를 원활하게 수행하기 위해 국제적인 추세를 포함하여 조직의 체제와 경영에 대해 이해하는 능력

국제 감각	주어진 업무에 관한 국제적인 추세를 이해하는 능력	· 국제적인 동향 이해 · 국제적인 시각으로 업무 추진 · 국제적 상황 변화에 대처
조직 체제이해능력	업무 수행과 관련하여 조직의 체제를 올바르게 이해하는 능력	· 조직의 구조 이해 · 조직의 규칙과 절차 파악 · 조직 간의 관계 이해
경영이해능력	사업이나 조직의 경영에 대해 이해하는 능력	· 조직의 방향성 예측 · 경영조정조직의 방향성을 바로잡기에 필요한 행위 하기 · 생산성 향상 방법
업무이해능력	조직의 업무를 이해하는 능력	· 업무의 우선순위 파악 · 업무활동 조직 및 계획 · 업무수행의 결과 평가

직업윤리

업무를 수행함에 있어 원만한 직업생활을 위해 필요한 태도, 매너, 올바른 직업관

근로 윤리	업무에 대한 존중을 바탕으로 근면하고 성실하고 정직하게 업무에 임하는 자세	· 근면성 · 정직성 · 성실성
공동체 윤리	인간 존중을 바탕으로 봉사하며, 책임 있고, 규칙을 준수하며 예의 바른 태도로 업무에 임하는 자세	· 봉사정신 · 책임 의식 · 준법성 · 직장 예절

100대 기업 인재상 및 핵심역량

기업은 자신의 기업이 성장하는데 필요로 하는 적합한 역량을 가진 사람을 인재상으로 정의한다. 특정 기업 안에서도 직무에 따라서 역량이 달라질 수 있지만 그래도 기업이 산업의 특성, 최고경영자의 철학, 회사의 고유한 역사와 문화 그리고 현재의 발전과 향후 비전을 이루기 위해 가장 필요하고 중요한 인재의 조건을 인재상으로 표현하게 된다. 그러므로 여러분이 지원하는 기업의 인재상을 정확히 파악하는 것이 중요하다.

대한상공회의소가 매출액 순위 상위 100대 기업이 원하는 인재상을 조사한 자료를 통해 국내 주요 기업이 지향하는 인재의 모습이 5년 전에 비해 얼마나 변했는지 살펴보고, 변화된 인재상에 맞춰 취업을 준비할 수 있어야 한다.

100대 기업의 주요 키워드 아홉 가지

창의성	상상, 창의, 인식 전환, 독창, 가치 창출 등
전문성	최고, 전문, IT활용능력, 자기개발, 프로, 실력, 탁월 등
도전정신	개척, 모험, 도전, 과감한 시도, 위험 감수, 변화 선도 등
도덕성	도덕성, 인간미, 정직, 신뢰, 무결점, 원칙 준수 등
팀워크	협력, 동료애, 팀워크, 공동체 의식, 배려 등
글로벌 역량	글로벌 마인드, 열린 사고, 국제적 소양, 어학능력 등
열정	열정, 승부근성, 체력, 건강, 자신감 등
주인의식	책임의식, 주인의식, 자율, 성실성, 사명감 등
실행력	신속한 의사결정, 리더십, 추진력, 실천 등

100대 기업의 5대 인재상

국내 상위권 기업들은 함께 일할 인재상으로 전문성Specialty, 창의성Unconventionality, 도전정신Pioneer, 도덕성Ethicality, 주인의식Responsibility을 갖춘 슈퍼S.U.P.E.R맨을 원하고 있는 것으로 분석되었다. '도전정신'을 꼽은 기업이 88개사로 가장 많았고 이어 '주인의식' 78개사, '전문성' 77개사, '창의성' 73개사, '도덕성' 65개사 순으로 나타났다.

100대 기업이 원하는 인재상은 슈퍼맨

전문성Specialty, 창의성Unconventionality, 도전정신Pioneer,
도덕성Ethicality, 주인의식Responsibility

성공취업을 위한 사전 필수단계
자기분석, 기업분석, 직무분석

이제 취업을 위한 구체적인 준비를 해 보자. 자신의 직업을 탐색하거나 진로를 설정할 때뿐만 아니라 성공적인 합격 자기소개서와 면접을 준비하기 위해서는 가장 먼저 철저하게 자신을 분석하고 제대로 알아야 한다. 그런 다음에 나에게 맞는 직업^{직무}을 탐색하여 선택한 후 그 직무를 잘 수행할 수 있는 기업을 선택하여 취업을 준비하여야 한다. 이번 장에서는 자기분석부터 시작하여 직무와 기업 분석을 통해서 성공적인 취업을 준비하는 방법에 대해서 상세히 설명하겠다.

성공취업을 위한 사전 준비 4단계

1. 나의 능력을 속속들이 분석하라!
2. 잡 타깃^{회사, 직무}을 분석하라!
3. 잡 타깃은 어떤 역량을 요구하는가?
4. 잡 타깃에 맞는 스토리를 만들어라!

☀ 자기분석 방법과 사례

자기분석은 성공취업을 위한 첫걸음이자 가장 중요한 부분이다. 하지만 모두가 쉽게 간과하는 부분이기도 하다. 자기 자신에 대해 정확히 알지 못한 채로는 성공적인 자기소개서와 면접답변을 준비할 수 없다. 따라서 자신의 과거, 현재, 미래를 아주 구체적이고 명확하게 분석해 보자. 이를 통해 자신의 과거를 발견하고 현재의 역량을 찾아내며, 미래 자신의 잠재력을 발견할 수 있다. 또한, 자기분석을 통해 자신의 커리어 로드맵을 확립할 수도 있다. 분명히 취업준비는 일종의 마케팅이다. 자기분석을 통해 나의 강점을 파악하여 고용시장에 내놓을 수 있는 나만의 객관적인 마케팅 전략을 세워볼 수 있다.

여기에서는 진로 탐색 보다는 취업준비자기소개서 쓰기와 면접 준비를 위한 자기분석 방법 위주로 설명하겠다. 이 분석방법은 필자가 한 해 수천 명의 학생들을 대상으로 상담, 그룹 멘토링, 강의 등을 통해 직접 진행했던 것이다.

자기분석 방법

자기분석을 하는 것은 자신이 지원하려고 하는 기업과 직무에 적합한 자기소개서와 면접의 답변을 하기 위해서 필수적으로 준비해야 하는 과정이다. 자기분석 방법은 아주 다양하지만 저자가 학생들을 상담하고 코칭할 때 실제 사용하는 방법을 설명하겠다. 여러분은 자기분석을 항목별로 왜 하는지를 잘 이해하고 그대로 따라 하면 쉽게 작성할 수 있을 것이다.

먼저 자기분석을 하기 전에 꼭 알아야 하는 원칙 세 가지는 다음과 같다.

자기분석 기본원칙

첫째, 자신을 객관화해 본다.

자기분석은 타인에게 보여주기 위한 과제가 아니라 내가 보고 도움을 받기 위한 것이다. 물론 전문컨설턴트와 상담할 때도 꼭 필요한 자료이다. 따라서 가장 솔직하게 자신을 객관화하여 생각하고 기록해야 한다. 과거를 회상할 때도 그때의 상황이나 감정, 성격 등을 있는 그대로 떠올려야 하고, 현재의 나의 모습의 장점과 단점 등에 솔직해져야 한다.

둘째, 제3자의 이야기를 들어본다.

자신을 객관화해 본다는 것은 어려운 일이다. 자기 자신에 대한 보다 객관적인 인식을 위해서는 부모, 형제, 친구, 선배, 선생님 등 제3자의 이야기를 들어보자. 자신의 장점이나 단점, 성격 등을 물어보고 정리하면 자신을 돌아보는데 많은 도움이 될 것이다.

셋째, 수시로 업데이트 한다.

자기분석은 한번으로 끝나지 않는다. 계속 나의 성향에 대한 변화라든지 변한 환경을 그때마다 수시로 기록한다. 갑자기 떠오르는 어린 시절의 에피소드도 기록해 놓는 게 좋다.

자기분석의 종류

자기분석 종류	분석의 이유와 의미
나의 기본스펙 찾기	자신이 보유한 정량적인 하드 스킬들을 정리하여 희망기업과 직무에 필요한 스펙이 준비되어 있는지 파악하고, 부족한 부분을 보완하는 자료로 활용한다.
나의 꿈 찾기	적합한 진로/직업 찾기에서 주로 사용한다. 자신이 어릴 때부터 무엇에 관심을 가졌고 어떤 꿈을 꾸었으며 어떻게 지금까지 꿈이 변화해 왔는지를 파악해 본다.
나의 초 · 중 · 고 역사 찾기	자신의 초 · 중 · 고 주요 활동, 기억에 남는 사건들, 취미/특기, 성격 등을 통해서 자신의 성향과 무엇에 관심이 있었는지를 파악하여 진로, 직무 파악에 기초자료 뿐만 아니라 자기소개서와 면접준비의 자료로 활용한다.
나의 장 · 단점 찾기	진로/직업 선택에도 중요하지만 특히 자소서와 면접답변 준비하는데 절대적으로 필요한 자료이다. 자신의 성격, 태도, 능력, 기타 장점과 단점, 성장과정 등 다양한 항목들을 통해 자신을 파악한다.
내 삶의 에피소드 찾기	나의 삶초 · 중 · 고에서 기억나는 모든 연혁사건, 에피소드, 사소한 것도 좋음들을 최대한 많이 상세히 연대 순으로 기록하고 관련역량까지 기록하여 자기소개서와 면접답변의 주제로 활용한다.

자기분석 양식을 그대로 만들어서 한번 작성해 보기 바란다.

나의 꿈 찾기

어릴 때부터 자신이 가졌던 꿈직업을 떠올려 보고 꿈을 가진 이유와 포기한 이유

를 써 주세요.

NO.	꿈 시기 (나이/연도)	꿈 내용 (구체적, 직업명)	왜 그 꿈을 가지게 되었나요? (이유, 목적, 목표가 무엇이었나요?)
1	12세/2011	피아니스트	**꿈을 가졌던 이유** 7살 때부터 피아노를 쳤고, 음악을 좋아했기 때문에 계속 피아노를 칠 수 있는 피아니스트가 되고 싶었다. **꿈을 포기했던 이유** 중학교에 올라가면서 피아노를 칠 상황이 되지 않았으며 정말 좋아서 하고 싶다는 마음이 점점 약해졌기 때문이다.

2	14세/2013	출신 중학교에서 후배들에게 수학을 가르치는 수학 선생님	**꿈을 가졌던 이유** 중학교 때 수학 성적이 잘 나오면서 수학에 흥미가 생기기 시작했고, 다른 친구들을 가르쳐 줄 때 설명을 잘해준다며 선생님을 하면 잘할 것 같다는 이야기를 해준 것이 큰 계기인 것 같다. 나도 다른 사람을 가르치는 것이 즐거웠기에 꿈을 꾸게 되었다.
			꿈을 포기했던 이유 상업계 고등학교로 진학하기로 결정했고, 학생 수가 줄어들어 선생님이 되어도 가르칠 학생이 없어서 힘들다고 부모님과 주변 어른들께서 반대하셨기 때문에 포기하게 되었다.
3	16세/2015	평범한 회사 직원	**꿈을 가졌던 이유** 상업계 학교에서는 어떤 것을 배우고 어떤 직업을 가져야 하는지 잘 몰랐기 때문에 작은 꿈을 갖게 된 것 같다. 입학 설명회에 갔을 때 특별한 직업이 있기보다 회사에 잘 취업하여 승진하는 사람들은 많이 봤는데 특별한 직업을 갖는 사람들은 많이 보지 못한 이유도 있다.
			꿈을 포기했던 이유 학교생활을 하면서 더 큰 목표를 세우고 그 꿈이 확실해졌기 때문이다. 포기했다기 보다는 더 큰 목표를 세웠다고 말할 수 있다.
4	현재의 꿈 (구체적으로 언제부터?) 17세/2016 고등학교 1학년 2학기	회사나 개인의 세금 문제를 해결해 주는 세무사	**꿈을 가지게 된 이유** 숫자 다루는 것을 좋아하고 회계를 좋아하기 때문에 적성을 살릴만한 직업을 찾다 보니 회계사와 세무사가 있었다. 회계사도 물론 좋은 직업이지만 세무회계를 더 깊게 공부해서 사람들이 세금 문제로 고민하는 것을 해결해주고 싶다는 생각이 들어서 세무사라는 꿈을 꾸게 되었다.

나의 초·중·고등학교 스토리보드

초등학교부터 고등학교까지의 나의 초·중·고등학교 스토리보드를 간략히 정리해 보자.

구분	초등학교	중학교	고등학교
주요 활동 관심사 가정환경 노력한 일 자주한 일	〈주요 활동. 관심사〉 피아노와 수영 5년 이상 운동회 - 계주 선수 관악부 - 큰북, 전국대회 수상 〈가정환경. 노력한 일〉 넉넉하지 않은 환경 스스로 공부와 방과 후 활동에 많이 참가.컴퓨터 자격증 7개 취득 〈자주한 일〉 학급 임원 활동 - 매일같이 전교를 누비며 심부름을 해서 모든 선생님이 내 얼굴을 아실 정도로 활발	〈주요 활동. 관심사〉 교내 지도부 활동, 매일 가장 일찍 학교등교 방과 후에는 공부 또는 수업 들음 선교중창단서 단장 활동 독서 토론반 활동 - 글쓰기 〈자주한 일〉 성적이나 가정 형편으로 힘들어 하는 친구들이 있을 때 옆에서 얘기를 들어주고 조언과 상담. 친구들과의 사이도 더욱 좋아진 것 같다.	〈주요활동. 관심사〉 전산회계 - 전산회계, ERP 회계 정보관리사, 재경관리사 등의 자격증 취득, 각종 대회 출전, 금융정보과에 진학. 통학거리-버스4대, 1시간 30분 〈노력한 일. 자주한 일〉 항상 밝게 웃으려고 노력하고 긍정적으로 생각하려는 습관 덕분에 친구들과의 관계가 나빠진 적이 없고 같이 있을 때 상대방이 즐거울 수 있도록 노력을 많이 한다.
기억에 남는 사건들	평소에 미술을 잘하지 못한다고 생각했는데 어느 누구의 도움도 없이 포스터를 그려서 최우수상을 탔을 때	중학교 2학년 2학기 때 성적이 정말 많이 떨어져서 걱정을 많이 했었는데 마음을 다잡고 학교 공부에 집중해서 졸업고사에서 학년 수석을 차지했고 졸업할 때 이사장상을 수상했던 것	고등학교 2학년 합창대회에서 친구 집에 가서 반 친구들이 다 함께 합창 연습을 하고 실전 대회에서 실수 없이 끝내 최우수상을 타내서 반 친구들과 함께 기쁨의 눈물을 흘렸던 것
취미/특기	취미 : 피아노 연주와 색종이 접기 특기 : 한자와 수영	취미 : 피아노 연주 특기 : 수영, 한자	취미 : 피아노 연주 특기 : 수영, 한자
성격 및 대인관계	부끄러움을 많이 타는 성격이 아니라서 그런지 처음 보는 사람이어도 금방 친해지고 다른 사람이 말을 먼저 거는 것 보다 내가 먼저 말을 거는 편이다. 친구들과는 모두 잘 지냈다.	누군가가 도움을 청했을 때 도울 수 있는 거라면 두 팔 걷고 도와주는 성격 덕분에 선생님이나 학생들, 선. 후배에게 칭찬을 많이 듣곤 했다.	다양한 활동에 참여 학교에서 시행하는 행사라면 뭐든지 참여하고 긍정적으로 생각하는 힘을 길러서 상황이 좋지 않을 때 상황을 전환시키기도 한다. 다른 사람을 도와주는 것을 좋아하기에 시험기간이 되면 친구들에게 과목 요약정리를 해서 나눠주기도 하고 질문을 해오는 친구가 있을 때면 선생님께 가서라도 알아내어 가르쳐주기도 하였다.
좋은 과목 싫은 과목	체육 미술	수학 미술	수학 싫어하는 과목 없음

나의 장·단점 찾기

나의 성격, 태도, 능력, 기타 장점과 단점을 적고단문 또는 단어 관련사례를 간단히 정리(장·단점은 본인이 직접 기록한 것 외에 친한 친구, 가족에게도 각각 요청하여 기록한 후 취합하여 정리. 장·단점은 각각 10개 이상씩 꼭 쓰세요.)

나의 장점, 강점, 좋은 점 (원하고, 현재 가지고 있다)	나의 단점, 약점, 보완해야 할 점 - 개선노력 (원하지 않는데, 현재 가지고 있다)
낯을 잘 가리지 않음 처음 보는 사람들과도 금방 친해지며 쉽게 어울리는 것이 가장 큰 장점. 늘 밝게 웃는 모습으로 지냄 주변 친구들이 밝게 지내는 모습이 보기 좋다고 말해주곤 한다. 오래 전에 다녔던 수영장에 지나갈 일이 있어서 혹시나 가르쳐 주셨던 선생님께서 계실까 하고 들렀었는데 처음에는 알아보지 못하시다가 웃는 모습을 보시고 기억해주신 적이 있다. 그만큼 밝은 모습을 기억해 주시는 분들이 주변에 많다. 이타심 내 자신의 이익을 먼저 생각하기보다는 다른 친구들을 먼저 배려해야 한다는 생각을 한다. 시험기간이 되면 바쁘기도 하지만 과목 요점 정리를 해서 반 친구들과 공유하며 모르는 부분은 설명해주었다. 활발하고 적극적 활발한 성격으로 여러 활동에 참가한다. 한 가지만 좋아하는 것이 아니고 다양한 분야에 관심이 있다 보니 다양한 봉사활동이나 학교 행사에 참여하면서 수많은 경험을 쌓을 수 있었다. 꼼꼼함 리더십 배려심 호기심	호기심이 많아 여러 가지 일을 추진함 왕성한 호기심 때문에 이것저것 일을 벌려 놓다 보니 정작 해야 할 일을 잊은 채 다른 일을 하고 있는 경우가 가끔 있다. 다양한 일에 참여한다는 장점은 있지만 하나를 끝까지 마무리 짓는 것이 힘든 경우가 있다는 단점도 있다. 이러한 단점을 보완하기 위해 고등학교 때부터는 플래너를 작성하였다. 평범한 플래너에 시간까지 체크하여 그날 꼭 실천해야만 하는 일을 계획 세워 그날 안에 끝내는 것을 목표로 삼아 실천한 결과 계획 세운 일을 마무리 짓지 못하는 일은 거의 없어졌다. 성격이 급함 성격이 급해 조별과제 같은 것이 있을 때 같은 조 친구들이 피곤해하기도 한다. 과제물이 주어지면 무슨 일이 있어도 제한된 기한 전에는 끝내놓아야 마음이 편하기 때문에 다른 친구들이 맡은 일을 계속 확인하다보니 귀찮아하기도 한다. 하지만 막상 일을 빨리 끝내 놓으면 친구들도 마음이 편하다고 좋아한다. 빨리 끝낸다는 장점은 있지만 완성도가 낮은 단점이 있다. 그래서 시간을 단축하며 완성도를 높이기 위해 평소 행동을 빠르게 하는 습관을 갖기 위해 노력하고 있다. 거절하는 것이 어려움 옳다고 생각되는 부분에 대해서 자기주장이 강함 통합적으로 넓게 보는 시야가 부족함

전공과 관련 한 자신의 강점 · 장점

(전문계와 마이더스고는 세부전공 및 관련경험, 지식과 사용 가능한 프로그램이나 툴을 쓰고 인문계고는 직무관련된 것이 있을 경우 작성)

전공 분석 / 관련 지식 / 관련 기술 / 자격증 /교육 / 공모전 / 교내외 대회 / 교내외 활동 등

금융, 회계를 중심으로 교육과정이 진행되는 ○○상업고등학교에 금융정보과 진학
금융정보과에서는 증권금융시장, 금융실무 등과 같은 다양한 금융 교육을 통해 전문지식을 함양
주식시장을 분석하는 법을 배우고 실제 은행에서 하는 업무와 채권시장, 주식시장 등이 어떻게 구성되어 있는지를 배우고 이를 토대로 펀드투자상담사 자격증을 취득
전산회계반이라는 동아리에서 활동하며 자격증 준비, 대회 준비를 통해 회계관련 지식을 쌓는데 노력
전산회계 1,2급부터 시작해서 ERP회계정보관리사 1급, 재경관리사 등과 같은 자격증을 취득
전국단위로 시행되는 I-TOP경진대회에서 지역부문 장려상 수상
학교에서 주최하는 교내 특성화분야 경진대회에서 회계분야 장려상
컴퓨터 활용능력 1급, 워드프로세서 1급, 문서실무사 4급, E-TEST Professional 1급 등과 같은 컴퓨터 자격증을 보유하여 교내 정보능력경진대회에서 워드부문 장려상 취득
교내에서 실시하는 영어 경시대회모의토익, 영어 말하기 대회 등에 참가하면서 영어에 대한 관심을 올림. 영어로 대화하는 것을 좋아하게 될 만큼 흥미가 생김

지인친구, 가족, 친척 등들은 평소 나를 어떻게 표현하나요? (별명 등)

내가 나를 한 마디로 표현해 보세요 (이유)	지인들은 나를 어떻게 표현하나요? (이유)
물과 같은 존재 어느 곳에 가더라도 물처럼 사람들과 쉽게 섞이고 튀지 않으며 꼭 필요한 존재가 되기 위해 노력하기 때문이다. 처음에는 잘 모르지만 계속 지내다 보면 다른 사람에게 꼭 필요한 사람이 되어 있다.	양파와 같은 존재 같이 지낼 때 처음에는 평범한 친구라고 생각했는데 양파껍질을 겹겹이 벗겨내듯 많은 활동을 하는 것을 보며 친구가 지어준 별명이다. 숨겨져 있는 나의 능력을 하나하나씩 보는 것이 신기하다고 한다.

자신의 성장배경, 성장과정, 가정환경, 가정교육, 가치관, 생활습관, 취미, 특기 등을 진솔하게 써 보자.

(자기소개서용이 아니라 실제 자신의 삶을 있는 그대로 사실적으로 적어 보자.)

성장배경, 성장과정, 가정환경, 가정교육, 생활습관

부유하지도 않고, 그렇게 가난하지도 않지만 빠듯하게 생활해오고 있다. 그 사정을 잘 알기에 어렸을 때부터 갖고 싶은 옷이 있거나 하고 싶은 것이 있어도 늘 참아야 했다. 학원이나 과외를 해 본 적이 없어서 집에서 혼자 공부하는 시간이 많았다. 다른 친구들과 어울려 나가서 놀고 싶었지만 공부해서 성공한 후에 즐기겠다는 생각으로 꾹 참았다. 그 결과 다른 사람에게 의지해서 공부하기 보다는 스스로 공부하는 힘을 기를 수 있었던 것 같다.

사춘기 시절에는 이런 환경이 답답하기도 했지만 고등학교를 선택할 때 수많은 생각을 했다. 여느 인문계 학생처럼 수능공부를 하고 대학교를 졸업하여 취업하는 방법도 있었지만 다른 친구들 보다는 빨리 사회에 진출해서 일을 한 후에 천천히 대학교에 가는 방법이 더 좋겠다는 생각이 들어 특성화 고등학교에 진학하게 되었다. 처음에는 잘한 선택인 것인가 걱정과 두려움이 있었지만 차근차근 단계를 밟아 나아가면서 지금은 정말 후회 없는 선택이었고 최고의 선택이었다고 주저 없이 당당히 말할 수 있다. 이러한 생활을 지내오면서 긍정적인 생각을 하는 힘과 선택하는 힘을 키울 수 있었다.

인생관, 가치관, 직업관 (살면서 내가 중요하게 생각하는 것)

살면서 가장 중요하다고 생각하는 것은 도덕성이다. 공부를 잘하거나 돈을 많이 번다하더라도 도덕성이 부족한 사람은 함께 하기가 힘들 것 같기 때문이다. 도덕성 이후에는 목표를 세우고, 그 목표를 이루기 위한 끈질긴 노력과 결단력이 가장 필요하다. 천재적인 재능을 지녀도 결단력과 끈질긴 노력이 없으면 이루고자 한 목표를 이루기가 힘들기 때문이다.

존경하는 인물 (존경하는 이유, 내 삶에 어떤 영향을 주었고 어떻게 적용했는가)

존경하는 인물은 드림파노라마 대표인 김수영 씨이다. 그녀는 한때 방황을 한 적도 있었지만, 나중에 끈질긴 노력을 통해 골든벨을 울리기도 하고, 연세대에 진학하였다. 건강이 악화된 상황에서도 희망을 잃지 않고 자신의 꿈을 세워 그것들을 차근차근 이루어 나가는 것이 정말 멋있다. 김수영 씨에 관련된 이야기를 들었을 때 사소한 일을 힘들고 어렵다는 이유만으로 금방 포기하려고 했던 내 모습이 정말 부끄러웠다. 하나의 꿈이 아닌 여러 가지의 꿈을 세우게 해주고 그것들을 이루기 위해 노력하며 포기하지 않는 힘을 나에게 준 멘토와 같은 존재이다.

나의 삶 속 에피소드 찾기

나의 삶에서초·중·고 기억나는 모든 연혁사건, 에피소드, 사소한 것도 좋음들을 최대한 많이20 개 이상 상세히 연대순으로 기록하고 아래 주제-제목과 관련 역량도 기록하자.

에피소드 소재들

인턴, 아르바이트 경험, 공모전, 봉사, 수상경력, 해외경험교환, 연수, 여행, 종교·팀 플·동아리·교내외 활동, 취미/특기, 가정생활, 교육, 기쁜 일·슬픈 일·역경·좋은 ·싫은·배운·감동적인·보람된 일, 노력, 도전, 열정, 배움, 창의, 갈등, 설득, 추억, 전공활동, 실습, 국내여행

역량 주제들

핵심역량주제 열 가지:

도전, 열정, 창의, 갈등해결, 팀워크소속감, 어려운 문제해결/극복, 헌신/배려/희 생/윤리/도덕, 성공/실패, 주인의식, 리더십

기타 역량주제:

전문지식, 의사결정결단력, 기획력, 창의력, 분석력, 글로벌 경험 또는 마인드, 설 득력, 대면영향력, 통합조정능력갈등해결, 관계구축능력협동성, 의사소통능력, 공감수 용능력, 장애/난관, 신뢰구축능력, 인내력집념/끈기, 판단력, 결단력, 성취동기, 스트 레스해결능력, 이해력, 성격장점들 등

NO.	기간 (초. 중. 고등) (언제, 어디, 누구)	주제-제목 (목적·목표, 업무, 이유)	내용 (내용·과정, 역할, 성과, 느낀 점, 배운 점, 키워드)	관련된 역량 (장점·강점)
1	초등학교 6학년	〈관악부 활동〉 음악을 좋아하고 악기 다루는 것을 좋아해서 선생님 의 권유로 학교의 관악부에서 대북 을 연주하였다.	어렸을 때부터 피아노를 배우고 악기 다루는 것을 좋 아했다. 초등학교 때 음악선생님의 권유로 부원이 되 어 대북을 연주하였다. 처음에는 악기 연주가 너무 단 순해서 재미가 없었는데, 다른 악기가 모여 합주를 하 면서 혼자 연주하는 것이 아니라 다른 악기들의 소리 와 섞일 때 멋진 소리가 난다는 것을 몸으로 체험하였 다. 조화로움과 다른 소리를 배려하는 힘을 기르는 계 기가 되었다.	혼자만 하는 것이 아니라 다른 것들 과도 조화를 이루 며 생활하는 힘을 기름 조화, 협동, 배려
2	중학교 2학년	〈바른생활부 활동〉 학교 교칙을 잘 지 키고 학교의 행사 가 있을 때 나서서 도울 수 있는 기회 를 만들고 싶어서 들었고, 선생님들 의 추천으로 활동 하게 되었다.	학교 교칙을 친구들이나 후배에게 가르쳐 주고 잘못된 점이 있을 때는 바로 잡으며 규칙 준수하는 습관을 들였 다. 힘들지 않냐는 소리를 들을 때도 있었지만 규칙이라 면 무엇이든 칼같이 지키려고 노력하였기에 힘들기보 다는 오히려 활동하는 내내 뿌듯함이 앞섰다. 또한 학교 에서 큰 행사가 있을 때 누구보다 먼저 앞장서서 안내를 맡거나 준비를 돕는 등 선생님들과 학생들에게 봉사한 다는 생각으로 다양한 활동을 하였다. 어디 하나 빠지지 않고 열심히 참여함으로써 봉사정신과 참여 마인드를 기를 수 있었다.	규칙을 준수 배려 봉사 정신 도덕성 윤리성 원칙준수 솔선수범
3	고등학교 1, 2학년	〈배구대회 활동〉 운동을 좋아하여 학교에서 매년 실 시하는 배구대회 에서 선수로 참가 하기도 하였다.	학교에서는 매년 1학기 중간고사가 끝나고 나면 배구대 회가 있다. 운동을 좋아하는 나는 늘 선수를 맡아왔다. 일명 '식걸식사담당'과 '물걸공담당' 이라 불리는 친구들과 함께 배구대회를 준비하고, 서로를 이해해 주고 힘든 일 이 있으면 함께 도와주면서 친구들을 이해하는 마음을 배울 수 있었다. 승패를 떠나서 친구들과 주말까지 학교 에 나와 열심히 연습하고 웃고 떠들며 준비하는 과정에 함께 한다는 것만으로도 행복했다. 별 탈 없이 배구대회 를 마무리 할 때면 언제나 친구들과 선생님들께 감사한 마음이 든다. 재미뿐만 아니라 친구들을 배려하고, 함께 하는 협동심, 그리고 감사하는 마음을 배울 수 있는 시 간이 되었다.	책임감 역할이 서로 다른 친구들을 배려 코치 선생님과 담임 선생님께 감사하는 마음
4	고등학교 2학년	〈합창대회 활동〉 친구들과 함께 합 창대회를 준비하며 조화와 함께함을 느끼는 시간이다.	배구대회와 어깨를 나란히 하는 합창대회에서는 2학년 때 메조소프라노 파트장을 맡았다. 거창한 역할은 아니 지만 다른 친구들 보다 먼저 음계를 익히고 다른 소리를 내는 친구들은 고쳐주고, 연습할 때와 쉴 때를 구분하여 적절히 조율하고 출석을 체크하는 역할이었다. 작은 역 할이지만 친구들을 리드하면서 책임감이라는 것을 느꼈 다. 그리고 다른 파트와 함께 어우러져 화음을 내고 목 소리를 맞췄을 때 일어나는 전율은 평생 잊을 수 없는 기억으로 남을 것이다. 밤늦게까지 남아 연습하고 주말 에도 연습하며 힘이 들기도 했지만 친구들과 함께 할 수 있어서 즐거웠다. 대회를 마치고 최우수상을 받았을 때 감동의 눈물을 흘리기도 했다.	친구들과 함께 할 때의 즐거움 리더십, 조화

[나의 스펙-하드 스킬]

사진	학교명	★★ 상업고등학교	전공	금융정보과	성명	최**
	입학 연월	20**년 3월	생년 월일	19**년 **월 **일	현거주지	서울
	전화 번호	010-◇◇◇◇-◇◇◇◇	메일 주소		bluebugs@naver.com	

성적/석차 백분율	1/100	영어성적	토익( ) 토스( ) 오픽( ) 토플( )	영어회화 능력	중상
해외경험		제2외국어 능력		출결사항	1학년 : 개근 2학년 : 개근
희망 직무1	재경관리	희망 직무2	회계	희망 직무3	인사
희망 기업1	금융감독원	희망 기업2	한국은행	희망 기업3	한국정책금융공사

취득 자격증	전산회계1,2급, 컴퓨터활용능력1급, 재경관리사, 펀드투자상담사, ERP 회계정보관리사1급
수상 내역	특대상, 우등상, 교과우수상, 정보능력경진대회워드부문 - 장려상, 특성화경진대회회계부문 - 장려상, 컴퓨터 꿈나무 표창장, 성실상 등
컴퓨터 기술	엑세스를 활용하여 재학생이 사용할 수 있는 '취업정보검색시스템'을 만드는데 인터페이스를 구성하는 역할을 하였으며 동아리에서 책관리를 하면서 엑셀프로그램을 주로 사용한다. 한글 프로그램을 잘 다룸
교내활동 동아리 등	전산회계반이라는 동아리에서 책 관리 업무를 총괄하여 전교생에게 자격증 시험기간이 되면 대여해 주고 반납하는 업무를 담당했다. 또한 I-TOP 경진대회에 나가서 지역부문 장려상을 수상하기도 하였으며 각종 자격증을 취득해 회계에 대한 지식을 습득하였다. 학교에서 주관하는 정보능력경진대회, 특성화경진대회, 영어 경시대회 등에 참여하기도 하였으며, 배구대회 선수, 합창단 파트장으로 활동
교외활동	어렸을 적부터 자주 가던 도서관에서 주말마다 서가 정리를 돕는 봉사활동을 정기적으로 했었으며, 시에서 주최하는 축제 등에 자원봉사자로 참가하여 각종 행사를 진행
기타경험 교육사항	기본예절교육, 기업예절교육, 글쓰기 교육, 리더십교육
리더활동	선교중창단 반장, 바른생활부 활동, 반 회장

☀ 기업분석 방법과 사례

평소에 자기 분석을 꾸준히 작성한 후에 성공취업을 위한 다음 단계로 지원 기업분석을 하자. 내가 지원하는 기업에 대한 기초정보와 어떤 인재를 원하는지를 파악함으로써 자기소개서와 면접 질문에 대한 적합한 답변을 준비할 수 있다. 아래의 간단한 분석표를 바탕으로 기업을 분석해 보기 바란다(보다 더 상세하지만 여기에서는 일부만 사용하겠다).

• 기업분석 시에는 지원 직무 담당자의 관점에서 관련된 사항들을 집중 분석한다.

• 분석의 목적은 보고용이 아닌 자기소개서와 면접 질문에 답변하기 위함이다.

• 항목마다 분석 후에 자신의 생각을 꼭 정리한다.

목표기업	기업은행	목표 직무	개인금융
목표기업을 400자 이내로 정의해 보세요	IBK기업은행은한국경제의 위기 때마다 실제로 기업을 도운 은행이다. IBK기업은행은 다양한 전략과 정책들로 IBK기업은행 본연의 역할을 충실히 하고 있음을 느꼈다. 특히 IMF, 유럽발 금융위기 등 여러 위기를 겪을 때마다 다른 시중은행들과 다르게 중소기업 대출에 선도주자로 나서 실제로 기업을 도왔던 은행이라는 점이 놀라웠다. 2013년, 기업 대출금리를 9.5퍼센트로 획기적으로 낮춘 점과 지식재산을 기반으로 투자를 하고 있는 점 등을 보면서 저성장, 저금리 기조 속에서 어려움을 잘 극복하며 IBK기업은행만의 입지를 다져나갈 것이라고 확신할 수 있었다.		
기업의 기본분석	 세계인 Global Perspective 책임인 Responsible Atitude 전문인 Expert&Edge 창조인 Top Perfomance 도전인 Achieving Challenge Great People 시장경쟁력을 갖추고, 고객을 감동시키며 성과를 창출하는 인재 설립연도, 자본금, 대표이사, 인원, 매출액, 주요 사업장, 경영이념/철학, 설립목적/비전미션, 핵심가치, 인재상, 기업문화, 사회봉사에 대해 분석하기		

기업의 기본분석	〈IBK핵심가치〉 비전달성을 위하여 IBK임직원이 공유하고 지켜야 할 생각과 행동의 기준과 원칙 **고객의 행복** 고객의 행복은 목표가치로서 IBK핵심가치 중 최상의 가치입니다. 고객에게 행복을 드리는 은행이 되겠다는 IBK의 약속입니다. 모든 업무를 처리할 때 고객을 중심으로 생각하고 행동하며 고객이 원하는 진실이 되고 차별화된 기회를 제공합니다. **신뢰와 책임** 언제나 바른 길을 가는 IBK의 마음가짐입니다. 기본에 충실하고 정직하게 행동하며 사회구성원으로서 책임을 다합니다. **창조적 열정** 창의적 사고와 탁월한 실행력으로 미래를 창조하는 IBK의 힘입니다. 기대에 맞는 능력을 갖추고 새로운 생각으로 끊임없이 도전하여 더 높은 목표를 향해 나아갑니다. **최강의 팀워크** 조직의 역량을 극대화하기 위한 IBK의 일하는 방식입니다. 서로를 인정하고 배려하여 원활한 소통과 협력으로 즐거운 일터를 만듭니다. 〈IBK기업은행의 비전〉 '금융의 새로운 미래'는 대한민국 최초의 중소기업금융 기반의 성공적 차별화 모델을 구축하여 아시아와 신흥시장의 벤치마크가 되고, 나아가 글로벌 롤모델로 자리매김하여 한국금융의 새로운 미래를 열어가겠다는 의지의 표현입니다. 이를 통해 고객과 임직원, 정부와 시장 등 여러 이해관계인의 기대를 충족하면서 꿈과 행복을 제공하는 참! 좋은 금융그룹으로의 발전을 지향합니다. **고객의 행복** – 고객만족을 넘어, 새로운 금융경험 제공으로 재무적인 이익과 더불어 고객의 행복을 창출 **따뜻한 금융** – 중소기업 성장의 디딤돌이 됨과 동시에 서민들에게 따뜻한 금융의 온기를 전달 **최고의 직장** – 조직의 새로운 미래를 통해 임직원의 자부심과 만족도 **한국금융의 자랑** – 한국금융의 자랑이 되는 시장의 모범으로 자리매김
기업의 주력 사업 주요 특징	**기업의 주요사업, 주력 제품이나 서비스, 경쟁사, 시장에서의 포지셔닝 및 향 후 비전분석** IBK기업은행은 경제 발전에 필요한 재원을 공급자로부터 조달하여 수출 및 제조업 등의 산업 경제활동 주체에게 배분하는 자금중개기능 등을 통해 경제성장에 기여한다. 외환위기 이후에는 대형화, 겸업화가 진행되는 가운데 지속적인 구조조정 등의 노력을 통하여 수익성을 향상시켰다. 그러나 글로벌 금융위기 이후, 저금리 기조가 지속되면서 국내 경기 회복이 늦어지자 그 여파가 금융권에도 크게 미치고 있는 실정이다. 이러한 가운데 저금리, 저성장으로 수익성이 악화되자 각 은행은 지점을 통폐합해 비용절감 및 조직 효율화를 꾀하고 있다. IBK기업은행도 건전성 관리, 예금조달 역량으로 경쟁력을 갖추기 위해 다양한 다음과 같은 전략을 펼치며 성과를 내고 있다. 첫째, '송해효과'로 거둔 성과이다. IBK기업은행은 '기업만이 거래할 수 있는 은행'으로 인식되어 있었다. 그러나 송해 선생님이 광고모델이 되면서 실제로 예금증대 액수가 1천억 원에 돌파하였고, 1961년 설립이후 51년간 풀지 못했던 기업은행의 숙제를 '송해효과'로 단번에 해결했다. 실제로 개인 고객이 2011년 103만 명이 늘어난 데 이어 2012년에 다시 105만 명이 늘어나 1152만 명의 고객을 보유하게 되었다.

둘째, 중소기업의 경영안정과 성장에 기여한 점이다. IBK기업은행은 2013년 1월 1일을 기점으로 기업대출금리를 한자리 수인 9.5퍼센트로 낮추었다. 이로써 IBK기업은행은 '위기 때마다 중소기업을 도운 은행'이라는 평가를 받았고, 중소기업들은 거래를 늘리는 것으로 화답하고 있다. 실제로 기업은행의 원화대출 점유율은 2008년 17.8퍼센트였던 것이 2012년 3월 말, 22.6퍼센트로 늘었다. 또한, 중소기업 원화대출은 2012년 3월 국내은행 중 최초로 100조원을 넘기며 기업은행의 위상이 커졌음을 보여주고 있다.

**기업의
주력 사업
주요 특징**

셋째, 기업은행은 문화콘텐츠와 지식재산에 관한 투자를 확대하고 있다. 특히 지난해 1월에는 국내 은행 최초로 문화콘텐츠 사업 전담부서를 신설했다. 이와 더불어 2011년부터 올해 10월 말 기준으로 문화콘텐츠에 대한 중기대출 투자실적은 5098억 원으로 당초 계획했던 4500억 원의 목표치를 이미 뛰어넘었다. 뿐만 아니라 창조금융 실현을 위해 기업은행은 지난 5월부터 IP보유기업 보증을 시작했다. 이를 통해 산업재산권과 저작권, 신지식재산권 등 우수 지식재산권을 보유한 중소기업 지원을 강화하고 있다.

세계경제의 침체와 더불어 우리나라 경제의 성장이 둔화되면서 금융권의 상황도 악화되고 있다. 특히 예대마진 축소, 부동산 경기 침체, 연체율의 증가 등으로 각 은행들의 수익성이 악화되고 있는 실정이다. 그러나 이러한 가운데에서 IBK기업은행은 예금조달 역량을 높이기 위해 개인고객 확보에 주력하고 있으며 위와 같은 다양한 정책과 전략으로 위기를 극복하고자 노력하고 있다. 특히 9.5퍼센트의 기업대출금리, 지식재산에 대한 투자 확대는 기업들의 성장을 도모하고, 나아가 우리나라 경제 성장에 든든한 밑거름이 될 것이다.

---

*기업분석 사례는 학생이 작성한 것으로 사실과 다르거나 잘못될 수 있으며 내용이 아니라 작성 방법만 보기 바란다.

기업분석을 위한 참고 사이트

상장기업
- 다트 http://dart.fss.or.kr/
- 코참비즈 http://www.korchambiz.net/
- 네이버 http://finance.naver.com/research/
- 카인즈 http://kind.krx.co.kr/corpgeneral/
- 나이스 http://www.kisonline.co.kr/

비상장기업
- 38커뮤니케이션즈 http://www.38.co.kr/
- 피스탁스 http://www.pstock.co.kr/
- 프리스탁 http://www.presdaq.co.kr/
- 제이스탁 http://www.jstock.co.kr/
- 벤처기업 https://www.venturein.or.kr/

💡 직무분석 방법과 사례

내가 하려는 일직무가 무엇이고 어떻게 진행되며 어떤 어려움이 있고 어떤 역량을 요구하는지를 모르면 절대 좋은 자기소개서를 쓰고 면접 답변을 할 수 없다. 내가 지원한 기업의 희망직무에 대한 분석은 자기분석과 기업분석 보다 오히려 더 중요할 수 있다.

직무 명	일반개인금융	소속 부서	개인금융

직무의 정의
목표
내용
수행절차
	\multicolumn{3}{l}{· 수신과 여신업무를 통해 경제 발전에 필요한 재원을 공급자로부터 조달하고, 수출 및 제조업 등의 산업 경제활동 주체에게 배분하는 자금중개기능 등을 통해 경제성장에 기여
	
	개인금융
	1. 개인영업
	· 수시입출금식예금, 정기예적금, 출납, 자동화기기, 계산, 어음교환, 판매 및 수납대행, 방카슈랑스 업무 등 개인영업의 전반에 대한 업무를 담당
	· 카드 및 가계대출 업무를 처리하며 사후관리를 담당
	· 창구거래와 상품 마케팅활동 등을 수행하고, 고객관리와 부수업무를 담당
	2. 개인영업기획
	· 개인고객업무 전반에 관한 사항을 기획하고 조정
	· 개인고객관련 각종 제도, 수신 및 가계대출 대내외 규정, 사후관리, 금융실명제, 주택청약업무, 금리, 수수료, 방카슈랑스 업무, 판매 및 수납대행에 관한 업무를 기획하고 개선하고 관리하는 업무를 담당
	3. PB Private Banking
	· PB본부 : 고소득 개인고객의 전담관리를 위하여 PB 영업 인력을 양성하고 양질의 자산종합관리 서비스를 제공
	· 우수고객 영업기반 강화와 수익성 향상을 도모하기 위한 활동 및 정보 제공
	· PB영업점 : 개인영업 기반의 유지 및 확충을 위해 우수개인고객을 대상으로 여신, 수신, 외환, 신용카드 등의 상담업무와 종합자산관리서비스, 정보수집 및 고객관리 활동을 담당. 신규우수고객 유치 등 마케팅 활동을 담당
	
	업무수행절차
	1. 영업 준비
	  그날 거래될 액수만큼의 돈과 수표를 나누어 받음, 각종 통장과 현금카드준비하고 현금지급기와 통보사항 점검
	2. 지점회의
	  직원들의 서비스 마인드가 가장 중요하기 때문에 회의, 서비스교육이나 금융상품교육
	3. 영업시간
	  9시부터 시작하여 수신, 여신, 외환업무처리
	4. 마감
	  그날 거래된 돈, 수표, 통장, 남아있는 카드 양을 점검하여 확인하고 받은 세금과 영수증을 금융결제원으로 보냄		

직무의 정의 목표 내용 수행절차	5. 마감 후 신용카드 신청서를 전산으로 입력하고 새로 들어 온 대출 서류도 전산 입력 우수고객 영업기반 강화와 수익성 향상을 도모하기 위한 활동 및 정보 제공 • PB영업점 : 개인영업 기반의 유지 및 확충을 위해 우수개인고객을 대상으로 여신, 수신, 외환, 신용카드 등의 상담업무와 종합자산관리서비스, 정보수집 및 고객관리 활동을 담당, 신규우수고객 유치 등 마케팅 활동을 담당 업무수행절차 1. 영업 준비 그날 거래 될 액수만큼의 돈과 수표를 나누어 받음, 각종 통장과 현금카드준비하고 현금지급기와 통보사항 점검 2. 지점회의 직원들의 서비스 마인드가 가장 중요하기 때문에 회의, 서비스교육이나 금융상품교육 3. 영업시간 9시부터 시작하여 수신, 여신, 외환업무처리 4. 마감 그날 거래된 돈, 수표, 통장, 남아있는 카드 양을 점검하여 확인하고 받은 세금과 영수증을 금융결제원으로 보냄 5. 마감 후 신용카드 신청서를 전산으로 입력하고 새로 들어 온 대출 서류도 전산 입력
직무수행 시 예상되는 어려운 점	1. '돈'이 거래되는 곳이기 때문에 항상 긴장을 늦추지 말아야 한다. 영업시간 이후 정산 과정에서 금액이 맞지 않으면 어떻게 해서든 오류를 찾아내야 한다. 2. 은행은 공공기관이 아님에도 불구하고 서비스에 있어서 공공성을 요구 받는다. 이 점에 있어서 직원들이 어려움을 느끼기도 한다. 3. 행원의 잘못된 판단으로 회사가 큰 손실을 입을 가능성이 있기 때문에 항상 신중해야 하며, 금융거래법과 관련된 법규를 잘 숙지하며 고객과 거래해야 한다. 4. 지점의 실적순위가 매주 공개되기 때문에 영업실적에 대한 압박도 있다. 5. 지속적으로 새로운 상품, 법규, 규정을 숙지하고 공부해야 한다.
직무의 향후 비전	• 수신, 여신, 외환 등의 기본 업무 • VIP고객 담당업무 • PB
직무관련 지식/기술 관련자격증	• 자산관리사 • 금융기관 영업부서의 재테크팀 또는 PB팀에서 고객의 수입과 지출, 자산 및 부채현황, 가족상황 등 고객에 대한 각종 자료를 수집, 분석하여 고객이 원하는 라이프 플랜 상의 재무목표를 달성할 수 있도록 종합적인 자산설계에 대한 상담과 실행을 지원하는 업무를 수행하는 금융전문가 • 증권투자상담사

직무관련 지식/기술 관련자격증	· 투자자를 상대로 증권에 대하여 투자권유 또는 투자자문 업무를 수행하는 자 또는 단기 　금융집합투자기구의 집합투자증권에 대하여 투자권유 업무를 수행하는 자 · 펀드투자상담사 · 투자자를 상대로 집합투자기구의 집합투자증권^{펀드}에 대하여 투자권유 또는 투자자문 업 　무를 수행하는 자 · 파생상품투자상담사 · 파생상품 및 파생결합증권에 대하여 투자권유 또는 투자자문 업무를 수행하는 자 · 투자자산운용사 · 집합투자재산, 신탁재산 또는 투자일임재산을 운용하는 업무를 수행하는 자 · 금융투자분석사 · 금융투자회사에서 조사 분석자료를 작성하거나 이를 심사, 승인하는 업무를 수행하는 자 · AFPK · 재무설계 업무에 관한 전문서비스를 제공할 수 있는 자격증으로서 개인종합재무설계 업 　무에 대한 국내 전문자격에 해당함 · CFP · 재무설계업무에 관한 전문서비스를 제공할 수 있는 자격증으로서 개인종합재무설계업무 　에 대한 국제 전문자격에 해당함
기타 스펙	· 금융과 관련된 공모전이나 활동 · 동아리활동, 봉사활동 등 교내외 활동^{팀활동 중시} · 도전정신을 표현할 수 있는 활동

희망/지원 직무에 필요한 핵심역량에 대해서 구체적으로 기술하세요^{SPEC 이외의 역량들}

기록.

핵심 역량명	역량설명, 직무에 필요한 이유, 역량과 관련된 SPEC
1. 커뮤니케이션능력 (의사소통능력)	행원은 항상 고객과 면대면으로 마주한다. 따라서 커뮤니케이션능력이 중요하게 여겨진 다. 이러한 커뮤니케이션능력은 '내 고객'을 만들고 실적을 쌓는데도 중요한 역할을 한다. 결국 개인/기업금융 업무도 '영업'의 일환이기 때문에 커뮤니케이션 능력으로 고객을 설득 하고 고객과 원활한 관계를 유지할 수 있어야 한다.
2. 상황대처능력	매일 고객과 마주하는 행원에게 상황대처능력은 필수적이다. 다양한 고객들이 존재하는 만큼 매일 다양한 상황들에 직면하게 된다. 특히 은행은 공공기관이 아님에도 불구하고, 서비스에 있어서 공공성을 요구받는다. 내가 상담하고 있는 고객과 문제가 생겼을 때, 그 영향은 다른 고객, 더 나아가서는 그 지점의 이미지에 타격을 입힐 수도 있기 때문에 각 상 황에 따라 알맞게 대처할 수 있어야 한다.

3. 대인관계력	업무시간의 절반 이상을 새로운 고객과 함께하기 때문에 대인관계능력이 요구된다. 또한, 영업 실적을 높이기 위해 때로는 내가 알고 있는 지인들을 필요로 할 때가 있다. 이와 더불어 행원의 급여는 기본급과 인센티브로 이루어져 있다고 들었다. 특히 인센티브는 나의 영업 실적이 아닌 지점, 즉, 우리 팀의 영업 실적이기 때문에 무엇보다도 팀워크가 중시된다고 한다.
4. 목표, 성취지향	개인/기업금융 역시 '영업력'이 필수적이라고 말한다. 특히, 은행의 예금조달 능력은 수익 창출의 가장 기본이 되므로 행원의 영업력이 절대적으로 중요하다고 할 수 있다. 영업력은 목표지향, 성취지향으로 표현될 수 있으며 구체적인 숫자로 언급할 수 있는 경험이 있다면 좋을 것이다.
5. 전문성	최근 은행에서도 예금, 대출 이외에 펀드, 보험 등 다양한 상품들을 판매한다. 행원들이 수행하는 업무들은 전문성을 필요로 한다. '돈'과 관련된 업무인 만큼 다양한 법의 적용을 받으며, 행원은 이에 따라 자격증을 획득하는 등의 전문성을 가질 필요가 있다. 재무설계사인 AFPK자격증, CFP 자격증부터 외환과 관련된 자격증 등 많은 자격증이 있다. 또한, 이러한 전문성을 바탕으로 고객에게 상품과 거래에 관해 정확하게 이해시켜 나중에 벌어질 분쟁을 사전에 예방해야 한다.

희망/지원 직무와 관련한 핵심역량 중 내가 가진 직무역량에 대해 세 가지를 기술하세요.

보유 역량명	역량이 업무에 중요한 이유	역량을 뒷받침할 근거/사례	업무에 어떻게 적용할 것인가?
1. 커뮤니케이션 능력	고객과 면대면으로 마주하기 때문에 업무를 수행할 때 가장 필요한 역량이다. 고객과의 원활한 커뮤니케이션이 될 때, 고객의 니즈를 빠르게 파악하고 그에 따른 서비스를 제공할 수 있다.	내가 생각하는 커뮤니케이션 능력은 '상대방의 이야기에 귀를 기울여 상대방이 원하는 것이 무엇인지 파악하는 것'이다. 실제로 동아리 에서 부회장을 맡았을 때, 후배들의 동아리 행사 참여율을 높이기 위해 대화의 장을 마련한 적이 있었다. 이때 후배들이 원했던 것이 무엇인지 파악하고, 동아리 규칙을 개선하는 등의 노력으로 참여율을 높일 수 있었다.	고객의 이야기에 귀를 기울여 고객의 니즈를 빠르게 파악할 수 있을 것이다. 고객이 현재 처한 상황, 고객이 필요한 상품 등을 이야기를 통해 파악하고, 빠르게 제공함으로써 고객이 매우 만족할 수 있는 서비스를 제공할 수 있을 것이다.

2.대인관계력	업무시간의 절반 이상을 새로운 고객과 함께하기 때문에 대인관계능력이 요구된다. 또한, 영업 실적을 높이기 위해 때로는 내가 알고 있는 지인들을 필요로 할 때가 있다. 특히 인센티브는 나의 영업 실적이 아닌 지점, 즉, 우리 팀의 영업 실적이기 때문에 무엇보다도 팀워크가 중시된다.	사교성이 좋고 언제나 긍정적인 생각을 하는 것이다. 친구들뿐만 아니라 사람들과 함께 어울려져 생활하는 것을 좋아하기 때문에 많은 사람들과 알고 지내려고 노력한다. 모르는 친구를 보아도 먼저 다가가 웃으며 인사하기 때문에 금방 친해지고 각 반에 한 명씩은 아는 친구가 꼭 있을 정도로 많은 친구를 사귀었다.	'내 고객'을 만들기 위해 나만의 고객응대 방법, 상품 판매 방법 등의 노트를 만들어 보고 싶다. 이를 통해 좀 더 효율적인 상품판매 방법을 체득할 수 있을 것이며, 신뢰를 기반으로 '내 고객'을 만들어 영업력을 높일 수 있을 것이다.
3. 전문성	최근 은행에서도 예금, 대출 이외에 펀드, 보험 등 다양한 상품들을 판매한다. 행원들이 수행하는 업무들은 전문성을 필요로 한다. '돈'과 관련된 업무인 만큼 다양한 법의 적용을 받으며, 행원은 이에 따라 자격증을 획득하는 등의 전문성을 가질 필요가 있다.	전산회계1,2급, 컴퓨터활용능력1급, 재경관리사, 펀드투자상담사, ERP회계정보관리사1급 전산회계반이라는 동아리에서 책관리 업무를 총괄하여 전교생에게 자격증 시험기간이 되면 대여해 주고 반납하는 업무를 담당했다. 또한, I-TOP 경진대회에 나가서 지역부문 장려상을 수상하기도 하였으며 각종 자격증을 취득해 회계에 대한 지식을 습득하였다.	전문성을 바탕으로 고객에게 상품과 거래에 관해 정확하게 이해시켜 나중에 벌어질 분쟁을 사전에 예방한다.

직무검색 참고 사이트

- 지원한 기업의 채용 사이트
- 산업별 대표기업 채용 사이트: 커리어 두산, 영삼성, LF패션, LG 커리어, 롯데그룹, 기업은행채용 등 한국직업정보시스템
- 네이버 등 검색사이트
- 취업포털: 잡코리아, 사람인, 인크루트 등
- 취업커뮤니티 사이트: 취뽀, 독취사, 스펙업, 좋은일 연구소, 고준모
- 경력자 채용공고: 취업포털 참고

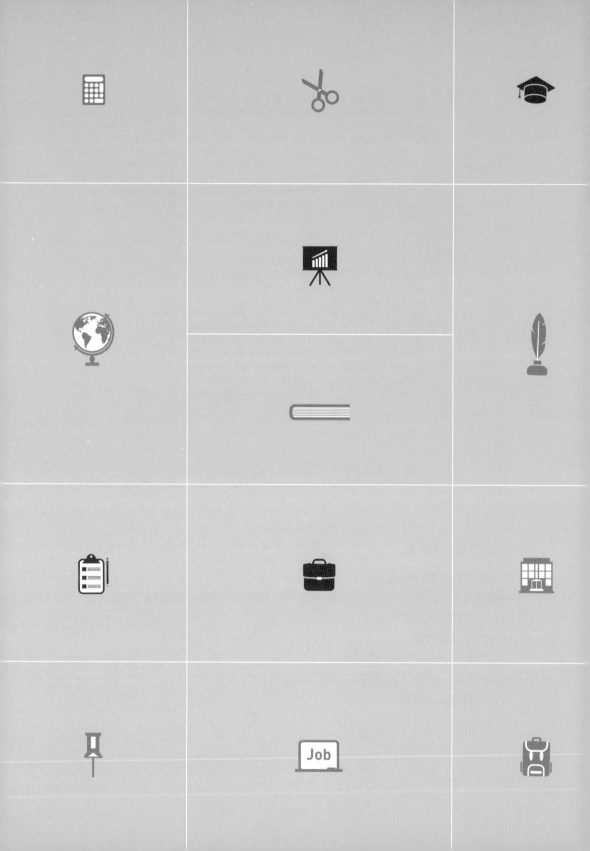

PART 3

서류전형대비
이력서와
자기소개서
작성 비밀

이것 정도는 알고 준비한다
_기본편

채용절차

기업의 채용절차는 기업의 종류, 특성, 규모와 채용방식, 대상에 따라 조금씩 다르게 진행한다. 그러나 일반적인 채용절차를 보면 채용계획에서부터 채용공고, 입사지원서 작성, 입사지원, 서류전형, 인·적성 검사 또는 필기시험, 면접, 신체검사, 최종합격통보, 입사의 흐름은 크게 다르지 않다.

채용공고

신문, 기업홈페이지, 취업포털사이트 등에 채용공고를 올린다. 채용공고에는 담당직무, 자격조건, 지원방법, 급여, 및 복리후생, 마감일 등이 기재되어 있으며 입사지원 전에 꼭 숙지해야한다. 주요 취업포털사이트에는 잡코리아, 사람인, 인크루트, 커리어 등이 있다.

서류전형

전체 지원자들의 입사지원서를 검토하여 선발인원의 5~10배 정도 서류전형 합격자를 선발한다.

필기시험

공공기업은 NCS기반의 직무능력평가시험이나 인·적성 검사를 실시하며, 일반 기업은 인·적성 검사나 공인시험성적으로 대체하거나 필기시험을 보지 않은 곳도 많다.

인 · 적성 검사

지원자의 인성과 적성검사를 통해 회사의 문화와 직무 적합성을 확인한다. 3~5 배수의 후보자를 선발한다.

면접

후보자와 대면을 통해 인성, 적성, 지식, 역량 등을 확인하다. 면접의 종류와 절차는 기업에 따라 다르다.

신체검사

최종면접 합격자에 한해서 검사를 받게 되며 법정 질병보균자 외에는 신체검사 때문에 불합격하는 경우는 없다.

합격통보

최종합격 통보 시 입사일자와 관련 서류 안내가 이루어진다.

서류전형

취업을 위한 첫 관문인 서류전형은 이력서와 자기소개서로 구분된 입사지원서를 제출해야 한다. 이력서는 지원자들을 객관적으로 평가할 수 있는 기초자료라면, 자기소개서는 더 깊게 지원자의 숨은 능력과 경험을 파악할 수 있는 자료로 활용된다. 요즘은 직접 문서로 제출하지 않고 대부분 인터넷에서 지원서를 작성하거나 파일형태로 이메일로 지원한다.

대부분은 희망하는 기업에 취업하기 위해서는 먼저 서류전형을 통과해야 한다는 것은 잘 알고 있을 것이다. 그런데 문제는 기업에서 한 번 채용을 진행할 때마다 적게는 수백 통에서 수만 통의 입사지원서가 쌓이게 되고, 채용담당자가 입사지원서를 한 장 한 장 꼼꼼히 살펴본다는 것은 현실적으로 불가능한 일이다. 다시 말해서 채용담당자의 손에 나의 이력서가 멈추는 시간은 단 1분에서 3분도 되지 않을 것이다. 이러한 현실에서 당신은 어떻게 이력서와 자기소개서를 써야 할까? 어떻게 하면 나의 이력서가 채용담당자 눈에 띌 수 있을까? 여기에는 분명히 특별한 비법이 있다. 무조건 글을 잘 쓴다고 나의 입사지원서가 채택되는 것은 절대 아니다. 지금부터 채용담당자의 눈에 확 띄는 이력서와 자기소개서 작성법에 대해 차근차근 알아보자.

이력서 작성방법

(1) 기본원칙

이력서는 채용담당자들이 가장 먼저 주의 깊게 보는 서류이므로 자신의 모든 것을 빠짐없이 기록하여 장점은 최대한 살리되, 결코 허위사실이나 과장된 내용을 기재해서는 안 된다. 만약 면접과정에서나 입사 후에라도 허위사실이 밝혀지면 입사가 취소되므로 반드시 사실만을 기재한다.

이력서 내용은 충실히 채우는 것을 원칙으로 한다. 항목별로 기재할 내용이 많아 칸이 부족하면 지원업무에 가장 근접하는 내용 순으로 적고, 특정항목에 기재

내용이 없거나 부족하면 기재할 내용이 지원직무와 직접적으로 관련이 적은 모호한 내용이라도 공란보다는 채우는 것이 좋다는 것을 명심한다. 마지막으로 제대로 작성되었는지 오타는 없는지 꼭 확인하고 타인에게 검토를 부탁한다.

(2) 회사 지정양식으로 이력서 작성방법

지원회사의 지정된 양식으로 입사지원서를 작성하는 방법은 두 가지가 있다.

첫 번째, 기업의 자체적인 양식이나 취업포털 사이트에서 제공하는 양식에 직접 작성하는 방법이 있다.

두 번째, 기업 홈페이지에서 입사지원서를 내려 받은 후 직접 작성해서 이메일에 첨부하여 지원한다. 어떤 방법이든 자사양식을 활용할 때 공통으로 유의할 점은 다음과 같다.

- 채용공고란에 있는 담당업무, 지원 자격 지원방법 주의사항 및 마감일을 숙지한 후 작성한다.
- 인터넷을 통해 직접 작성할 때는 사전에 워드 프로그램에서 작성한 후에 최종본을 입력한다.
- 입사지원서 질문을 충분히 읽고 질문의 의도를 이해한 후에 순서대로 작성한다.
- 회사양식을 절대 자기 마음대로 편집하지 않는다.
- 사진을 올릴 때 용량과 형식에 맞추고 너무 크거나 작지 않게 유의한다.
- 글꼴은 정해진 서체와 크기를 그대로 사용한다.
- 이해가 잘 안되거나 모호한 것은 마음대로 작성하지 말고 해당 기업의 채용담당자에게 문의하거나 확인 후에 작성한다.

(3) 일반양식으로 이력서 작성방법

일반 문구점에서 파는 연대기식의 구식 이력서를 사용하지 말고 주제별로 구분된 이력서 양식을 사용한다. 글꼴은 호환성이 좋은 한글서체굴림체, 바탕체 등와 영어서체Arial 등를 사용하고 크기는 10~11포인트로 일괄 작성한다. 이력서 양식은 좌우공간의 간격도 1.5에서 2센티미터로 일치한다. 공란은 삭제한다.

이력서 양식은 http://www.bluebugs.co.kr에서 다운로드 받을 수 있다.

(4) 이메일로 지원할 때의 유의사항

이메일로 입사지원서를 첨부하여 보낼 때 이메일 제목과 내용을 신경 써서 작성해야 한다. 먼저 채용공고란에 입사지원서 제출 시 유의사항이 있는지 확인한후에 지시에 따라 이메일 제목을 써서 제출한다. 만약 유의사항이 별도로 없으면다음과 같이 작성한다.

이메일 제목 예시

[신입 입사지원] 영업관리부문 신입지원자 김OO 입사지원서입니다.

이메일 내용 예시

안녕하세요, 채용담당자님,

20XX년 XX월 XX일 마감인 상반기 신입사원 공채 '영업관리 부문'에 지원한 서울

OOOO 고등학교 김OO입니다. 입사지원서 파일을 첨부하여 지원하오니 긍정적인

검토를 부탁드립니다. 감사합니다.

김OO 배상(010-OOO-OOOO)

지원확인

이메일 보낸 후 수신확인을 하고 확인여부가 의심스러우면 마감일 전에 전화나 이

메일을 통해 꼭 확인한다.

이력서 세부항목

(1) 기본사항 (지원정보, 개인정보, 희망직무, 연봉, 직급, 연락처)

사진	성 명	(한글) 김민경	희 망 직 무	금융정보과
		(한자) 金民京	희 망 연 봉	회사내규에 따름
		(영문) Kim Min-Kyoung	희망 근무지	서울
	생년월일	2000.9.20	주민등록번호	000920-2XXXXXX
	주 소	서울특별시 마포구 아현동 555		
연락처	전 화	02-414-5990	휴 대 폰	010-4529-4502
E-mail		bluebugs@naver.com	호주 및 관계	김태완 (장녀)

• **희망직무** 지원하는 직무나 부문을 명확하게 필히 기재해야 한다. 회사 홈페이지에 나오는

직무 또는 채용공고 상의 직무를 참고하여 기재한다.

• **희망연봉** '회사내규 따름' 또는 지원회사의 신입연봉을 파악하여 기재한다. 지원회사의 신

입연봉에 비해 너무 높거나 낮지 않고 비슷하게 쓴다.

- 희망직급 '신입'으로 기재한다.

- 희망근무지 '무관', '전국' 또는 지역별 채용일 경우에는 근무를 희망하는 지역을 기재한다.

- 연락처 자신의 연락처 외에 자택 또는 부모님 연락처를 꼭 쓴다. 합격여부 통지가 문자 또는
  이메일로 오기 때문에 실수하지 않도록 한다.

- 호주관계 호주를 기준으로 작성

  '장남', '장녀', '차남', '차녀', '삼남', '삼녀'

(2) 가족사항

관계	성명	근무처	직급	동거여부
부	김태완	블루벅스	대표이사	동거
모	이지윤	가정	가정주부	동거
매	김보민	서울OO고등학교	학생	동거

기업은 가족관계를 통해 지원자의 인성을 추측하거나 입사 후 인적 네트워크를 활용할 수 있다는 측면에서 요구한다.

- 가족관계 부父, 아버지, 모母, 어머니, 자姉,누나, 언니, 형兄, 형님, 오빠, 매妹, 여동생, 제弟,남동생, 조모祖母,
  할머니, 조부祖父, 할아버지

- 근무처 위치가 아닌 소속된 기관명을 기재한다.

  가정주부일 경우 '가정'이라고 기재한다.

- 직급 사장, 임원, 부장, 차장, 과장 등 직급명, 학생, 가정주부
- 동거여부 한 집에서 같이 살 경우 '동거', 같이 살지 않은 경우 '비동거'

(3) 사진

- 결론부터 말하면 사진 찍는 데 돈을 아끼지 마라. 채용담당자가 가장 먼저 시선이 머무르는 곳이 사진이고, 지원자의 첫인상을 결정하는 매우 중요한 부분이다. 이력서 전체항목을 100퍼센트로 볼 때 40퍼센트가 사진에서 결정된다고 해도 과언이 아니다. 즉석사진이나 디지털카메라로 개인이 찍지 말고 꼭 전문사진관에 가서 촬영하기 바란다. 처음 사람을 만날 때 첫인상이 얼마나 중요한지를 생각해본다면 쉽게 이해할 것이다.

- 사진은 전체적으로 상반신이나 가슴 위까지 나오도록 한다.

- 헤어스타일은 인상의 50퍼센트를 차지할 만큼 중요하다. 머리는 최대한 단정하고 깔끔하게 하며 잔머리가 보이지 않게 하고, 귀와 이마, 목이 보여야 한다. 이마는 최소한 ⅓이상 보이도록 한다.

- 복장은 당신의 나이에 맞게 심플하고 단정한 정장재킷/블라우스 또는 교복권장을 착용한다.

- 헤어스타일과 복장에만 신경 쓰다 보면 표정을 놓치는 경우가 많이 있는데, 표정은 밝고 환하게 웃는 미소가 중요하다. 미소를 지을 때는 자신에게 가장 어울리는 표정을 짓는다.

- 사진 보정은 정도껏 해야지 사진과 자신이 구분이 안 될 정도로 다르게 해서는 안 된다.

(4) 학력사항

입학년월	졸업연월	출신학교	전공	졸업구분	소재지	성적
2014.3	2017.2	서울OO 고등학교	금융정보과	졸업예정	서울	85/100
2011.2	2014.2	OO중학교		졸업	서울	

- 학력사항 작성 순서는 최근 순인 고등학교에서 중학교 순으로 기재한다.

- 입학 년, 월, 일과 졸업 년, 월, 일또는 졸업예정일을 꼭 쓴다.

- 특성화 고등학교 졸업생이라면 전공을 기재하고 일반고는 문과, 이과로 구분한다.

- 학교가 소재하고 있는 곳의 도시이름을 기재한다.

- 성적은 기준이 되는 총점수와 자신의 점수를 함께 쓴다.

(5) 경력사항 : 교내외활동 · 사회경험 · 봉사활동 · 수상내용

기업 / 단체명	기간	부서	세부내용
롯데리아	2015.4 ~ 2016.3	매장	매장 아르바이트
청소년적십자RCY	2014.9 ~ 2016.2	서울본부	연합봉사단활동구호, 노력봉사 등

- 경력사항은 사회경험, 학교내외생활, 봉사활동, 동아리활동 등을 쓴다.

- 희망업무직무와 직접적으로 관련된 경험부터 기재한다.

• 업무와 연관성이 모호할 때라도 그냥 공란으로 두지 말고 경험들을 최대한 기재한다.

• 수상내역 난이 별도로 없으면 여기에 수상내용도 적는다_{발행기관명, 수상일자, 수상내용}.

(6) 외국어능력

외국어 명	공인시험종류	등급(점수)	시험연도	회화, 작문, 독해 (상/중/하)
영어	토익	700/990	2016	회화(중), 작문(중), 독해(중)

• 취득시험이 있을 때 : 외국어명, 시험 종류, 취득한 점수_{취득점수/총점수}를 기재한다.

• 취득시험이 없으면 언어 사용능력 정도를 상·중·하로 쓴다.

(7) 컴퓨터 활용능력

종류	수준	관련 자격증	비고
MS-Word	상		양식문서작성 가능
MS-Excel	상		매크로 프로그래밍 가능
포토샵	중		

• 관련 자격증이 없더라도 사용 가능한 컴퓨터 활용 능력을 기재한다.

• MS워드, 엑셀, 파워포인트, 아래아 한글, 포토샵, 플래시, 일러스트레이터, 각종 프로그래밍

언어 및 PC 등 프로그램별로 사용능력 정도를 수준 난에 상 · 중 · 하로 기재한다.

· 사용능력의 정도는 가능하면 하는 쓰지 말고 상과 중상, 중으로 쓴다.

(8) 교육사항

교육명	기간(연월)	세부내용	기관
MS Excel 실무	2016.7~2016.8	Excel실무 사용 법, 매크로사용법	양식문서 작성 가능
청소년 리더십 캠프	2016.12	청소년 리더십 교육1주	한국리더십센터

· 학교정규수업 외에, 외부기관이나 학원 등에서 받은 교육과정을 과정명, 기간, 기관명 등을 기재한다.

(9) 자격사항-자격증 및 면허증

자격 및 면허 종류	등급	취득연월	발행처	발행번호
한자급수자격검정	2급	2016.12201102	대한검정회	한자-45-222345
전산회계	2급	2015.03	한국세무사회	211546589

· 취득한 자격증에 대한 자격증 명, 취득일자, 인증기관 등을 지원업무와 관련 있는 것부터 적는다.

(10) 수상경력

• 교내/외 수상 경력이 있을 경우 발행기관 명, 수상일자, 수상내용을 적는다.

수상내용	수상일자	발생기관명
학년 장학생	2016	서울○○고등학교
서울시 과학경시대회 동상	2015	서울시 교육청

입사지원서 중 이력서 작성이 완성 되었다면 이제 나머지 자기소개서 작성에 대해서 살펴보자.

(11) 취미와 특기

이력서 구성요소들 중 취미와 특기는 지원자의 주관적인 판단에 의해서 작성하기 때문에 조금 어렵게 느껴질 수 있다. 직무와 회사를 고려하여 취미나 특기를 적을 수도 있겠지만 너무 인위적인 느낌이 들지 않도록 주의한다.

취미와 특기는 지원자가 오랜 기간 동안 특정분야에 관심을 가지고 얼마나 빈번하게 자주 활동했는지를 물어 봄으로써 지원자의 관심분야, 성향, 그리고 꾸준히 지속적으로 무언가를 한 경험이 있는지를 파악하기 위한 것이다.

• **취미** 전문적이지는 않지만 꾸준히 오랫동안 빈번히 즐기며 하는 것

• **특기** 특별한 기술이나 기능

취미와 특기를 따로 작성할 수도 있지만 취미 중에서 특히 잘 하는 부분을 말해도 된다.

예) 취미와 특기 서로 다른 종류 쓰기

취미 – 음악 감상 **특기** – 신문스크랩

취미 – 조깅 **특기** – 여행

취미 – 글쓰기 **특기** – 컴퓨터 활용

예) 취미와 특기 서로 비슷한 종류 쓰기

취미 – 등산 **특기** – 산악자전거

취미 – 요리 **특기** – 한식

취미 – 글씨 쓰기 **특기** – 붓글씨

자기소개서 작성방법

자기소개서란?

이력서가 지원자의 객관적인 능력성적, 언어, 자격증, 경험, 수상들을 파악하는 것이라면 자기소개서는 이력서를 통해 평가할 수 없는 것들, 즉 성장과정, 가정환경, 인생관, 직업관, 입사지원동기, 포부 등 지원자의 역량을 파악하는 문서이다. 또한, 지원자의 문장력과 문장구성, 논리성뿐만 아니라 자신의 생각을 표현하는 능력까지 파악할 수 있는 것이 바로 자기소개서이다.

면접 시 면접관이 하는 질문의 70퍼센트는 이력서와 자기소개서를 바탕으로 이루어진다. 그래서 자기소개서가 과장되고 허위사실을 적었거나 베껴 쓰면 면접과정에서 밝혀지는 경우가 종종 있다. 따라서 면접장에 가기 전에 꼭 자신이 작성한 이력서와 자기소개서는 필히 숙독하고 예상 질문에 대한 답변을 미리 준비하는 것이 중요하다.

자기소개서의 대표적인 항목과 구성

모든 기업의 자기소개서 형식이 표준화되어 있거나 같지는 않다. 하지만 수많은 기업의 자기소개서를 분석해 보면 보통 다섯 가지 항목으로 나눌 수 있다.

① **지원동기** 기업 및 직무 지원이유, 자신의 직무역량

② **성장 과정 · 배경** 자기소개, 가족소개 등

③ **성격의 장 · 단점** 차별화된 강점, 보완점

④ **교내외 활동** 경력

⑤ **입사 후 포부**로 되어 있으며, 그 외에도 '성공 및 실패 사례, 도전, 열정, 창의, 팀워크, 갈등극복, 어려움, 목표달성' 등이 있다. 요즘은 두세 가지의 주제를 한꺼번에 질문하는 복합적인 질문형식이 많아졌다.

공기업의 경우에는 사기업과 달리 경력기술서, 경험기술서, 자기소개서로 구분되며 자기소개서는 NCS의 직업기초능력 열 가지에 기반을 둔 질문 항목들로 구성되어 있다.

· **경력사항** 직무와 연관성 있는 이력 중에 금전적 보수를 받고 일정기간 동안 일했던 이력

· **경험사항** 직무와 연관성 있는 직업 외적인 금전적 보수를 받지 않고 수행한 활동

그렇다면 기업은 이러한 자기소개서를 통해 무엇을 알고자 하는 것일까? 우리는 그 의도를 알고 있어야 기업의 채용담당자를 만족하게 하는 자기소개서를 작성할 수 있다. 항목별 질문의도에 대해서 상세하게 설명하겠지만, 그전에 자기소개서를 크게 과거, 현재, 미래시점으로 구분해 보면 다음과 같다.

과거 개성

질문의도 지원자의 과거경험을 통해 미래의 역량을 예측하고 평가한다.

작성방법 지금까지 살아온 과정을 통해 어떠한 역량들을 얻게 되었는지 표현한다.

관련항목 자기소개, 성장과정, 성공 및 실패사례, 학교생활 및 경험

현재 인성

질문의도 지원자의 가치관, 성향, 성격을 통해 인성을 평가한다.

작성방법 과거의 경험을 통해 만들어진 현재 나의 모습을 표현한다.

관련항목 성격의 장·단점, 생활신조, 가치관

미래 열성

질문의도 목표와 열정이 있는가?

오래 다닐 수 있을까?

정말 우리 회사에 오고 싶은 걸까?

작성방법 나의 목표, 사명, 이상을 효과적으로 표현한다.

관련항목 지원동기 열정·성실함·준비성, 입사 후 포부목표·비전

자기소개서 작성 다섯 가지 기본원칙과 사례

자기소개서를 시험장에서 논술시험 보듯이 한 번에 생각나는 대로 무조건 작성하면 분명히 불합격 통보를 받게 될 가능성이 크다. 자기소개서는 충분한 사전준비와 여러 번의 수정을 거쳐 작성한다. 자기소개서를 작성하기 전에 반드시 지원하는 회사와 희망직무업무를 먼저 정하고 명확하게 분석한다. 그러고 나서 지원하

는 회사와 직무에 적합한 본인의 역량과 강점과 장점을 파악하고 이를 각각의 주제별로 선별하고 구분하여 기재해야 함을 잊지 말자.

첫째, 자신에 대한 정확한 파악이 제일 먼저 필요하다.

- 지원한 회사와 직무에 대해서 먼저 파악하고 어떠한 역량, 지식, 경험, 성격을 요구하는가를 분석한다.

- 그런 다음, 미리 정리해 둔 자신의 인 · 적성, 장 · 단점, 역량, 경험 등에서 회사와 직무에 적합한 것을 선택한다.

- 기업분석, 직무분석과 사전 자기분석 방법은 PART2의 chapter2 성공취업 사전필수 단계 − 자기분석, 기업분석, 직무분석에서 상세한 설명과 사례가 나와 있으니 참고하기 바란다.

둘째, 초고를 작성한다.

- 질문문항 전체를 꼼꼼하게 읽는다.

- 자기소개서 전체 질문문항의 의도를 정확하게 파악한다.

- 각 질문문항 별로 지원하는 '회사'와 '희망직무'에 적합한 자신의 역량과 장점/강점 등 핵심 키워드 한두 가지를 선택한다.

- 질문문항별로 선택된 역량 키워드에 맞는 자신의 에피소드 주제를 선택한다.사전에 작성한 본인의 자기분석자료를 참고한다.

- 요구한 글자 수와 상관없이 마음껏 초고를 작성한다.

- 전체 글을 문단 별로 정리하여 글자 수를 맞추어 정리한다.

- 스토리에서 역량 키워드가 느껴지고 공감이 가는지 검토한다.

- 가능하면 낮에 작성하고 오전에 검토한다.

사전준비가 완성되면 자기소개서의 질문주제항목별로 표현하고자 하는 중심역량주제·강점을 먼저 정한 후, 스토리에 필요한 뼈대를 먼저 만들어야 한다. 그런 다음에 뼈대에 살을 붙이기 위해 내용을 길이에 상관없이 초고를 마음껏 작성하고 나서 이후 내용을 수정 및 보완하는 작업이 필요하다.

셋째, 공감할 수 있는 스토리로 신뢰감을 준다.

• 한 질문문항에 한두 가지 주제나 핵심 키워드를 잡는다.

• 가장 적합한 사실적 근거사례를 가지고 작성한다.

• 배경, 문제, 과정, 방법, 역할, 결론/느낌을 6하 원칙에 따라 쓴다.

• 논리적이고 구체적으로 서술한다.

• 스토리를 만들어 공감하고 신뢰감이 느껴지도록 쓴다.

• 주제는 고등학생 수준에 맞게 쓰면 된다.

질문항목별로 답변을 쓸 때는 채용담당자에게 내가 주장한 내용에 대한 신뢰감납득할 만한 근거을 주어야 한다는 점에 유의한다. 대부분의 자기소개서는 어느 정도 과장되어 있다는 점을 채용담당자는 알고 있고 이런 부분은 감안하려 한다. 따라서 신뢰감 보다는 의심의 눈초리로 자기소개서를 읽게 된다는 것을 명심한다. 채용담당자에게 신뢰감을 주기 위해서는 질문항목 별로 여러 가지 주제를 나열해서 적지 말고, 한두 가지의 주제 또는 핵심을 잡아서 실제근거를 바탕으로 쓴다.

넷째, 읽기 쉽고 이해하기 쉽게 쓴다.

앞에서 잠깐 언급했듯이 채용담당자는 당신의 자기소개서를 1분에서 3분 안에 읽어 내려간다. 즉, 문장의 첫 부분에서 관심을 끌지 못하면 끝까지 읽을 기회는 놓치게 된다. 따라서 강조하고 싶은 내용을 담은 참신한 제목을 쓰고 결론부터 말하는 두괄식 형태로 작성한다. 제목과 첫 문장만 잘 표현한다면 분명히 채용담당자의 관심을 끌 것이다.

- 표현하고자 하는 역량이 들어나게 제목이나 소제목을 쓴다.

- 두괄식결론으로 어떤 역량주제을 표현할지 미리 알려 준다.

- 주제에 맞는 사례나 내용을 표현한다.

- 문장은 짧게 두 줄을 넘기지 않는다.

- 첫째, 둘째, 셋째 식으로 구분해서 주장한다.

- 마지막에 역량이 직무에 왜 적합한지, 어떻게 적용할지로 마무리한다.

- 직무에 맞는 전문용어는 사용해도 된다.

- 나만 알고 있는 용어는 부연설명을 한다.

다섯째, 기업 입장에서 쓴다.

자신이 말하고 자랑하고 싶은 것들을 쓰는 것이 아니라 기업이 원하고 듣고 알고 싶어 하는 장점과 강점을 써야 한다. 이는 가장 간과하기 쉬운 부분이다. 또한, 수많은 장점과 경험 중에 직무에 가장 적합하고 채용담당자가 관심을 둘 만한 역량을 써야 한다. 기업은 단순히 지원자가 주장하는 스펙과 자랑을 듣고 싶은 것이 아니라, 기업에 이익이 되고 직무에 도움을 줄 만한 역량을 알고자 하는 것이다.

- 회사가 왜 나를 합격시켜야 하는가?

- 회사입장에서 생각하고 시작한다.

한국전력에 지원하여 서류합격 한
특성화 고등학교 학생의 합격 자기소개서

1. 귀하의 성격, 대인관계, 가치관 등을 잘 설명할 수 있는 실제 사례, 경험 등에 대해 기술하여 주십시오. 또한 귀하가 한전을 선택한 이유와 직업인으로서 장기적 목표는 무엇인지 기술하여 주십시오.

무관심보다 관심이 많은 아이였습니다

'세상을 편견 없이 바라보는 눈을 가진 사람'

이는 저 자신을 한 문장으로 정의해 본 한 문장입니다. 길거리를 지나가다가 다리를 다친 아저씨가 촉박한 신호등 시간을 보면서 한숨을 쉬시며 횡단보도를 바라보고 계셨습니다. 하지만 다른 사람들은 처음 본 사람이기 때문에 혹시 자신에게 피해가 가지 않을까 걱정하는 건지 못 본 척 지나가곤 했습니다. 그 모습을 본 제가 아저씨에게 다가가서 횡단보도를 함께 건넜습니다. 그 아저씨는 저에게 "요즘도 이렇게 착한 학생이 있나요?"라고 말씀하시고는 고맙다고 하셨습니다. 그러고 나니 왠지 모를 감동도 있고 보람도 느껴졌습니다. 평소 봉사에 관심이 있었지만, 이 기회로 내가 나중에 커서 어떤 일을 해야 할지 확실히 알게 된 것 같았습니다.

한국전력공사를 위해 하고 싶은 일이 너무 많습니다

사람을 위하고 도움을 주는 일을 하고 싶어졌고, 도움을 받을 대상인 국민의 의견을 수렴하는 국민 기업인 공기업에 대해서 알아보기 시작했습니다. 그러다 부모님께서 한전에 지원해 보는 것은 어떻겠냐고 하셨습니다. 공기업 중 가장 많이 알려져 있고 원래 저도 한전을 생각했었기 때문에 한전에 입사하겠다고 결심했습니다.

그러던 중 학교에서 한전 채용공고가 들어왔다는 소식을 듣고 매우 기뻤습니다. 한전에 한발 더 가까워졌다는 생각과 입사에 대한 희망을 품게 되었습니다. 이런 마음을 가지고 한전에 입사하게 된다면 국민의 기업인만큼 전화나 인터넷 조사뿐만 아니라 방문 조사를 통해 국민 에게 필요한 시스템이나 서비스도 구축하고 싶습니다. 사람을 만나고 대하는 것을 좋아하기 때문에 인사이동 때 홍보실에 들어가 한전을 홍보하기 위한 광고도 만들고 소개도 하며 팀을 잘 이끄는 팀장도 되고 싶습니다. 그 누구보다 한전에서 하고 싶은 일이 많습니다. 아직은 학생의 시각에서 막연하게 하고 싶다는 생각을 하지만 인턴을 통해 정말 제가 할 수 있는 일을 찾아서 먼저 시작하겠습니다. 많은 일을 해나가는 모습 꼭 지켜봐 주십시오.

2. 최근 3년 이내에 귀하께서 어떤 목표를 성취한 경험이 있다면 구체적인 동기, 행동, 결과 등을 기술하여 주십시오.

홍대 공원 무대 위의 나를 상상하다

지난 16년간의 이선화는 다른 사람 앞에서 당당히 말하는 모습을 머릿속으로 상상만 하는 아이였습니다. 2014년 17살 생일, 홍대 길거리 공연을 보면서 상상을 현실로 만들고 싶다는 생각과 함께 심장이 뛰었습니다. 네 명으로 구성된 인디밴드 공연 중 갑자기 보컬 언니가 관람하고 있는 여대생 한 명과 함께 노래 부르는 것을 제안하였고, 처음에는 쑥스러워하다가 노래가 시작되자 리듬을 타며 신 나게 즐기며 춤과 노래를 하였습니다. 노래가 끝난 후 기립 박수와 함께 환호성이 나왔습니다. 계속해서 공연이 진행되는 동안 '저 무대 위에서 노래하고 싶다.'라는 상상을 하였습니다. 공연이 끝난 후 직접 관객이 없는 무대 위에 올라가 많은 관객 앞에서 당당히 노래하고 말하는 모습도 떠올려 보았습니다.

2015년, 무대를 점령한 이선화

이지성 선생님의 《꿈꾸는 다락방》을 읽고 R=VD Rrealization=Vivid Ddream, '생생하게 꿈꾸면 이루어진다.'라는 공식을 머릿속에서 지울 수가 없었습니다. 홍대 공원 길거리 공연 이후 머릿속으로 '안녕하십니까, 집념 있는 여자 이선화입니다.'를 수도 없이 떠올렸습니다. 고등학교 진학 후 무대에 자연스럽게 설 수 있는 홍보부에 들어갔고, 2015년 11월에 있을 학교 홍보를 하기 위해 선생님께 꼭 빠지면 안 되는 내용을 확인하고, 대본을 만들어 7월부터 5개월 동안 상상과 연습을 반복하였습니다. 홍보를 위해 저에게 주어진 시간은 15분이였습니다. 성산중학교에서 첫 홍보를 한 날. 걱정과는 달리 너무나 자연스럽게 홍보를 진행하였고 15분이 지난 뒤 나온 36명의 박수 소리를 잊을 수 없습니다. 그 뒤로 총 31개 학교 홍보를 다녔고, 그 결과 홍보부 덕분에 정원 208명을 모집할 수 있었다며 칭찬과 함께 상점 30점을 받았습니다. 지금은 한전에서 선배님들에게 인정받는 모습을 생생하게 꿈꾸고 있습니다. 기다려 주십시오.

3. 귀하가 한전에 입사하여 효과적인 업무수행을 하기 위해 필요하다고 생각하는 능력에는 어떤 것이 있습니까? 최근 3년 이내에 귀하는 해당 능력을 개발하기 위해서 어떤 노력을 하였습니까? 관련 능력을 발휘했던 경험이 있다면 기술하여 주십시오.

囊中之錐낭중지추 : 주머니 속 송곳은 주머니를 뚫고 나온다

수업시간에 선생님은 똑같이 가르치지만 개개인의 성과가 다르게 나오듯이, 알려주는 것을 이해하는 것도 중요하지만 그것을 응용하여 내 것으로 만들어 잘 활용하는 능력이 중요하다고 생각합니다. 최근에는 모든 업무가 컴퓨터로 이루어지고, 오피스 프로그램 사용 능력은 기본이기 때문에 1학년 때 ITQ정보기술자격 한글, 파워포인트, 엑셀, 엑세스, 인터넷을 취득하고, 그것에 멈추지 않고 2학년 때는 워드 프로세스 1급을 취득하였습니다. 저는 자격증 취득뿐만 아니라 실무적인 컴퓨터 능력을 기르기 위해 한 달 전부터 모의고사에서 합격 점수가 나왔지만 매일 학원에서 단축키 사용법을 공부하기도 하였습니다. 특히 빠른 실행 메뉴 단축키인 Alt+ 4 키를 활용하여 엑셀에서 가장 많이 사용하는 셀 합치기를 하여 다른 친구들보다 문서 작업을 빨리할 수 있었습니다.

구글Google**를 활용하여 생활의 편리성을 더하라**

구글캘린더Google Calendar, G테스크GTasks, 드라이브Drive를 매일 활용합니다. 일정 관리는 캘린더로 확인하고 아침에 학교에 가는 10분 동안 버스 안에서는 G테스크 애플리케이션을 통해 하루 중 해야 할 일을 기록하여 실수하지 않도록 노력하고 있습니다. 특히 올해 신학기 회장 선거를 할 때는 드라이브를 활용하여 반장선거를 진행하였습니다. 후보를 선출하고 5분 만에

설문지를 만들고 모바일을 활용하여 투표하였습니다.

새로운 선거 방법에 학급 친구들도 신기해하며 즐거워했고, 담임선생님께서도 효율적이라고 하시며 다음에 하는 방법을 알려달라고 하셨습니다. 새로운 것을 배우고 좀 더 효율적으로 업무할 방법을 항상 고민하겠습니다. 그리고 실무에서 적용할 수 있도록 창의적으로 생각하겠습니다. 한전에서 선배님들이 좀 더 편하게 일을 할 수 있도록 노력하는 모습 보여드리겠습니다.

4. 한전의 고객을 특정 기준에 따라 분류하고, 해당 고객에게 가장 적합한 서비스 또는 고객만족 방법은 무엇일지 귀하의 아이디어를 기술하여 주십시오.

참여고객과 미 참여고객을 분류하여 홍보 전략을 세운다

통계청 기준 대한민국 세대수는 100,266세대입니다. 그렇다면 적어도 100,266명은 전기료를 내기 위해 한전고지서를 볼 것으로 생각합니다. 그리고 소비재의 경우 고객센터에 전화하거나 인터넷에 글을 올리는 등의 고객이 반응을 보이는 경우가 약 15퍼센트가 된다니 한전 또한 약 15,040명 정도가 한전 경험고객일 것 같습니다. 그렇다고 했을 때 50,948,272명의 대한민국 국민 중 약 3퍼센트만이 한전에 대해 조금 안다고 할 수 있습니다. 그래서 97퍼센트 국민에게 한전의 요금제 및 한전이 하는 일을 알릴 필요가 있다고 생각합니다. 2005년도, 순간 차단으로 인해 대한민국이 암흑이 되었을 때 대부분 국민이 한전을 욕하였습니다. 저 또한 인터넷에서 한전 직원들에 대해 보기 힘들 정도의 욕을 보기도 하였습니다. 하지만 실제 그 문제의 원인은 한국전력거래소의 실수였습니다. 이제는 소득재분배를 위해 전기 전략을 위해 주택용 누진제를 사용하는 한전을 알려 국민과 한전이 모두 윈윈Win-Win 했으면 좋겠습니다.

주택용 누진요금제와 완화제도 세가지를 활용한다

인생에서 돈이 중요하다고 생각하는 사람이 84퍼센트가 된다는 설문조사 결과를 TV에서 본 적이 있습니다. 그만큼 사람들은 돈에 민감하지만, 실제 우리 생활에서 에너지를 절약하면서 돈을 아끼는 방법들을 모르는 것 같습니다. 실제 요금을 납부하는 가정주부 및 회사원들을 대상으로 약간은 자극적으로 '아직도 돈을 버리고 있습니까?', '남들보다 11.7배를 더 지출하고 있습니까?' 등의 문구를 활용하여 회사가 밀집되어 있는 강남, 종로, 여의도 등에서 거리 홍보를 하고 SNS 페이스북, 블로그, 트위터를 활용하여 한전 홈페이지에서 실시간으로 사용전력량을 확인할 수 있다는 사실을 홍보한다면 홈페이지 방문 고객수의 증가를 통해 서비스만족도 또한 증가할 것이라 자신합니다.

자기소개서작성 5대 원칙에 따라
고등학교 재학생이 쓴 자기소개서

〈학교생활 및 경력사항〉

적극적인 자세로 다양한 경험을 쌓아왔습니다.

학교생활을 하는 도중 해야 할 일이 생기거나 각종 행사가 개최되면 주저하지 않고 자진해서 참여합니다. 사람들과 어울리며 일을 수행해 나가는 과정에서 협동심을 기르고 상대방의 의견에 귀 기울이는 배려심을 키울 수 있었습니다. 또한, 여러 대회 등을 준비하면서 다른 사람들과 경쟁하며 성과를 내기 위한 최선의 노력을 하였습니다. 노력한 만큼의 좋은 성과가 나오지 않아서 아쉬웠을 때도 있었지만 이를 통해 포기하지 않고 새로운 일을 다시 시도하려는 도전 정신과 부족한 점을 분석하고 보완하여 다시 문제를 해결하려는 태도를 길렀습니다.

이외에도 전산 회계반 동아리에서 활동하였습니다. 방학이나 방과 후 학교에 남아 친구들과 함께 서로 물어가며 공부하고, 문제를 풀이하였습니다. 혼자 하는 공부가 아니었기에 서로 힘을 북돋워가며 지치지 않게 공부할 수 있었고, 그 결과 교외 대회에서 수상하거나 각종 회계 전문 자격증을 취득하기도 하였습니다. 특별히 '재경관리사' 자격증을 취득할 때에는 전교에서 시험응시를 희망하는 학생이 저 이외에는 없었기에 방과 후 강좌가 개설되지 않았습니다.

많은 양의 내용을 혼자 공부해야 했기 때문에 어려운 점도 많았고 중간에 그만하고 싶다는 생각도 들었습니다. 하지만 입학 전부터 목표로 세웠던 자격증이었고, 그동안 공부해 온 것이 있었기 때문에 포기하지 않고 꾸준히 공부한 결과 합격하는 기쁨을 누릴 수 있었습니다.

동아리 생활이 늘 순조로웠던 것은 아니었습니다. 2시간이라는 통학거리 때문에 다른 친구들에 비해 학교에 남아 활동하는 시간에 제한이 있어서 동아리 친구들과의 마찰도 있었습니다. 처음 겪는 일이라 많이 당황했었지만 먼저 사정을 이야기하고 대화를 시도한 결과 서로를 이해하고 배려해주는 동아리 분위기가 조성되었습니다. 대화를 통해 관계를 개선하면서 겸손한 자세를 유지하고 상대방을 먼저 생각하는 자세를 갖게 되었습니다.

〈성격의 장 · 단점〉

사교성이 좋은 반면 성격이 급한 편입니다.

제 성격에서의 장점은 사교성이 좋고 언제나 긍정적인 생각하는 것입니다. 친구들뿐만 아니라 사람들과 함께 어우러져 생활하는 것을 좋아하기 때문에 많은 사람들과 알고 지내려고 노력합니다. 모르는 친구를 보아도 먼저 다가가 웃으며 인사하기 때문에 금방 친해지고 각 반에 한 명씩은 아는 친구가 꼭 있을 정도로 많은 친구를 사귀었습니다. 노력은 배반하지 않는 사실을 알기에 힘들거나 지칠 때에는 언제나 긍정적으로 생각하려고 노력합니다. 늘 같이 지내는 학급 친구가 "너는 어쩜 그렇게 긍정적일 수 있어? 스스로에게 주문을 거니?"라는 말을 할 정도로 말입니다.

단점은 성격이 급하다는 점입니다. 평소에 일을 잘 수행하다가 갑자기 해야 할 일이 많아지면 빨리 끝내야 한다는 생각에 마음이 급해지고 긴장하게 되어 오히려 일의 진행이 늦어지는 경우가 생깁니다. 그렇다 보니 조별과제를 할 경우에는 종종 조원들을 재촉하게 되고, 이로 인해 주변 친구들이 스트레스를 받는 경우도 있습니다. 그래서 좀 더 차분하고 여유로운 성격을 갖기 위해 계획을 세우고 우선순위를 세워 한 가지씩 체크해 나가고자 노력하고 있습니다. 그래서 지금은 순서가 밀리거나 마무리 하지 못하는 일이 거의 없어졌고, 급한 성격도 조금씩 고쳐나가고 있습니다.

〈성장환경〉

자신감과 호기심이 많은 아이.

학교 끝나고 집에 오면 일을 다녀오신 어머니께서는 피곤하셔도 학교에서 무슨 일이 있었는지 하나하나 물어보시며 친구처럼 고민도 들어주셨습니다. 때론 제가 잘못하거나 실수한 것이 있을 때는 그 이유를 꼭 물어 보시고 해결 방안을 스스로 찾을 수 있도록 도와 주셨습니다. 그런 다음에는 제가 다시 시도할 수 있도록 격려해 주셔서 항상 무슨 일이든 자신감을 가지고 행동하였습니다.

어렸을 때부터 호기심도 많고 하고 싶은 것도 많아서 피아노, 오케스트라, 수영, 육상, 컴퓨터, 독서토론, 전산회계 동아리 그리고 교내 · 외 대회들과 봉사활동 등 다양한 활동을 하였습니다. 특히, 피아노를 연습하면서 원하는 대로 손가락이 움직이지 않으면 화도 나고 힘이 들어 포기도 하고 싶었지만 꾸준히 연습해서 전곡을 연주했을 때의 희열이 좋아서 포기하지 않고 5년 동안 연주하였습니다. 수영할 때에는 매일 발이 닿거나 바닥이 보이는 곳에서 연습하다가 키보다 훨씬 깊은 2미터 풀장에서 연습을 하게 된 적이 있습니다. 두려운 마음에 잠깐 망설였지만 도전하는 마음으로 물에 들어갔습니다. 중학교 때에는 선교 중창단 단장으로 활동하면서 화음을 이루어 노래를 부르고, 율동도 하고 반주도 하면서 자신감과 책임감을 기르며 조화 · 화합이라는 정신을 가슴 깊게 새겨놓는 계기가 되었습니다.

이런 것을 알아야 합격한다
_핵심편

기업 대부분은 정해진 양식에 따라 자기소개서를 작성하도록 하고 있지만, 반드시 그런 것은 아니다. 지정된 양식이 없는 기업도 많다. 이번 장에서는 기업이 어떠한 양식의 자기소개서를 요구하든 간에 가장 기본적이며 필수적으로 지키고 써야 할 자기소개서의 핵심적인 작성법에 대하여 다루고자 한다. 한 가지라도 소홀히 해서 넘어가서는 안 될 중요한 사항들이니 작성 전에 꼭 숙지하기를 바란다.

다시 한 번 기억해야 할 것은 요즘 기업들은 예전처럼 성적이 우수하고 여러 방면에서 능력이 뛰어난 지원자만을 선호하고 채용하는 것이 아니라, '우리 기업에 특별한 관심을 두고 오랫동안 근무하면서 해당 직무에 적합한 능력을 발휘할 수 있는 지원자'를 선호한다는 사실이다.

아무리 능력이 뛰어나도 '저 지원자는 우리 회사에 올 사람이 아니야'라든가, '저 지원자는 다른 곳과 동시에 합격하면 다른 회사로 갈 거야'라든가, '여기저기 가리지 않고 지원하는 사람이야'와 같은 생각이 든다면 절대로 뽑지 않는다. 똑같은 자기소개서 내용을 수십 장 출력하여 여기저기 뿌리는 지원자들이 절대로 면접의 기회를 얻지 못하는 것은 다 이러한 이유에서이다.

자서전과 자기소개서의 차이

'자기소개서 작성방법을 설명하는데 갑자기 자서전은 왜 튀어나오는 거야?'라고 생각하는 독자들도 있을 것이다. 필자가 자서전과 자기소개서의 차이를 마치 소설이나 수필처럼 쓰는 수많은 지원자에게 그렇게 쓰면 왜 안 되는지 쉽게 알려주기 위함이다.

자서전은 읽는 독자가 불특정 다수이다. 누가 읽든지 상관없고 내가 책을 쓴 의도를 모르거나 아니면 제각기 전달되어도 상관없다. 하지만 자기소개서는 채용담당자에게 읽혀져야 하고 작성의도가 통일되게 제대로 전달되어야 한다. 자서전은 책의 두께, 줄, 글자 수에 상관이 없고 몇 번에 걸쳐 나누어서 읽든, 몇 시간, 며칠에 걸쳐 읽든 간에 상관없다.

책 욕심이 많은 필자는 한 번에 여러 권을 사놓고는 어떤 책은 그대로 책장에 꽂아 두었다가 한 참 뒤에 읽은 적도 있다. 하지만 자기소개서는 한 번에 그것도 1분에서 3분 내에 읽히기 때문에 핵심만 요약하고 구조화하여 짧은 시간에 이해할 수 있도록 해야 한다.

자서전은 독자가 나에 대해서 무엇을 알고 싶어 하는지 상관할 필요가 없고, 또한 독자에게 내가 어떤 도움과 이익을 줄 것인지 말할 필요도 없이 내가 하고 싶은 말을 배경, 감정, 느낌 등을 넣어서 장황하게 표현한다. 즉, 나를 중심으로 쓰게 되지만 자기소개서는 나를 채용하도록 채용담당자가 알고 싶어 하는 것들과 나의 강점과 경험이 회사와 직무에 어떤 이익과 도움이 될는지를 써야 한다. 또한, 자서전은 내가 쓴 내용을 독자가 믿거나 말거나 내가 살아온 삶을 나열식으로 풀어 쓰면 그만이다. 그러나 자기소개서는 독자, 즉 채용담당자가 내가 주장하는 나의 강점에 대해서 믿을 수 있도록 근거를 제시해야 한다.

채용담당자가 읽고 싶은 걸 쓴다

자기소개서는 내가 살아온 과정을 설명하거나 내가 말하고 싶거나 자랑하고 싶은, 표현하고 싶은 것을 쓰는 것이 아니라 채용담당자가 듣고 싶고, 알고 싶고, 관심을 둘 만한 것을 표현하는 서면면접論述이다. 즉, 채용담당자는 당신을 왜 채용해야 하는지 이유를 자기소개서의 답변을 통해서 찾는 것이다. 따라서 채용담당자가 이 질문을 통해 무엇을 알고 싶어 하는지를 곰곰이 생각하며 작성해야 한다.

장황하게 기술하거나 나열하지 않는다

채용담당자는 당신의 자기소개서를 1분에서 3분 내에 읽어버린다. 물론 일부 기업에서는 많은 시간과 인원을 할애하여 꼼꼼히 읽는 경우도 분명히 있지만 그 것은 극히 드문 일이다. 따라서 여러 가지 경험이나 장점을 최대한 장황하게 기술하거나 나열식으로 말하고 싶고, 적고 싶은 충동을 버려야 한다. 그대신 자신만의 독특한 경험, 장점, 역량 한두 가지를 논리적이고 구체적이며 사실적 근거사례를 포함하여 기재해야 한다. 짧은 지면을 통해 당신이 하고 싶은 내용을 요약해서 적는 것도 중요한 능력이다.

두괄식 구조와 헤드라인의 중요성

두괄식이란 중심내용 또는 결론이 글의 첫머리에 오는 형태를 말한다. 즉, 한 문단 안에서 주제핵심, 결론가 문단 머리에 오고, 그 뒤에 주제문에 대한 증거, 부연, 논증을 전개하는 방식을 말한다. 채용 때마다 수백, 수천 장의 자기소개서를 읽어야 하는 채용담당자에게 처음부터 끝까지 내용을 읽게 하는 고통과 인내를 굳이 안겨줄 필요는 없다. 이러한 자기소개서라면 채용담당자는 지원자의 이력서가 휴지통으로 사라질 확률이 높다.

따라서 자기소개서는 글의 맨 첫머리에 결론을 말하고 그 다음에 설명하는 방식, 즉 두괄식 구조로 쓰도록 해야 한다. 또한, 글 전체를 대표하는 제목을 써서 채용담당자의 시선을 끌고 내용을 어느 정도 파악할 수 있도록 한다.

대부분은 신문을 볼 때 가장 먼저 헤드라인을 먼저 읽는다. 그러고 나서 관심이 가는 헤드라인의 기사내용을 읽기 시작한다. 자기소개서도 같은 경우다. 채용담당자가 당신이 쓴 자기소개서 내용을 꼼꼼히 다 읽어줄 것이라는 기대는 착각이다. 따라서 당신은 먼저 채용담당자가 관심을 둘만한 헤드라인을 씀으로써 나머지 내용도 읽게끔 해야 한다.

헤드라인을 작성할 때 유의해야 할 것은 다음과 같다.

첫째, 본문의 내용을 잘 함축하고 있어야 한다. 헤드라인만 읽더라도 본문의 70퍼센트 정도는 파악되도록 한다.

둘째, 차별화된 헤드라인으로 뽑아야 한다. 잘 알려진 명언이나 사자성어도 좋지만, 그것보다는 자신만의 고유한 생각으로 만들어진 헤드라인이 더 관심을 얻게 될 것이다.

적절한 격언과 한자성어들

제목이나 내용에 적절하게 격언과 한자성어를 사용하는 것은 분명히 도움이 된다. 다만 내용과 어울리지 않는 격언이나 한자성어를 사용하거나 잘못 사용하는 경우는 안 씀만도 못할 수 있다. 이 책의 부록에 자주 사용하는 격언이나 한자성어를 정리해 놓았으니 참고하기 바란다.

채용담당자가 좋아하는 문구, 싫어하는 문구

좋아하는 문구

- (지원한 회사와 직무에 대해) 지원하기 위해서 저는 그 동안 ~준비를 하였습니다.

- 책임감을 갖고 있기 때문에~

- ~했지만 ~을 통해 극복했습니다.

- 항상 웃음을 잃지 않고 긍정적으로~

- 몇 년 후 ○○분야에서 ~전문가가 되고 싶습니다.

싫어하는 문구

- 엄격하신 아버지와 자상한 어머니 사이에서 태어나~

- 뽑아만 주신다면 무슨 일이든 온 힘을 다하겠습니다.

- '귀사는~' '귀사는~' 등 귀사가 반복되는 문장

- 솔직히 말씀드리면~

- '저는' '나는' 으로 시작되는 문장의 반복

- 학창시절 결석 한 번 없이 성실하게 생활했으며~

• 귀사를 통해 발전하도록 하겠습니다.

이력서 양식의 원칙

(1) 아래아 한글이나 MS워드 프로그램을 사용한다.

보통은 기업체에서 요구하는 양식 또는 파일을 이용해야 한다. 특별히 요구사항이 없을 때는 한글이나 MS워드 프로그램 중 하나를 사용하면 된다. 파일형식이 맞지 않으면 이를 열기 위해 다른 시간과 노력을 기울여야 하고, 최악에는 파일여는 것을 포기할 수도 있다. 자신의 사무능력을 보여주는 기회도 되므로 신중하게 작성한다.

(2) 담당자가 익숙한 서체를 사용한다.

자기소개서 작성은 사무용 서체를 사용하는 것이 좋다. 한글은 바탕체, 고딕체, 굴림체, 영어는 Arial 등이 대표적인 서체이고 크기는 10~11포인트가 적당하다.

(3) 평균 글자 수는 주제별 500자 내 정도로 한다.

글자 수의 제한이 있는 양식이라면 당연히 해달 글자 수를 넘지 않게 작성해야 하며, 최소한 제한 글자 수의 80퍼센트 이상을 써야 한다. 글자 수 제한이 없다 하더라도 평균 400~600자 사이가 가장 적합하다.

오탈자 · 맞춤법 · 띄어쓰기 · 구어체 · 비문 · 약어는 피할 것

절대로 오탈자가 있어서는 안 된다. 아무리 좋은 글도 오탈자를 발견하는 순간 무용지물이 될 수 있다. 특히 잘못된 한자나 영문표기는 감점요소이다. 아무리 내용이 좋아도 단 한 번의 실수는 치명적인 결과를 불러올 수도 있다. 띄어쓰기도 마찬가지다. MS워드나 한글에서 맞춤법과 띄어쓰기 기능을 통해 점검하고 친구들에게 검토를 부탁해보는 것도 좋은 방법이다.

또한, 사실을 그대로 표현해야 한다. 과장하거나 허위사실은 안 된다. 되도록 과장을 하는 표현, 예를 들면 '엄청나게' '무척' '매우' 등과 같은 표현은 되도록 사용하지 않는다. 진실성을 의심받을 수도 있다.

자기소개서는 공식적인 서면면접이다. '했어요' '있어요' '했는데요' '있는데요'와 같은 구어체가 아닌 '했습니다' '있습니다' '입니다'와 같은 존칭어 표현을 써야 한다. 또한, '잇습니다' '햇습니다'처럼 받침이 틀리거나 '했어염' '^^;;;' '잇슴다' 같은 채팅용어를 쓰는 일은 절대로 없어야한다.

누누이 얘기하지만 자기소개서는 나에 대한 첫인상을 보여주는 공식적인 문서이다. 이토록 중요한 문서에 구어체를 쓴다든가 채팅표현을 쓴다는 것은 상상도 못할 일이다. 이런 표현을 보는 순간 채용담당자들은 더는 자기소개서를 읽지 않는다. 성의부족은 물론 기본적인 예의가 부족한 지원자에게는 기대할 것이 없기 때문이다. 또 다른 성의부족을 느끼게 하는 자기소개서는 지원하는 회사의 이름이 단 한 번도 등장하지 않거나 회사 이름을 잘못 쓰는 경우이다. 앞서 얘기한 사항을 틀리지 않도록 함은 당연하고, 될 수 있으면 '귀사'라는 표현보다는 지원하는 회사 이름을 정확히 적기 바란다.

주제는 '나'지만, 주어 '나'는 피할 것

자기소개서에 써야 하는 것은 결국 자신의 잘난 점이다. 즉, 수많은 지원자 중에서 '왜 하필이면 내가 뽑혀야 하는가?'를 설명해야 한다. 따라서 주제는 부모도 친구도 아닌 '나'이지만, 주어에 '나'를 많이 자주 표현하는 것 좋지 않다. 즉, 여기 저기에 주어를 '나는~' '저는~'이라는 표현은 가급적 피하라는 의미이다. 불가피하게 주어에 '나'를 쓸 때는 '나는~'이 아니라 '저는~'이라고 써야 한다.

직무에 적합한 핵심역량을 강조할 것

기업들은 자기소개서를 통해 지원자의 역량을 구체적으로 파악하고자 한다. 기업이 긍정적으로 평가하는 역량은 상당히 많다. 그렇다고 내가 그 많은 역량을 모두 가질 수도 없을뿐더러 만약 그러한들 모든 역량을 한정된 지면에 다 표현할 수도 없다.

그렇다면 이들 중에서 어떤 역량들을 강조해야 할까? 지원하고자 하는 업무를 중심으로 표현해야 한다. 영업 업무에 필요한 역량과 재무 업무에 필요한 역량은 분명히 다르다. 재무부서에 지원하면서 적극성, 활동성, 영업 마인드와 같은 역량을 강조하는 것은 좋지 않다. 반드시 지원하고자 하는 업무 성격에 맞추어 표현한다.

진부한 내용은 피하고 업적을 가시화할 것

자기소개서에서 진부한 표현들이 사용된다. 다른 사람이 작성한 것을 적당히 베꼈거나 고민 없이 대충 썼을 때 이러한 일들이 자주 발생한다. 대표적인 표현으로 '초일류 기업' '뽑아만 주신다면' '맡겨만 주신다면' '최고의 인재' '항상 최선을 다하는' 등이 있다. 이러한 표현 대신 구체적으로 자신의 열정을 나타낼 수 있는 표현을 사용해야 한다.

'초일류 기업이고, 무조건 크고, 유명한 기업이기 때문에 지원한다'는 것보다는

'왜 이 기업인지에 대한 특별한 다른 이유'를 써야 한다. '뽑아만 준다면 무슨 일이든지 하겠습니다' 보다는 '지원업무가 왜 자신의 역량과 부합'하는지를 설명해 주어야 한다. 또한, '최선을 다하겠다'는 표현보다는 '최선을 다한 결과 구체적으로 어떤 성과를 낼 것'인지가 나타나도록 한다.

지원하는 기업이나 업무에 대한 관심도를 표현하기는 쉽지 않다. 이때 입사를 위해 그동안 노력해온 결과물을 보여주는 것이 좋다. 즉, 나의 경험과 지식에 대해서 구체적으로 어떤 노력을 했는지 사례를 들어 가시화한다.

입사지원 회사에 맞춰 쓸 것

자기소개서는 한 번 작성한 후에 지원회사의 이름만 바꿔서 같은 내용으로 여기저기에 뿌려서는 절대 합격할 수 없다. 물론 많은 부분에서 내용이 겹치겠지만, 지원회사와 업무에 따라서 맞는 역량과 경험을 제대로 기재했는지 꼭 검토한 후에 다시 작성한다. 특히 지원동기와 입사 후 포부는 기업마다 분명히 다르게 작성해야 한다.

성장과정 · 가정환경 · 가족소개 · 가치관

(1) 질문의도

성장과정은 자기소개서 중 자칫 잘못하면 가장 구태의연하고 지루하게 만들 수 있는 주제이다. 나의 성장과정은 왜 물어볼까? 기업은 성장과정을 통해 형성된 지원자의 인성과 품성, 가치관을 알고 싶어 한다. 즉, 과거에 어떤 환경에서 자라났고, 어떤 가치관과 인성을 가지게 되었으며, 회사문화와 직무에 얼마나 적합한지 파악하기 위해 묻는 것이다.

몇 남 몇 녀로 태어났는지, 어디에서 태어났는지, 출생부터 고등학교까지 살아온 과정을 나열식으로 작성하는 것이 아니라 전달하고 하는 핵심 내용을 명확하고 짧게 사실적으로 작성한다. 즉, 가정교육 · 환경, 가족관계, 학업과정, 기업에 남는 사건, 취미생활 등 살아온 과정을 통해 어떠한 역량성격 · 신념 · 좌우명 · 가치관을 얻게 되었는지 구체적이고 사실적으로 쓰고, 그것이 내 삶에 어떻게 반영되고 영향 받았는지를 작성한다.

(2) 작성방법

나의 과거 성장과정 중에 어떤 것을 주제로 할지를 먼저 정해야 한다. 성장과정의 주제가 될 만한 것들은 '가정교육, 가정환경, 가족관계, 학업과정, 부모님 직업, 좌우명, 가훈, 기억에 남는 사건, 고난극복 사례, 취미생활' 등이다.

주제가 정해지면 이 주제를 통해 얻게된 나의 역량성격·신념·좌우명·가치관 키워드를 무엇으로 할지 정한다. 그런 후에 주제에 맞는 성장과정을 작성한다.

서론에는 정해진 주제의 배경과 환경을 구체적으로 설명한다. 그다음 본론에서는 이러한 환경이 나에게 어떤 영향을 미치고 장점과 역량을 얻게 되었는지 구체적이고 사실적으로 쓴다. 즉, 현재 내가 가지게 된 인성과 가치관을 표현하고, 결론에서는 이러한 역량을 나의 삶에 어떻게 적용되고 응용하고 있는지 표현한다.

① 전달하고자 하는 역량 키워드를 정한다.

· 역량 키워드 – 인성과 품성, 가치관, 좌우명, 생활신조, 신념, 강점 등

② 역량 키워드를 가지게 된 성장과정의 배경이 되는 주제를 선택한다.

· 가정교육, 가정환경, 가족관계, 교육환경, 좌우명, 가훈

· 부모님의 직업, 생활태도, 습관, 성격

· 취미생활, 특기생활, 학교생활

· 인생의 전환점이 된 사건기억에 남는 사건, 고난극복 사례

③ 1번과 2번이 준비되면 아래 순서대로 작성한다.

· 성장과정을 통해 역량키워드를 가지게 된 배경을 쓰고

· 성장배경은 나에게 어떻게 영향을 미쳤으며

· 그 결과로 어떤 역량키워드를 가지게 되었는지 표현한다.

- 역량키워드를 나의 삶에 어떻게 적용·응용 했었는지

- 최근 사례 통해 표현한 후

- 역량키워드를 지원업무에 어떻게 적용할지 쓴다.

(3) 실전 예제

나쁜 사례 ✖

> 저는 1남 2녀 중 장남으로 태어나 인자하신 어머니와 엄하신 아버지 밑에서 자랐습니다. 넉넉하지 않지만 행복하고 사랑이 많은 가정환경에서 초·중·고 시절을 보냈습니다. 아버지는 직장에서 항상 책임감을 가지고 열심히 일하셨고, 어머니는 한 번도 가족에게 힘든 기색을 하지 않으시고 우리 가족을 뒷바라지 해주셨습니다. 이러한 화목한 가정에서 저는 아무 탈 없이 잘 자랐습니다. 저 역시 아버지의 부지런함과 어머니의 긍정적인 사고를 배워 지금까지 생활해왔습니다. 이러한 부지런함과 긍정적인 사고는 귀사에서 일할 때 큰 도움이 되리라 생각합니다.

▶ 채용담당자가 가장 싫어하는 문장 '인자하신 어머니와 엄격하신 아버지…'로 시작해서 전체 문장의 3분의2가 '나'를 주제로 하지 않고 가족의 인성과 성품을 적고 있다. 자기소개서는 주제가 나 자신이 되어야 한다는 것을 잊고 있다. 또한, 자신의 인성과 품성, 그리고 가치관의 강점이 무엇이고 그것을 삶에 어떻게 적용하며 살아가고 있는지에 대한 표현은 찾아볼 수가 없다. 이 지원자의 성장과정은 과연 회사에 어떤 도움이 될지 판단이 되는가? 그렇지 않다면 잘못 작성한 사례라 보아도 무방하다.

가족을 통해 배운 소통의 중요성

어릴 때부터 부모님께서는 대화의 중요성을 강조하셨습니다. 어떤 문제가 발생하면 아버지께서는 가족회의를 자주 여셨는데, 대화 속에 답이 있다고 생각하셨기 때문입니다. 가족과 함께 문제를 이야기하고 그 답을 찾아가는 과정에서 자연스럽게 대화의 방법과 소통의 중요성을 배웠습니다.

중학교 때부터 시작된 컴퓨터와의 인연은 고등학교 재학 중 컴퓨터 동아리 회장이 되었지만, 낙후된 장비와 학교의 무관심으로 동아리 활동은 활발하지 못했습니다. 그래서 동아리 회원들과 함께 꾸준히 담당 선생님과 소통하고 적극적인 설득과 노력으로 학교 홈페이지를 새롭게 구축하고, 컴퓨터와 네트워크 시설을 더 향상시켰습니다. 그 결과 전교생들의 컴퓨터 교육에도 큰 보탬이 되었고, 20XX년에는 교육청에서 진행하는 컴퓨터 프로그래밍 대회에서 컴퓨터 꿈나무에 선정되었습니다.

어떤 문제에 부딪치더라도 저만의 소통능력과 포기하지 않는 끈기로 마무리하는 제 성품은 OO기업의 컴퓨터 엔지니어로서 어떤 프로젝트를 맡게 되더라도 최선의 결과를 만들 수 있을 것입니다.

차이를 만드는 습관

저는 엄하고 열정적이신 어머니의 밑에서 자랐습니다. 어머니께서는 장녀인 제가 어렸을 때부터 좋은 습관을 기르고 다양한 경험을 할 수 있도록 도와주셨습니다. 그래서 평소에 시간을 헛되이 보내지 않고 항상 목표를 세우고 계획하여 생활하는 습관을 가질 수 있었습니다. 또한, 박물관 탐방과 학예회 진행, 서울 숲 소개하기 등 여러 행사 도우미로 참여하면서 다양한 경험들을 할 수 있었습니다.

이런 습관과 경험들은 어떠한 일을 해도 스스로 할 수 있는 자기 주도적 자세와 솔선수범하는 자세를 가지게 하였습니다. 이러한 좋은 면들을 학교에서도 잘 유지하여 저의 노력하는 모습과 열정을 인정받게 되었습니다. 그 결과, 친구들과 선생님들의 투표로 결정되는 생활부문 모범 학생상을 수상할 수 있었고, 고등학교 2년간 학급의 임원으로서도 일할 수 있었습니다.

저의 자기 주도성과 솔선수범하는 자세가 회사에서 일하는 데에 있어서도 주위 사람들에게 열정을 북돋아 줄 수 있는 긍정적 요인으로 작용할 수 있다고 확신합니다.

부모님께서 물려주신 유산은 성실, 사랑, 배려

저는 평범한 가정에서 자랐지만 어머니와 아버지의 가르침은 특별했습니다. 아버님께서는 '항상 자신이 선택해서 시작한 일은 끝까지 성실히 하라'고 하셨는데, 그 가르침을 몸소 행동으로 보여주셨습니다. 아버님께서는 매우 고된 공장 일을 하시면서도 힘들거나 하찮은 일로 생각하지 않으시고 자부심을 품고 매일 새벽 아침에 일어나시며 일을 나가셨습니다. 그리고 '사람의 단점을 보기보다는 장점을 찾으려고 노력하라'고 말씀해주시고, 제가 타인에 대해서 안 좋게 말하면 이웃을 사랑해야 한다고 하며 저를 타이르셨습니다. 이러한 부모님의 가르침을 눈과 귀로 경험한 덕분에 저는 성실, 사람, 배려로 살아가려 노력했습니다.

제가 선택해서 간 전문계에서 저의 꿈을 위해 공부와 학교활동 등을 성실히 하며 선택에 후회가 없도록 노력했습니다. 그리고 항상 대하는 사람들을 우리 가족처럼 생각하며 먼저 친구들의 장점을 찾으려고 노력하고 진심으로 사랑해주는 마음을 가지고 살아가게 되었습니다. 그리하여 학교 친구들과 선생님들께 신뢰를 받게 되었습니다. 그 결과 2학년 때 학급의 부반장선거에 추천받아 당선되었습니다. 학급 부반장이 되고 나서는 아침이면 어김없이 시끄럽고 어수선한 교실을 급우들을 격려하면서 공부하는 분위기로 만들고, 또 놀 때는 신 나게 노는 학급으로 이끌어나갔습니다. 그리고 부반장으로서 항상 모범을 보여야 한다는 생각으로 학교 공부도 성실히 해서 상위

권을 유지하였고, 학교 프로그램도 적극적으로 참여하게 되었습니다. 저는 부반장 경험을 통해 문제에 대해 더욱 고민하면서 적극적으로 해결해 나가는 습관을 지니게 되었고 미처 몰랐던 저의 리더십도 발견하였습니다. 매사에 봉사하는 마음으로 누구보다 열심히 학과와 교회, 그리고 동아리활동을 하면서 내면적으로 더욱 성장할 수 있게 되었습니다.

[가치관/생활신조 사례]
물가로 데려가 직접 물을 마시게 하는 자가 되어라

저에게 어린 시절을 회상할 수 있는 몇 편의 그림을 그려본다면 저는 '연을 날리고 구슬을 치며 장작불에 불을 쬐는 모습'을 그리겠습니다. 전남 여수의 작은 섬에서 유년시절을 보냈습니다. 부모님께서는 노력을 통해 성과를 얻을 줄 아는 삶의 태도를 물려주셨으며, 포기하지 않고 어떤 일이든지 도전할 수 있는 승부근성을 마련해주셨습니다.

"목마른 자에게 물을 주는 건 쉽지만, 물가로 데려가 직접 물을 마시게 하는 것이 진정으로 그 사람을 위하는 것이란다."

이는 어린 시절 아버님께서 항상 하시던 말씀입니다. '남에게 의지하려 하지마라. 스스로 해결하고 나서 어려울 때 떳떳하게 도움을 청하라!'는 가르침을 받고 자랐습니다. 평소 다양한 분야에 관심과 흥미가 있어 여러 사람과 맺은 넓은 인간관계는 제가 살아감에 있어 어디서도 살 수 없는 저만의 무형자산이라 생각합니다.

성격의 장점과 단점

(1) 질문의도

기업이 성격의 장점과 단점은 왜 물어볼까? 지원자의 성격장·단점이 기업문화와 지원한 직무적성에 얼마나 적합한지를 파악하기 위해서다. 즉, 지원자가 가지고 있는 장점이 지원한 기업의 문화와 직무에 직간접적으로 어느 정도 적합한지를 파악한다.

또한, 지원자의 단점이 직무에 치명적인지를 파악하고, 그보다 더 중요한 것은 단순히 단점 파악에 그치지 않는다는 점이다. 지원자가 과거의 단점이나 약점을 인식하고 이를 통해 발생하는 문제점과 어려움을 개선하며 극복하는 노력을 한 경험이 있는지 확인하려는 과정이다. 그럼으로써 '과거에 성취경험이 있는 사람은 미래에도 성취할 가능성이 크다'라는 근거를 통해 입사 후에도 지원자에게 발생할 수 있는 약점과 단점을 인식하고 극복할 확률이 높은 것을 판단하게 된다.

자기소개서를 작성할 때 가장 어려운 것이 바로 장점과 단점을 쓰는 것이다. 장점만 써야 할 것인지, 단점도 반드시 써야 할 것인지, 단점을 쓰면 마이너스 점수를 받는 것은 아닌지 등에 대해 고민하게 된다. 결론부터 말한다면 장점과 단점 모두 기재해야 한다. 장점은 직무와 관련된 역량을 중심으로 표현하고, 그에 대한 과거의 성취경험을 기재해야 한다.

단지 '나는 창의성이 뛰어나다' '대인관계가 좋다' '매우 긍정적이다'라고 끝내서는 안 된다. 단점은 솔직하게 인정하고, 단점을 극복하기 위해 어떻게 노력해 왔는지, 앞으로 어떤 노력을 기울일 것인지를 반드시 기재해주어야 한다. 개선을 위한 노력의 의지를 보여주는 것은 이러한 의지를 통해 뚜렷한 주관과 성실성을 내보임으로써 강렬한 인상을 심어줄 수 있기 때문이다.

(2) 작성방법

자신의 장·단점을 생각나는 대로 즉석에서 작성하지 말고 사전준비 작업을 해야 한다. 우선 A4 용지 세 장을 각각 반으로 접어서 왼쪽은 장점, 오른쪽은 단점이라고 제목을 쓴다. 그런 다음 자신은 물론이고 친구나 가족에게 나누어 주고 자신의 장점과 단점을 단문으로 작성하도록 부탁한다. 그런 다음 그 내용을 전부 정리해 보면 필자의 경험으로는 80퍼센트 가량은 장·단점이 겹친다. 이렇게 정리된 자신의 장·단점 리스트를 가지고 장점과 단점을 보기 편하게 구분하여 두괄식으로 작성한다. 물론 장점 위주로 작성하고 단점은 짧게 작성한다.

강점이나 장점은 가장 업무와 관련된 실제 사례를 통해 표현한다. 단점은 솔직하게 표현하되, 업무와 직접 관련된 치명적인 단점은 피하도록 한다. 그리고 단점은 최대한 부드럽게 표현해야지 직설적이거나 강한 표현을 써서는 안 된다너무, 매우, 지나치게 등의 표현은 쓰지 않도록 한다.

장점의 기본형식

① 내가 가진 많은 장점 중에 지원한 직무와 직접적으로 관련된 장점 한두 가지를 선택한다.

② 제목을 쓴다.

③ 장점이 무엇인지 짧게 결론부터 쓴다.

④ 장점에 대해 설명을 하면서 관련 사례 또는 장점을 가지고 있다는 말을 듣는 이유 등 실제 사례를 통해서 근거를 제시한다.

⑤ 지면이 허락된다면 장점이 지원한 업무에 어떻게 도움이 되는지 자신의 생각을 기재한다.

단점의 기본형식

내가 가진 단점 중 지원한 직무와 직접적으로 관련이 적은 단점을 선택한다. 그리고 실제로 이를 개선하거나 극복하여 보완한 사례나 계획을 설명할 수 있는 단점이어야 한다.

① 단점으로 작용하는 나의 성격 한 부분을 표현한다.

② 단점 탓에 나 자신이나 타인에게 어떤 어려움과 불편함이 발생하고 문제가 되었는지를 쓴다.

③ 그러한 어려움과 불편한 문제를 어떻게 극복하고 개선하며 보완했는지, 또는 어떻게 노력하고 있는지 구체적이고 사실적으로 쓴다.

④ 주의할 점은 단점 그 자체를 극복하고 개선하는 것이 아니다. 단점 때문에 발생한 문제점, 불편함, 어려움을 극복하고 개선한다는 점이다.

단점으로 절대 표현해서는 안 되는 것들

- 완벽하다.
- 우유부단하다.
- 건망증이 심하다.
- 실수를 자주 한다.
- 자신감이 없다.
- 다른 사람들과 자주 갈등을 일으킨다.
- 집중을 못한다.
- 불평불만이 많다.

- 단순한 일에는 쉽게 싫증을 느낀다.

- 의지가 부족하여 계획을 실천에 옮기지 못한다.

- 남에게 간섭 받는 것을 싫어한다.

- 감정기복이 심하다.

- 고집이 매우 세다.

- 단점이 없는 것이 단점이다.

- 남의 눈치를 본다.

- 변명이 좀 많다.

- 생각이 별로 없다.

- 낯선 환경에 적응을 잘 못한다.

- 대인 기피증이 있다.

- 거만하다.

- 욱하는 성격이 있다.

- 끈기가 부족해 중도에 그만둘 때가 많다.

(3) 실전 예제

나쁜 사례 ❌

제 성격의 장점은 어떤 환경이든 빠르게 적응하며, 주변정보에 관심이 많아서 이를 체계화하여 정리하는 능력이 뛰어납니다. 또한, 카운슬러로 통할 만큼 친구들의 이야기를 잘 들어주고 조언해 주기를 좋아해서 주위에 친구들이 많고 저를 잘 따르는 편입니다. 반면 제 성격의 단점은 고집이 세어 아무도 꺾지 못할 정도로 고집쟁이로 통하지만 이러한 성격은 한번 목표를 정하면 끝까지 이루고야 마는 승부근성으로 나타나 매사에 일을 똑부러지게 잘한다는 말을 듣습니다. 마지막으로 다른 사람을 잘 배려하는 스타일로 항상 상대방의 처지에서 생각하려고 노력합니다.

▶ 위의 예제는 나의 여러 가지 장점과 단점을 나열하고 있고, 장점의 근거를 설명하거나 단점을 인식하고 어떻게 극복하고 있는지를 표현하지 못했다. 이런 식으로 쓰게 되면 채용담당자는 지원자가 주장하는 장점에 대해 얼마나 신뢰할 수 있을지 의문스럽다. 또한, 장점→단점→장점 순으로 전개하고 있는데 장점과 단점을 명확히 구분해야 한다.

좋은 사례 🎯

사교성이 좋은 반면 성격이 급한 편

제 성격의 장점은 사교성이 좋고 언제나 긍정적으로 생각하는 것입니다. 친구들뿐만 아니라 사람들과 함께 어울려 생활하는 것을 좋아하기 때문에 많은 사람들과 알고 지내려고 노력합니다. 모르는 친구를 보아도 먼저 다가가 웃으며 인사하기 때문에 금방 친해지고, 각 반에 한 명씩은 아는 친구가 꼭 있을 정도로 많은 친구를 사귀었습니다.

힘들거나 지칠 때에는 노력은 배반하지 않는 사실을 알기에 언제나 긍정적으로 생각하려고 노력합니다. 늘 같이 지내는 학급 친구가 "너는 어쩜 그렇게 긍정적일 수 있어? 스스로에게 주문을 거니?"라는 말을 할 정도로 말입니다.

단점으로는 성격이 급한 편입니다. 평소에 일을 잘 수행하다가 갑자기 해야 할 일이 많아지면 빨리 끝내야 한다는 생각에 마음이 급해지고 긴장하게 되어 일의 진행이 늦어지는 경우가 생깁니다. 그렇다 보니 조별과제를 할 경우에는 조원들에게 종종 재촉하게 되고, 이로 인해 주변 친구들이 스트레스를 받는 경우도 있습니다.

그래서 좀 더 차분하고 여유로운 성격을 갖기 위해 계획을 세우고 우선순위를 세워 한 가지씩 점검해 나가는 방법을 선택했습니다. 그래서 지금은 순서가 밀리거나 마무리를 하지 못하는 일이 거의 없어졌고, 급한 성격도 조금씩 고쳐나가고 있습니다.

성취감 노트

저의 장점은 목표를 세우고 그것을 이루었을 때 성취감을 느끼는 것입니다. 그래서 평소에 조금이라도 관심이 있는 분야가 생기면 꼭 수첩에 목표, 이유, 과정, 그리고 완료일을 적고 매일 확인하며 목표를 이루기 위해 노력합니다. 만일 계획했던 기한 동안 목표를 달성하지 못할 때도 쉽게 포기하지 않고 그 이유를 꼼꼼히 분석해서 다시 노트에 원인과 보완점을 기록한 다음에 다시 시도하곤 합니다.

어린 시절을 되돌아보면 단점은 저의 잘못에 대해서는 '그럴 수도 있지'라고 생각하면서 다른 사람의 작은 실수에는 크게 화를 냈었던 것 같습니다. 그래서 '자신에게는 엄격하고 타인에게는 관대한 사람이 되자'를 생활신조로 삼고, 그런 행동을 했을 때마다 상황을 노트에 기록한 후 반성하고 고치기 위해 노력하고 있습니다.

지구도 들어 올리는 긍정의 힘

저는 매사 긍정적이며 적극적입니다. 새 삶에서 경험하는 모든 경험은 헛되이 버릴 것이 하나도 없다고 생각합니다. 웬만한 어려움이나 실패에는 포기하거나 좌절하지 않으며 '새옹지마'라는 사자성어처럼 앞으로 다가올 좋은 일을 위한 준비과정이라고 생각합니다. 또한, 저는 긍정적인 마인드와 적극적인 실천력을 가지고 있다면 어떤 것도 이룰 수 있으며, 어떤 어려움도 헤쳐나갈 수 있다고 생각합니다. 이러한 성격 덕분에 주위 사람들로부터 '무엇이든 해낼 것 같은 사람'이라는 평가를 많이 듣고 있습니다.

끊임없는 시도

저는 한시도 저 자신을 가만히 두지 못하는 성격입니다. 이러한 성격은 저에게 장점이자 단점이기도 합니다. 쉬지 않고 끊임없이 무언가를 배우고 활동하면서 얻는 것도 많지만 다른 한편으로는 편안한 마음으로 푹 쉬지 못하여 금방 지치기도 하기 때문입니다. 이러한 점을 보완하기 위하여 한 달에 하루 정도는 아무것도 하지 않고 푹 쉬는 날을 만들어 그동안 쌓인 피로도 풀고 앞으로의 삶에 대해 진지하게 생각할 여유 시간을 보내고 있습니다.

사람의 마음을 얻는 경청傾聽

저의 장점은 다른 사람의 말을 진지하게 경청할 줄 아는 것입니다. 수용적 에너지가 강한 저만의 특성을 발견하고 꾸준히 계발한 결과 온화하고 너그럽다는 얘기를 자주 듣습니다. 친구들이 "넌 진짜 다른 사람의 말을 잘 들어주고 참 편안하게 해줘"라고 말할 정도로, 공감하는 능력과 이해력이 있는 편입니다. 단점이라면 정이 많아서 남의 부탁에 대한 거절을 잘 못하는 것이었습니다. 그러나 이것이 인간관계에 있어 반드시 이롭지만은 않다는 것을 깨닫고, 부탁하는 분의 이야기를 충분히 경청하고 상대방이 오해가 없도록 저의 상황을 충분히 설명하는 등 때로는 거절하는 법도 몸에 익히기 위해 노력하고 있습니다.

학교생활 · 사회활동 · 경험

(1) 질문의도

기업은 왜 학교생활이나 활동 또는 경험을 물어볼까? 지원자의 과거경험을 통해 평소 또는 최근 삶의 자세와 열정, 그리고 직무수행능력을 간접적으로 파악하기 위한 것이다.

단순히 과거의 여러 가지 경험들을 서술식으로 나열하지 말고 과거의 경험들 속에서 자신의 역량과 장점, 그리고 느낀 점, 배운 점이 무엇인지 분명히 표현해야 한다. 과거경험 속에서 문제의식과 문제해결능력을 나타내기 위해 구체적인 상황을 직시하고 어떤 대안을 내놓아 상황을 개선했는지 생각해 보자.

(2) 작성방법

초 · 중 · 고 학교생활 중 경험이나 어떤 계기를 통해 경험하고 습득한 자신의 역량, 장점, 특징 등을 가장 잘 표현할 수 있는 주제학교 리더활동 · 학교 프로젝트 · 동아리활동 · 봉사활동 · 공모전 · 아르바이트 · 여행 · 어학연수 · 교외활동 등를 먼저 단문으로 정리해 본다.

그리고 지원직무에 가장 도움될 만한 주제를 선정하고 어떤 역량을 표현할지 정한다. 경험이나 사건에 대해 배경 및 환경을 설명한다. 그다음 그 속에서 자신의 역할 또는 활동경험과 그 과정에서 발생했던 문제점과 어려움은 무엇이었고, 어떻게 그것을 극복하려고 노력했으며 성공하거나 또는 실패의 결과를 통해 무엇을 배우고 느꼈는지를 구체적으로 기재한다.

6하 원칙에 따른 작성방법

- 지원직무에 가장 도움 될 만한 에피소드 주제와 관련 역량 선택

- 에피소드에 대한 배경 및 환경을 설명하고

  (먼저 에피소드를 통해 배운 역량이 무엇인지 결론부터 표현할 수 있음)

- 그 속에서 자신의 역할 또는 활동경험을 적고

- 그 과정에서 발생했던 문제점, 어려움, 갈등, 과정은 무엇이 있었고

- 어떻게 그것을 극복 또는 수행하여 성공하려고 노력했으며

- 성공 또는 실패의 결과를 통해 무엇을 배우고 느꼈는지 기록

- 역량을 지원직무에 어떻게 적용 또는 도움이 될지 표현

- 6하 원칙(언제 어디서 무엇을 누가 어떻게 왜)에 따라 작성

NCS STAR 기법

- **Situation** 상황/배경

- **Task** 업무/역할

- **Action** 행동/과정

- **Result** 결과/배운 점/적용

(3)실전 예제

나쁜 사례 ⊗

운동을 무척 좋아한 저는 철로 유명한 포항에서 초등학교를 졸업하고 중학교에 입학

하면서 야구부에 가입했습니다. 운동만을 열심히 한 탓인지 체력은 누구보다도 강했지만 학교 성적은 좀 떨어진 편이었습니다. 하지만 고등학교에 진학하면서 부족한 공부를 만회하기 위해 각고로 노력한 덕분에 성적이 올라서 반에서 상위권의 성적을 내었습니다. 고등학교 졸업반이 되어 대학을 진학할지 아니면 넉넉하지 못한 가정형편을 돕기 위해 직장을 택할 것인지에 대해 고민하다가 가족을 위해 저 자신을 희생하기 위해 취업하기로 마음먹고 귀사에 지원했습니다.

▶ 나의 경험을 통해 내가 가진 특정한 역량과 강점을 표현해야 하는데 단순히 내가 어떻게 자라 왔는지, 어떤 경험을 했는지만 표현하고 있다. 물론 내가 어떤 경험을 했는지 채용담당자에게 알리는 것도 중요하지만, 더 많은 점수를 받기 위해서는 경험을 통해 내가 무엇을 얻게 되었는지를 표현하는 것이 좋다.

좋은 사례 ◉

갈등해결은 나로부터 솔직하게

저의 갈등해결 방법은 솔직함에 있습니다. 갈등은 의견 대립에서 비롯되는 것이기 때문에 자신의 생각을 꾸밈없이 표현하고 다른 이들과 조율하는 것이 가장 중요하다고 생각합니다.

고등학교 2학년 때, 자본금을 지원받아 상품을 직접 구매하고 판매하는 가상 창업활동인 '국제통상왕 경진대회'에서 팀장을 맡았습니다. 갑작스럽게 임의로 구성되어 서먹한 사이였던 팀원들끼리 화합하고 협력하는 것은 결코 쉬운 일이 아니었습니다. 각자 역할을 분담하여 업무를 담당하던 중, 중간 점검 회의에서 재고와 회계 잔액이 일치하지 않는 것이 발견되었습니다.

지쳐있던 팀원들은 불만을 쏟아내기 시작했고, 각자 나름대로 완벽하게 일 처리를 했지만 오류가 발생한 상황에서 서로 책임을 전가하기도 했습니다. 대회준비를 계속하기 위해서는, 반포기 상태인 친구들을 제가 직접 설득하여 함께 원인을 찾아야만 했습니다.

우선, 무리하게 갈등을 안고 가지 않기 위해 모든 활동을 잠시 중단하고 짧은 휴식시간을 갖자고 제안했습니다. 그리고 제가 먼저 저의 부족함과 잘못을 솔직하게 이야기하자 팀원들도 마음을 열고 자신의 잘못과 서운한 점을 표현하며 서로의 고충을 이해하고 문제점을 찾기 시작했습니다.

이것을 계기로 갈등의 원인은 소통의 부재에 있었다는 것을 알게 되었고, 팀의 목표를 상기시키며 다시 한 번 최선을 다해보자고 설득하였습니다. 늦은 시간까지 남아 초기 구매내역과 판매 목록부터 찬찬히 대조해보면서 결국 오류를 찾아낼 수 있었고, 더욱 끈끈한 팀워크를 다지는 계기가 되어 동상이라는 자랑스러운 결과를 얻을 수 있었습니다.

팀원들과 더 큰 신뢰를 쌓을 수 있었던 좋은 경험이 되었고, 이를 통해 갈등해결을 위해서는 저부터 솔직하게 진심을 털어놓는 것이 가장 선행되어야 한다는 것을 깨닫게 되었습니다.

경영지원 업무는 혼자만 열심히 하면 되는 영역이 아니라고 생각합니다. 저만의 소통능력을 통해 자연스럽게 다양한 타 부서 사람들과 의견을 나누고 갈등을 조율하여 지혜롭게 문제를 해결할 수 있는 ○○○의 훌륭한 일꾼이 되겠습니다.

영아와 엄마가 함께 입을 수 있는 우비 개발, 그 결과는?
2학년 때를 생각하면 떠오르는 것이 창의캠프와 창의아이디어 대회입니다. 고등학교

1학년까지는 제가 창의력이 풍부하다고 생각했었습니다. 하지만 2학년이 되어서 실기수업을 할 때 인터넷에서 교구를 검색하고 만드는 데에 급급해하고, 구상시간이 되면 따분해하는 저의 모습은 창의적인 사람과는 거리가 멀었습니다. 그래서 그런 저를 바꾸고자 창의아이디어 대회에 참가신청을 하고 여름방학에는 창의캠프에 참석하기도 했습니다.

창의캠프에서는 모른 사람들과 조를 만들어 우리 주변의 불편했던 것을 창의적으로 바꿔서 만들어보는 '불만 워크숍', 우리는 평범하게 지나가는 일상에서 항상 자신에게 질문하고 창의적으로 풀어나가며 자신만의 독특한 인생을 만든 '김가영 씨의 창의특강', 남녀노소 모든 사람에게 편리한 유니버설디자인을 중심으로 한 'UD탐험대', 사회의 문제점을 다룬 연극을 보고 우리가 원하는 이야기로 바꾸어보는 '포럼연극', 마지막으로 불만 워크숍을 통해 나온 불만을 창의적인 공연으로 해결해보자는 '쇼하자'까지 많은 것을 경험하게 되었습니다. 창의캠프를 통하여 제 주변의 문제점을 재인식한 저는 이후 창의적인 생각으로 이것들을 풀어보기도 했습니다. 그러면서 저의 잠재되어 있던 창의력을 발견하였고 실습시간에 교구를 창의적으로 만들고 구상시간이 즐거워졌습니다.

이러한 경험을 바탕으로 창의아이디어 대회 준비를 본격적으로 시작했고, 담당 선생님, 친구 한 명과 열심히 회의하고 밤을 새워가며 영아와 엄마가 함께 입을 수 있는 우비를 개발하고 만들어갔습니다. 열심히 만든 작품은 비록 수상은 하지 못했지만 누군가를 위해 무언가 창의적으로 만들려고 끈기 있게 노력했다는 것 자체가 값진 것으로 생각했습니다. 이러한 경험들은 저의 잠재된 창의력을 이끌어 주었고 앞으로 저의 인생과 비전에 대해서 창의적인 발상을 길러줄 계기가 되었다고 생각합니다. 앞으로 창의적인 발상을 통해 저만의 독특한 이야기를 만들어 갈 것입니다.

사막을 횡단하는 무서운 적응력

경제적으로 부유하진 않았지만 저는 언제나 학창시절 밝고 구김살 없는 성격으로 친구가 많은 편이었습니다. 초등학교 시절에는 넘치는 끼와 재주, 그리고 입담으로 친구들의 인기를 얻어 전교어린이 부회장을 역임하였고, 중1과 중3 시절에는 실장을 맡았습니다. 또 고교 시절에는 편집부 동아리 활동을 하며 학교신문 발간을 주관하기도 하였습니다. 학급에서는 책임감과 정확한 업무수행 능력을 인정받아 총무를 맡아 회계를 책임졌습니다.

이렇게 활발한 활동을 할 수 있었던 근원은 바로 저의 뛰어난 적응력 덕분이었습니다. 새 학년에 올라가 서로 서먹서먹한 3월에도 제가 먼저 분위기를 주도하여 늘 화기애애한 분위기로 이끌고자 했고, 전학 온 친구들에게도 서슴없이 말을 걸어 곧 친구가 되었으며, 교회에 나간 지 얼마 되지 않아 중등부 회장을 맡을 정도로 친화력과 적응력이 뛰어났습니다. 그 때문에 종종 친구들은 어느 환경에나 빠른 속도로 적응한다는 의미에서 "넌 사막에 떨어뜨려 놔도 굶어 죽지 않을 거야"라고 농담을 하곤 합니다.

하지만 저 스스로 냉정하게 판단해보면 적응력이 뛰어나서 이렇게 사람들과 금세 친해진다고 생각하지는 않습니다. 저도 사실 쑥스러움이 많고, 낯도 많이 가리는 성격이기 때문입니다. 하지만 저는 세상 무엇보다 사람과 사람 사이의 관계가 가장 큰 재산이고, 가장 가치 있는 일이라고 생각하기에 그러한 부끄러움을 무릅쓰고 모든 사람에게 친절하게 대하려 노력합니다. 가끔 미용실 언니에게 안부문자를 보내고, 배달 온 택배 아저씨에게 시원한 물 한잔 건네는 일은 어려운 일이 아니지만 가치 있는 일임에는 분명합니다. 어쨌든 이러한 저의 성격은 새로운 사회생활에 쉽게 적응하고, 조직사회에서 빈번하게 발생하는 갈등의 조정자 역할을 훌륭하게 수행해 낼 수 있는 좋은 무기가 될 것으로 생각합니다.

탁월卓越 : 어제보다 나은 오늘을 사는 나

'어떤 일을 하던 먼저 상대방에게 믿음을 주지 못하면 성공할 수 없다'라고 믿으며 자라왔습니다. 신뢰를 얻기 위한 첫걸음으로 어른들이나 친구들과 마주칠 때 인사하는 것을 빼먹지 않았으며, 처음 만나는 사람에게도 제가 먼저 인사하면서 좋은 첫인상을 남기려고 노력했습니다.

학창 시절 공부할 때나 아르바이트할 때는 단 한 번도 결석은 물론 지각도 하지 않았으며, 제가 하는 말과 일은 누군가와 한 약속이라는 생각으로 책임지고 끝까지 완수해서 선생님이나 사장님께 믿음을 드리고 인정받을 수 있었습니다.

물론 순간순간 게을러지려는 자신과 싸운다는 것이 쉽지는 않았지만, 저는 어떤 일에서 좋은 결과를 얻기 위해서는 먼저 믿음을 주어야 하며 그러기 위해서는 꾸준한 노력이 필요하다는 것을 직접 경험하고 믿게 되었습니다. 자신을 정확하게 아는 사람이 성장할 수 있다고 믿기에 새로운 것을 경험하고 생각하며 어제보다 나은 오늘을 창조하며 살아오고 있습니다.

지원동기 · 지원직무

(1) 질문의도

자기소개서에서 가장 어렵고 공부를 많이 해야 하며 고민해야 하는 것이 지원동기이고 그 다음으로 입사 후 포부이다. 다른 항목들은 나의 과거, 현재 모습을 정리해서 표현하면 되지만 회사, 직무, 그리고 자신에 대한 충분한 조사와 준비가 되지 않으면 좋은 지원동기를 쓸 수 없기 때문이다.

그렇다면 기업은 지원동기를 왜 물어볼까? 그것은 회사에 대한 관심과 입사 열의, 쉽게 말해 우리 회사에 오래 다닐까를 확인하기 위해서다. 기업들이 신입사원을 뽑을 때 가장 고민하는 것 중 하나가 '이 사람을 뽑으면 금방 그만두지 않을까?' 하는 것이다.

기업은 상상을 초월하는 시간과 비용을 들여 신입사원을 뽑는다. 그러나 입사한 지 1년이 채 되지 않아 그만두거나 이직하는 사람의 수가 15~30퍼센트나 된다고 한다. 이제 기업들은 '귀사에 입사만 할 수 있다면' 혹은 '시켜만 주시면 무슨 일이든지 하겠다'와 같은 주장은 절대 믿지 않는다. 그 대신에 '왜 취업하려고 하는지' '왜 우리 회사인지' '왜 대기업인지' '왜 중소기업인지' '입사해서 하고 싶은 일이 무엇인지' '왜 그 일이 하고 싶은지' '그 일을 통해서 무엇을 이루고 싶어 하는지' 등에 대해서 구체적으로 확인하고 싶어 한다.

(2) 작성방법

지원동기는 동일한 산업분야의 기업 중에 다른 회사도 아니고, 왜 우리 회사에 관심을 두게 되었는지 설명하는 '회사 지원동기'와 우리 회사에서 다른 직무도 아니고 왜 이 직무를 하고 싶은지 '직무 지원동기', 이 두 가지를 명확하게 표현해야 한다. 그리고 마지막으로 지원하기 위해서 지원자는 그동안 어떤 관심과 노력을 통해 무엇을 준비했는지를 기재한다.

• 누구나 쓸 수 있는 일반적인 동기가 아닌 자신만의 독특하고 특별한 동기를 찾아야 한다.
• 먼저 지원회사와 지원직무를 파악하여 지원동기 주제를 선정한다. 회사 홈페이지나 포털 사이트회사이름, CEO 또는 임원들의 인터뷰 기사나 제품에 대한 기사 등을 검색해서 회사의 비전, 경영철

학, 회사의 특징, CEO 성향과 가치관, 회사의 대외적인 평가, 제품기술력이나 서비스에 대한 강점 등을 조사한다. 또한, 회사나 회사제품에 관련하여 자신의 직·간접적인 경험도 좋은 주제가 될 수 있다.

• 주제가 정해지면 해단 기업의 업종이나 경영철학, 특징/특성, 비전, 인재상 또는 회사나 제품에 대한 경험 등과 자신의 철학, 전공, 경험, 비전, 꿈, 관심 등을 연관시켜 기록한다. 이러이러한 이유 때문에 지원했다는 식으로 회사지원 동기와 지원직무와 관련하여 왜 관심을 두게 되었고 왜 지원하게 되었는지를, 그리고 지원하기 위해서 그동안 어떤 관심과 노력을 통해 무엇을 준비했는지 구체적으로 작성해야 한다.

지원동기 작성공식

먼저 자신이 지원하고자 하는 지원직무에 대한 지원동기를 만든다. 직무지원 동기를 작성하는 방법은 다음 페이지의 직무지원동기 작성법을 참고하기 바란다.

한 학생이 수십까지의 직무를 지원하지는 않는다. 보통 두세 가지 정도의 직무를 지원하기 때문에 미리 직무지원 동기를 생각해 두는 것이 좋다. 다음으로 기업지원동기를 만들 때에는 내가 기업을 선택하는 기준을 만들고 그 기준에 왜 지원회사가 합당한지를 회사정보를 찾아서 적으면 된다. 기업지원동기 작성법을 참고하기 바란다. 직무지원 동기와 기업지원 동기가 만들어 졌다면 순서에 상관없이 작성하면 된다.

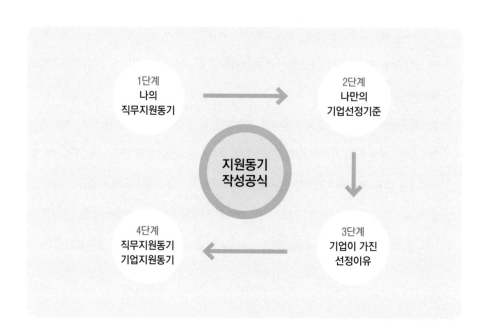

직무지원 동기 작성법

① 직무에 관심을 갖게 된 계기나 배경 그리고 결심한 이유나 목적….

 · 계기나 배경 – 동기를 유발한 원인주변 사건, 영화, 책, 강의, 관심, 적합, 환경

 · 이유나 목적 – 직무를 직업으로 선택한 이유

② 직무의 정보를 파악하여 적합한 직무지원동기 주제들 선정

 · 직무의 가치, 특징, 강점

 · 직무의 미래에 대한 비전

 · 직무에 대한 나의 관심, 흥미, 경험

 · 직무에 적합한 나의 역량

③ 기업지원 동기와 연결하여 직무에 지원한 이유를 작성

④ 기업지원 동기와 직무지원동기의 순서는 무관하며 질문에 따라서 적절히 작성

⑤ 직무에 지원하기 위해서 그동안 어떤 관심을 기울였고, 노력하였으며 그것을 통해 어떤 역량을 가지게 되었는지 작성

기업지원 동기 작성법

① 기업의 정보를 파악하여 적합한 기업지원동기 주제를 선정

- 기업의 비전, 경영철학, 경영이념, CEO의 성향이나 가치관, 인재상, 핵심가치

- 회사의 특징, 연혁, 회사의 대외적인 평가나 이미지

- 사업영역, 대표 제품, 주요 기술력이나 서비스에 대한 강점

- 기업이나 기업제품에 대한 자신만의 직·간접적인 경험

- 직무를 수행하기에 적합한 기업기회제공

② 기업지원동기 주제 찾기

- '회사 홈페이지', '포털사이트', '기업분석사이트' 등에서 회사이름, CEO 또는 임원들의 인터뷰 기사나 제품에 대한 기사' 등 검색

③ 기업지원동기와 나를 연결하기

- 정해진 기업의 지원동기 주제와 자신의 철학, 전공, 경험, 비전, 꿈, 관심, 직무 등을 연결하여 작성

④ '이러한 이유 때문에 이 회사를 지원했다' 식으로 회사지원동기를 작성

(3) 실전 예제

세계 초일류를 지향하고, OO 산업 분야에서 국내 최고의 입지를 차지하고 있는 귀사에서 최고의 인재가 되기 위해 지원하게 되었습니다. 귀사에 입사하는 영광을 주신다면 어떠한 일이라도 열심히 할 준비가 되어 있고, 어떤 분야에서도 최고의 성과를 낼 자신이 있습니다.

대단한 의지의 표현이 아닐 수가 없다. 젊은이로서의 패기가 느껴진다. 그러나 이러한 글을 읽은 채용담당자는 '음…우리 회사만을 위한 것이 아니군, 이런 내용은 어느 회사라도 다 해당할 수 있어. 어떠한 일이라도 다 하겠다는 사람을 뽑으면 반 이상이 1년도 안 되어 그만두는 경우를 자주 보았지. 그리고 아무 일이라고 다 잘할 수 있다니? 그게 가능할까? 우리는 특정분야에서 최고의 성과를 낼 수 있는 사람이 필요한데, 자신이 전문가로 성공하고자 하는 목표의식이 이렇게 없을까?'라고 생각한다. 따라서 다른 회사도 아니고 '왜 이 회사인지' '다른 업무도 아니고 왜 이 업무인지' 등에 대해 구체적으로 표현해 주어야 한다.

끝까지 책임지겠습니다
경영지원 직무를 효과적으로 수행하기 위해서는 무엇보다 기초가 튼튼해야 하고 책임감과 배려심이 중요하다고 생각합니다. 저에게 어떠한 업무나 문제가 주어지더라도 끝까지 완수할 수 있는 다음과 같은 세 가지 역량이 준비되어 있습니다.

첫째, 담당자로서 갖추어야 할 기초지식과 경험입니다. 높은 흥미를 바탕으로 교내 동아리 '전산회계반'에 지원하여 회계기장능력과 iCUBE 핵심 ERP, iPlus, KcLep, 엑셀 등 다양한 프로그램 활용능력을 향상시킬 수 있었습니다. 그 결과 전산회계 1급, ERP정보관리사 회계 1급, 전산회계운용사 2급, 컴퓨터 활용능력 2급 등의 자격증을 취득하여 실무에 빠르게 적응할 수 있도록 노력하였습니다.

둘째, 다양한 활동을 통해 기른 책임감입니다. 3년간 학급 총무와 교회에서 회계를 맡아 자금을 집행하고 장부를 관리하는 등의 업무를 꾸준히 해냈습니다. 단 하루도 소홀히 할 수 없는 일이 힘들 때도 있었지만, 맡은 일을 마칠 때까지 끊임없이 노력하는 책임감을 배울 수 있었습니다.

셋째, 나뿐만 아니라 타인을 배려하는 마음입니다. 서울시 경진대회 회계실무 분야에 참가하는 동아리 후배들을 위해 매일 방과 후에 4시간씩 남아 대회 준비를 도와주었습니다. 후배들에게 회계지식을 가르쳐 줄 수 있는 저의 역할이 필요했기 때문에, 제 이익을 떠나서 '배워서 남 주자'라는 마음으로 열정을 가지고 후배들을 지도할 수 있었습니다.

이러한 다양한 활동을 경험하는 과정에서 회계분야 전문인이라는 꿈을 키워갈 수 있었습니다. 방송 경영 업무는 담당해야 하는 업무 범위가 매우 광범위한 것으로 알고 있습니다. 저의 세 가지 역량을 통해 경영지원 업무를 더욱 효율적이고 유연하게 처리할 수 있을 것이라 자신합니다.

경영자를 꿈꾸는 영업인

OO중공업은 40년이 넘도록 우리나라 경제발전의 초석이 되었고 중공업 성장의 큰 역할을 해왔으며, 앞으로도 더 오랫동안 국가와 국민의 성장을 위해 더 많은 기여를 하리라고 확신하였습니다. OO중공업의 창업주이신 OOO회장님은 저에게 이런 확신을 하게 해주신 분으로, 제가 가장 존경하는 분이 쌓아놓은 터전에서 자신의 능력을 쏟고 그 터전을 더 넓히는데 기여하는 것이 한 개인에게 얼마나 큰 영광일까요?

저는 현장 영업 업무를 담당하고 싶습니다. 제가 가진 자질, 끈기, 긍정적인 마인드, 표현력, 전문가 정신, 대인관계 유지능력, 책임감 등은 영업에 필요한 역량과 일치한다고 생각합니다. 또한, 앞으로 훌륭한 경영자가 되기 위해서는 젊었을 때 현장에서 쌓은 경험이 반드시 필요하다는 생각도 이 분야에서 일하고 싶은 중요한 이유 중 하나입니다. OO중공업의 가족이 될 수 있기를 간절히 기원합니다.

국내 최고에서 글로벌 최고를 이끌 인재

긍정적이고 적극적이면서 돕는 것을 좋아해 봉사활동을 많이 한 저의 장점과 경험을 살릴 수 있는 곳은 은행이라고 생각했습니다. 저는 항상 자신감이 넘칩니다. 저 자신이 최고가 될 수 있다고 자신을 스스로 평가하고 칭찬합니다. '최고가 되려면 최고의 은행에서 일해야 한다'는 신념으로 망설임 없이 OO은행에 지원하였습니다. OO은행은 '아시아 금융을 선도하는 글로벌 뱅크'를 목표로 하고 있습니다. 최고에 오른 자만이 '선도'라는 말을 당당히 쓸 수 있고, 국내 최고에 올랐기 때문에 그다음 목표는 당연히 글로벌이 될 수밖에 없다고 생각합니다.

제가 희망하는 업무는 '개인영업'입니다. OO은행에서 개인영업그룹 산하에 개인영업점, 개인영업추진부, 개인영업기획부 등이 있는 것으로 알고 있습니다. 어떤 업무든지 중요하고 가치가 있지만, 담당자의 적성이 그 업무와 잘 맞아야 높은 생산성을 올릴 수 있다고 생각합니다. 적극적이고 긍정적인 성격, 사람 만나는 것을 좋아하며, 상대방을 배려하며 소통할 수 있는 저의 장점을 잘 살리면 개인영업분야에서 높은 성과를 올릴 수 있을 것으로 자신합니다.

컴퓨터를 사랑하는 전산전문가

공기업 고객만족도 5년 연속 1위, 765킬로볼트 송전시대 개막으로 동양 최초 고전압 대전력 기술보유, 동남아를 비롯하여 세계 여러 나라에 수출하는 우수한 기술력, 이미 세계 초일류 기업으로 그 위치를 확고히 하는 한국전력공사는 세계적인 전력회사라고 생각합니다.

전압, 주파수, 송배전 손실률 등의 품질에서도 세계적인 수준인 한국전력공사는 값싸고 품질 좋은 전기를 안정적으로 공급하고 있습니다. 그러한 한국전력공사에서 안정적인 전산시스템을 운영하는 전산전문가로 거듭나고 싶습니다.

중학교 시절부터 고등학교 졸업할 때까지 컴퓨터는 제가 가장 자신 있고 열심히 공부했던 분야였습니다. 새로운 언어를 익히고 다양한 프로그래밍 방법을 배우면서 언제나 기쁜 마음으로 최선을 다해왔습니다. 이러한 저의 흥미와 열정이 한국전력공사의 발전에 소중한 밑거름이 되리라는 믿음을 가지고 지원하게 되었습니다. 사회생활을 하다 보면 여러 가지 어려운 상황들을 만나겠지만 언제나 적극적인 자세로 문제를 극복할 의욕이 있습니다. 임무를 성실하게 수행하여 조직에서 저의 능력을 인정받고 스스로 저의 역할을 만들어 나갈 수 있는 사람이 되겠습니다. 늘 처음 같은 마음을 잊지 않고 최선을 다하는 OOO이 되도록 노력하겠습니다.

입사 후 포부 · 비전

(1) 질문의도

기업이 입사 후 포부는 왜 물어볼까? 그것은 지원자의 구체적인 비전^{뚜렷한 목표}과 지원의지를 파악하기 위해서다. 이미 지원동기 편에서 설명한 바와 같이 입사 후 포부를 물어봄으로써 입사의지와 입사 후 얼마나 회사를 오래 다닐지를 확인하기 위해서이기도 하다. 장래에 대한 포부가 있는 사람은 업무에 임할 때 매사에 적극적이며 열의를 갖고 있다고 판단하며 충성도가 높다고 생각한다. 이제 기업들은 '귀사에 입사만 할 수 있다면…' 혹은 '시켜만 주시면 무슨 일이든지 하겠다'와 같은 주장은 절대 믿지 않는다. 따라서 지원자가 '입사해서 하고 싶은 일이 무엇인지' '그 일을 통해서 무엇을 이루고 싶어하는지' 등에 대해서 구체적으로 확인하고 싶어 한다.

(2) 작성방법

기업과 지원한 직무에 대한 충분한 조사를 통해 회사에서 내가 이 일을 통해 입사 후 내 인생의 목표와 비전은 어떻게 이루고, 회사에는 어떻게 기여할 것인지 구체적으로 기재한다.

- 입사 후 3~5년80퍼센트, 그리고 8~10년20퍼센트 후의 자신의 모습을 그려 본다.
- 막연하고 추상적인 것보다는 현실성 있는 목표를 설정하고 이를 수행하기 위한 구체적인 계획을 기재한다. 즉, 광범위한 포부는 신뢰를 얻을 수 없다. 광범위한 포부보다는 자신의 실무능력을 바탕으로 한 구체적인 업무계획을 제시하는 것이 중요하다. 목표가 '어떤 수준이 되겠다'라고 써야지 '어떤 직위에 오르겠다' 식의 표현은 바람직하지 못하다.
- 또한, 자신의 능력개발이나 배움만 너무 치중해서 작성하지 말고 회사에 어떻게 기여하고 싶은지도 기재해야 한다. 입사해서 대학교 진학이나 직장생활을 자기개발과 경험의 기회로 삼겠다고 표현하는 것은 바람직하지 않다. 기업은 성과를 내야 하는 프로들의 전쟁터이

다. 절대 학교나 학원이 아니라는 것을 잊지 말아야 한다.

• 기업과 지원한 직무에 대해 충분히 조사 한 후 기업에서 이 직무를 통해 입사 후 내 인생의 목표와 비전은 어떻게 이루고 기업에는 어떻게 기여할 것인지 구체적으로 작성한다.

① 기업에 기여할 수 있는 장기적인 자신만의 핵심목표 잡기

• 직무 전문가, 업무성과, 시장 · 제품 · 서비스에 대한 개척 · 성장 · 개발 등

• 거창한 목표를 잡기 위해 막연하고 추상적인 목표보다는 현실성 있는 목표

• 보통 10~20년

② 핵심목표를 이루기 위해 구체적인 세부계획 노력과 방법

• 입사 후 1~3년, 5년, 10년 후의 단계별 목표와 구체적인 노력 방안 작성

• 자신의 실무 능력을 바탕으로 한 구체적인 업무계획을 제시하는 것이 중요

• 목표가 '어떤 수준이 되겠다'라고 써야지 '어떤 직위에 오르겠다'식의 표현은 바람직하지 않음

③ 자신의 능력 계발이나 배움만 너무 치중해서 작성하지 말 것

• 대학교/대학원 진학이나 직장생활을 자기개발과 경험의 기회로 삼겠다고 표현하는 것은 바람직하지 않음

• 기업은 성과를 내야 하는 프로들의 전쟁터이다. 절대 학교나 학원이 아니라는 것을 잊지 않아야 함

(3) 실전예제

세상은 절대 혼자가 아닌 것처럼 서로 도와가며 살아가야 한다고 생각하며 그렇게 살려고 노력하고 있습니다. 또한, 다른 사람과 잘 지내야만 무엇이든 간에 아무 문제없이 잘 지낼 수 있다고 생각합니다. 그리고 무슨 일을 하든지 항상 긍정적이고 최선을 다해야 한다고 생각합니다. 저를 귀사에서 뽑아 주신다면 동료와는 서로 협조하고, 선배님이나 상사분들께 열심히 배우고 빨리 적응해서 귀사에 꼭 필요한 사람이 될 수 있도록 최선을 다하겠습니다.

▶ 이 예제는 어떤 회사든 자기소개서에 붙여 넣어도 될 만큼 특징이 없다. 또한, 구체적인 계획과 목표를 적은 것이 아니라 자신의 생각과 각오만 나열해 놓았다. 최선을 다하고, 빨리 적응하고 서로 협조한다는 말은 너무나 일반적인 표현일 뿐이다.

걱정 안 해! 박OO

입사 후 20년 차에는 상사 분들께서 가장 신뢰하고, 후배들이 가장 닮고싶은 직원이 되겠습니다. 상사 분들께는 어떠한 업무를 맡겨도 기대 이상의 성과를 내는 '걱정 없는' 사원으로, 후배들에게는 '업무에 어려움이 있을 때 주저하지 않고 도움을 청할 수 있는 멘토'로 평가받고 싶습니다.

입사 초에는 업무 매뉴얼을 완벽히 숙지하여 빠르게 업무를 배워갈 것입니다. 그 과정에서 '더 이상의 실수는 없다'라는 〈업무과오노트〉를 만들어, 신입사원 때 직접 겪은 경험담을 전해서, 후배들의 업무 적응을 돕는 것은 저의 오랜 꿈입니다. 자기개발에도 노력을 게을리 하지 않아, 여가를 투자하여 평소 관심 있었던 중국어 실력을 향상시키겠습니다. 또한, 동아리에서 전담 개그우먼이었던 저의 유머감각으로 부서 분위기를 유쾌하게 바꿔 즐거운 업무환경을 이끌어내는 센스 있는 사원의 면모를 보여드리겠습니다.

이후에는 직속 선임 없이도 업무를 독립적으로 수행할 수 있을 정도로 업무 내공을 쌓을 것입니다. 그리고 손에 익은 업무를 더욱 효율적으로 처리할 수 있는 아이디어를 고민하는 창의적인 사원이 되겠습니다. 입사 10년 차에는 담당 분야의 가장 유능한 사원이 되어 규모 있는 프로젝트의 TF 팀을 구성할 때 당당히 참여하는 회계분야 전문인이라는 목표를 이루었을 것입니다. 저의 꿈은 △△△에서 시작하여 △△△로 끝납니다. 상상 속의 제 모습이 현실이 될 수 있도록 끊임없이 노력하는 박○○이 되겠습니다.

우공이산愚公移山의 정신자세

현대자동차와 기아자동차 등 우리나라의 자동차 기술은 국내뿐 아니라 세계적으로도 인정받고 있습니다. 그리고 그 중심에는 첨단 기술을 갖춘 기업 OO이 있습니다. 저는 앞으로 자동차부품 전문기업으로 세계의 중심에 우뚝 설 OO에서 저의 능력을 펼쳐 보이고 싶습니다. 제품의 품질향상은 물론이고, 가격 및 외적인 부분까지도 경쟁력을 갖춘 OO만의 제품을 만들어내기 위해 항상 연구하고 고민하여 결과적으로 수익증대에 기여할 수 있도록 노력할 것입니다. 근무할 기회를 주신다면 저의 과감한 추진력과 지칠 줄 모르는 도전정신, 그리고 목표한 것을 꼭 이루고야 마는 끈기로 OO에 꼭 필요한 핵심 인재가 될 것을 약속드립니다.

'관심과 정성이 성공을 만든다

OO생명은 제2금융권 최초로 자산 100조 원을 돌파한 기업이며, 국가고객만족도평가에서 3년 연속 1위를 차지하며 국내 금융기관 중 가장 존경받는 기업으로 선정되기도 했습니다. 그리고 창립 50주년을 맞이하여 글로벌 리더로의 도약을 준비하고 있습니다. 저 또한 국내 최고에서 만족하지 않고 세계를 주도하는 사람이 되고자 하는 목표를 갖고 있기에 OO생명에 지원하게 되었습니다.

'관심과 정성이 성공을 만든다'가 저의 생활신조입니다. 관심은 무엇을 하겠다고 마음먹은 것이고 정성은 그 마음먹은 것을 이루기 위해 노력하는 것입니다. 업무를 수행하는 데 있어 필요한 정보를 자료들에 관심을 두며 그것을 정성을 기울여 연구함으로써 고객들의 삶의 질 향상과 기업의 수익증대에 기여하는 금융컨설턴트로서, OO생명의 세계 보험사 순위 15위권의 글로벌 리더로 도약하고자 하는 목표를 이루어 나가는 데 꼭 필요한 인재가 되겠습니다.

하루를 즐겁게 만들어준 창구의 언니처럼 되겠습니다.

OO은행은 항상 진취적인 기상이 있고 미래지향적이어서 오늘보다는 내일이 더욱 기대되는 가치 있는 회사란 생각이 들었습니다. 그런 이미지 때문에 꼭 입사하고 싶은 곳이었습니다. 또 많은 은행 중에서도 작년 말 당기 순이익이 1조 원을 훌쩍 넘어섰고, 올해는 가장 신뢰받는 기업상을 받는 등 글로벌 기업으로서 저력을 보여주었기에 평소의 관심이 더욱더 커지게 되었습니다. 더불어 임직원의 확고한 가치관과 윤리의식, 청렴한 조직문화구축, 정도경영실천 등을 통하여 철저한 윤리경영을 실천하는 기업의 모습에 깊은 감명을 받았습니다. 이러한 좋은 느낌이 여러 가지로 부족함이 많은 제가 OO은행에 지원한 것입니다.

제가 만약 이토록 갈망하던 OO은행에 입사할 수 있는 행운을 얻게 된다면 은행을 대표하는 얼굴이라는 사명감으로 업무에 임하겠습니다. 금융기관의 얼굴은 바로 사원의 미소이고, 금융기관의 이미지는 창구에서 서비스정신으로 결정된다고 생각합니다. 따라서 저는 어떠한 상황에서도 고객 앞에서 단 한 순간도 미소를 잃지 않는 사원이 되도록 노력하겠습니다. 그동안 많은 금융기관을 이용하며 창구에서 만난 은행원들의 무표정한 얼굴에 기분을 상한 적이 여러 번 있습니다. 물론 감정을 가진 한 사람으로 고객 앞에서 항상 웃음을 잃지 않는다는 것이 어려운 일이라는 것을 이해하지만, 직원 한 사람에게서 얻은 불쾌감이 기업 전체의 이미지로 굳어질 수 있다는 점에서 그러한 행동은 무책임한 행동이라고 생각합니다. 언젠가 급한 일로 은행을 찾았다가 밝게 웃으며 일 처리를 도와주는 창구의 직원 덕분에 하루를 즐겁게 보낸 적이 있습니다. 그래서 저도 이처럼 언제나 밝은 웃음을 선사하며 고객들의 하루에 기쁨을 주고, 더 나아가 따뜻하고 밝은 OO은행의 이미지를 형성하는데 최선의 노력을 다할 것입니다.

한편 입사는 끝이 아니라 새로운 시작이라 생각하기에 입사 후 자기개발도 게을리하지 않을 것입니다. 좀 더 많은 경제적 지식을 가질 수 있도록 아침마다 경제신문을 정독하며 경제 흐름을 파악할 것입니다. 금융관련 자격증을 따서 전문적인 업무를 감당할 수 있도록 노력할 것이며, 더불어 창구직원의 생명인 화술을 연마하기 위해 주말에는 스피치학원에 다녀 완벽한 발음과 상담을 해낼 수 있는 사원이 되도록 노력할 것입니다. 또한, 글로벌화에 발맞춰 외국인의 업무를 도울 때에도 당황하지 않고 원활한 업무를 수행할 수 있도록 틈틈이 외국어 공부도 할 계획입니다.

끝으로 저는 비눗물과 같은 사원이 되고 싶습니다. 물과 기름은 섞이지 않지만, 비눗물을 사용하면 서서히 섞이게 됩니다. 이처럼 저는 서로 접점을 찾기가 쉽지 않은 기업과 고객 사이에서 비눗물과 같은 존재로 기업과 고객의 만족의 접점이 일치하는데 작은 도움이 될 수 있는, 가치 있는 인재가 되도록 노력할 것입니다.

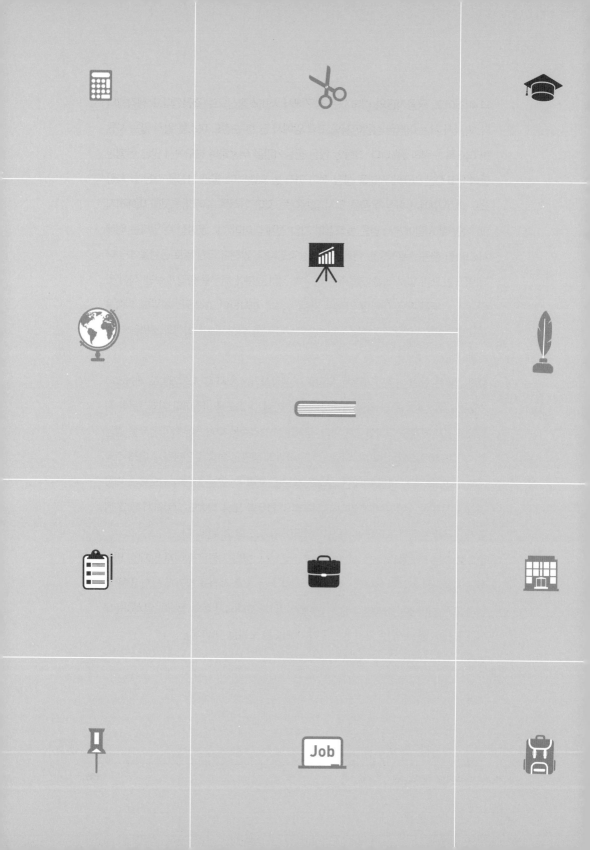

PART4

실전에 강해지는
면접의 비밀

면접이란 무엇인가? _기본편

면접이란?

이제 서류전형을 통과했다면 다음 단계인 면접을 준비해야 한다. 서류전형 합격의 기쁨은 한 순간, 방심할 때가 아니다. 진짜 승부는 서류전형이 아니라 바로 면접이기 때문이다. 요즘 기업들은 서류나 필기시험보다 면접에 더 많은 비중을 두고 적합한 인재를 검증하고 확보하기 위해 다양한 기법들을 활용하고 있다.

면접이란 채용담당자가 지원자를 직접 대면하여 인성, 태도, 사고, 지식수준, 성장가능성 등을 평가하여 원하는 인재를 찾는 채용 방식이다. 지원자의 기본적인 자질은 서류전형이나 필기시험을 통해 알 수 있으나, 그것만으로는 지원자의 인성, 태도, 사고 등을 깊이 있게 알 수 없다. 따라서 면접관이 직접 대면하여 지원자의 인성, 태도, 창의적인 사고, 직무지식, 잠재적인 능력, 직업관 등을 평가하고자 하는 것이다.

채용담당자가 면접을 통해 알고 싶어 하는 것

(1) 인성과 적성

기업이란 사람과 사람이 모여 공동의 목표를 이루기 위해 일하는 곳이므로 개개인의 능력에 앞서 사람의 인성과 적성을 더 중요하게 생각한다. 인성과 적성은 쉽게 바뀌지 않기 때문에 기업은 더욱 관심을 두고 사람 됨됨이를 평가하는 것이다. 물론 면접관에 따라 어느 정도 주관적일 수 있지만, 뭐라 해도 인성과 적성은 면접에서 가장 중요한 부분을 차지한다. 특히 면접의 40퍼센트를 좌우한다고 말할 만큼 중요한 지원자의 첫인상과 면접태도를 통해 성격과 기질, 열정, 성실, 신뢰, 긍정, 적극성 등을 평가한다.

(2) 직무 전문성

지원자가 제출한 이력서와 자기소개서 내용의 진실 여부를 확인하고 그것을 바탕으로 추가 질문을 통해 직무수행에 필요한 직무능력 및 전문성, 기술, 지적 수준, 교양수준, 창의성, 커뮤니케이션능력, 순발력 등을 평가한다.

(3) 조직 부합성

성격, 가치관, 경험, 지원동기와 입사 후 포부 등의 질문을 통해 지원자가 입사 후 기업조직 문화를 이해하고 구성원들과 협력하여 잘 지낼 수 있는지 조직 부합성을 평가한다. 신입사원의 15~30퍼센트가 입사 1년 내에 회사와 직무에 적응을 못 하고 퇴사하기 때문에 면접에서 신중하고 비중 있게 지원자를 평가한다.

면접의 중요성과 특징

요즘 기업들은 예전과 다르게 단순히 성적이 우수하고 스펙이 뛰어난 인재를 선별하는 것이 아니라, 조직에 가장 적합한 인재지원한 업무에 가장 필요한 역량과 인성, 그리고 지식을 가지고 일을 잘할 것 같은 인재를 선발한다.

조직에 적합한 인재의 확보는 기업의 생사와 직결되기 때문에 면접은 기업의 가장 중요한 투자 중 하나며, 인재 선발의 가장 핵심적인 과정으로 자리 잡고 있다. 기업의 경영환경 변화에 따라 유연하게 대처할 수 있는 인재를 필요로 하기 때문에 지원자의 종합적인 능력을 파악할 수 있는 면접이 중요해진 것이다.

특히 개인적인 능력은 뛰어나지만 기업의 문화에 어울리지 못하는 사람 때문에 팀 분위기를 흐리는 경우도 있어 면접을 통해 기본적인 인성을 평가하고자 한다. 우수한 성적을 받았지만 옳지 않은 가치관을 따르고 있거나, 대인관계가 원만하지 않거나, 성격상의 결함이 있거나, 심리적으로 불안정하거나, 제출한 서류와 상반되는 경우 등을 대비하여 철저한 준비를 통해 면접을 시행하고 있는 것이다. 이처럼 기업은 일반적인 지식뿐만이 아니라 지원자의 잠재력과 인성에 더 많은 관심을 두고 면접을 시행하고 있다.

면접은 지원자와 면접관 사이의 심리전이다. 그리고 면접관도 사람이란 것을 잊지 말자. 따라서 가장 객관적으로 지원자를 평가해야 할 면접관들도 심리적 법칙에 자신들도 모르게 빠져든다. 우리는 그러한 면접관의 심리적 특징들을 역으로 활용할 필요가 있다. 여기에는 가장 대표적인 세 가지 법칙이 있다.

(1) 초두효과 : 처음 제시된 정보가 나중에 제시된 정보보다 더 큰 영향을 미치는 현상

A군 성격	B군 성격
똑똑하고	질투심이 강하고
근면하며	고집이 세며
충동적이고	비판적이고
비판적이며	충동적이며
고집이 세고	근면하고
질투심이 강하다	똑똑하다

위의 예제는 같은 내용을 순서만 바꾼 경우이다. 그러나 A군이 B군보다 뭔지 다르게 더 나아 보인다. 그 이유는 처음 제시한 정보가 A군은 '똑똑하다'처럼 긍정적인 정보이고, B군은 '질투심이 강하다'처럼 부정적인 정보이기 때문이다. 즉, 처음 제시한 정보가 나중에 제시된 정보보다 더 큰 영향을 미치기 때문에 A군은 B군보다 더 긍정적이고 나아 보이는 것이다.

이 현상은 바로 첫인상과 관련이 있다. 당신이 면접장에 들어서서 질문에 답변하기 전이나 답변을 시작한 후 1분 이내에 면접관은 당신의 복장, 인상, 태도, 말투를 통해 첫인상을 결정해 버린다. 따라서 면접에서 첫인상을 좋게 하는 방법을 배우고 준비하는 것이 얼마나 중요한지 과학적으로 증명한다. 이러한 초두효과는 일상에서 쉽게 볼 수 있다. 학기가 시작되거나 친구를 새롭게 소개받을 때 첫 만남에서 느끼는 인상이 상대방을 판단하는 기준이 되는 경우가 많다.

(2) 후광효과 : 한 가지 좋은 특성 탓에 다른 점까지 모두 좋으리라 예측하는 현상으로 첫인상 다음으로 첫 질문에 답변이 매우 중요하다. 1분 자기소개 등 첫 질문

에 좋은 점수를 받게 되면 후광효과를 통해 이후 답변에도 좋은 인상을 줄 수 있기 때문이다. 예를 들어 학교 다닐 때 공부 잘하는 친구는 다른 것도 잘할 것이라는 막연한 생각을 하는 것과 마찬가지이다.

(3) 부정효과 : 사람의 인상에서 긍정적인 특성보다 부정적인 특성이 더 두드러지는 현상으로 나쁜 점이 인상을 형성하는데 더 큰 영향을 준다. 사람들은 보통 긍정적인 부분보다 부정적인 부분을 더 기억하고 인상에 남긴다. 따라서 채용담당자의 질문에 대해 답변 시 부정적인 표현을 하거나 강한 표현을 하면 면접관에게 부정효과를 주게 된다. 답변 시에는 부정적인 표현보다는 가능한 긍정적인 표현을 해야 한다. 좋은 기억은 쉽게 잊어버리지만 나쁜 기억은 오래가는 것처럼, 짧은 면접시간 중에도 면접관은 지원자의 부정적인 특성들을 오랫동안 기억하는 성향이 있다.

면접의 유형과 종류

면접은 기업에 따라 진행방법과 순서가 각양각색이지만 순서, 방법, 그리고 유형에 따라서 일반적으로 다음과 같이 나눌 수 있다. 진행순서에 따라 분류는 1차실무자면접 → 2차임원면접, 최종면접로 나뉘고, 서류전형 합격 후 면접은 최대 3차까지 진행되지만 보통은 2차까지 진행된다. 유형에 따라 분류는 문답식면접인성면접, 토론면접, PT 면접, 기타면접 등이 있다.

(1) 문답식 면접

문답식 면접대면 면접은 면접유형 중에 90퍼센트를 차지하는 가장 일반적인 것으로 인성면접, 압박면접, 현업면접, 임원면접, 역량면접 등이 속한다. 면접관이 후보자에 대해 궁금한 것들에 대해 질문하고 그 질문에 대해 후보자가 대답하는 형태의 면접이다. 후보자와 면접관이 몇 명이냐에 따라 다시 1:1면접, 1:多면접, 多:多면접으로 구분된다.

1:1면접

1차 면접실무자면접 시 주로 이용되는 방식으로 면접관과 후보자 모두 한 명씩이다. 신입사원을 뽑기 위한 면접에서는 흔한 사례는 아니지만, 중소기업이나 대표이사와 같은 최종면접 시 이루어질 수도 있다. 면접자가 한 명이기 때문에 자연스러운 분위기 속에서 지원자의 장·단점을 구체적으로 파악할 수 있지만, 면접관의 성향이나 주관에 의해 평가가 영향을 받을 수도 있다. 주로 대기업보다는 중소기업, 정시보다는 수시채용 시 진행되는 유형이다.

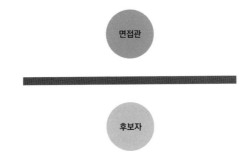

1 : 多 면접

문답식면접에서 일반적인 방식이지만 신입보다는 경력, 정시채용보다는 수시채용, 대기업보다는 중소기업 면접 시 많이 이용하는 형태이다. 면접관들이 많으므로 매우 다양한 질문들이 쏟아지고, 집중적으로 지원자를 판단할 수 있기 때문에 후보자로서는 부담을 많이 느끼고 긴장감이 높아질 수밖에 없다. 면접관들이 잠시의 쉴 틈도 주지 않고, 질문을 쏟아내는 압박면접이나 스트레스면접을 진행하기 좋은 방식이다. 후보자는 편안한 마음을 유지하는 것이 가장 중요하다. 답변이 생각나지 않더라도 절대 서두르지 말고 침착하게 모든 면접관을 대한다는 느낌이 들도록 답변하는 것이 중요하다.

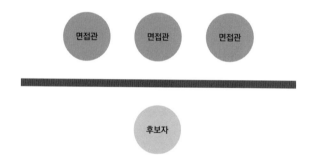

多 : 多면접

多 : 多면접은 신입사원 채용 시 가장 일반적으로 이루어지는 면접방식이다. 한정된 시간 안에 많은 지원자를 면접해야 하기 때문에 면접관들도 많고, 후보자들도 많다. 1:1이나 1:多 면접에 비해 한 개인에 대해 집중적인 질문을 많이 하기 어렵다. 후보자로서는 다른 후보자들과 느끼는 경쟁의식이 극대화된다. 같은 질문

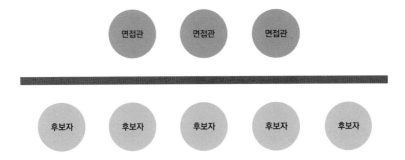

에 대해 나의 답변과 다른 사람의 답변을 들으면서 자신감을 얻기도 하고 잃기도 한다. 다른 후보자들을 너무 의식하면 만족스러운 답변을 못할 경우가 많으니, 주관을 갖고 준비한 내용대로 자신 있게 임하는 것이 가장 좋은 방법이다. 특히 집단면접은 다른 면접방식과 다르게 답변뿐 아니라 다른 후보자의 답변에 경청하는 자세 또한 중요하다.

공통질문을 받을 경우, 앞선 지원자가 자신과 같은 생각의 답변을 미리 말했다 하더라도 당황하지 않는다. "저도 앞의 지원자와 ~부분에서 같은 생각을 하고 있습니다"라고 말하면서 자신만의 표현으로 다시 답변하면 된다.

압박/스트레스면접

면접관들은"당신은 다른 지원자에 비해 성적도 안 좋고 자격증도 없는데 왜 지원했나요?"와 같은 지원자가 전혀 예상하지 못했던 말과 행동을 하거나, "당신은 전혀 취업할 준비가 안 된 것 같은데 어떻게 생각하시나요?"와 같은 말로 기분 나쁘게 만들거나, "그래서 당신은 구체적으로 무엇을 했다는 것인가요?"처럼 말꼬리를 계속 붙잡고 늘어지는 등의 스트레스면접을 진행한다. 스트레스면접을 진행하는 이유는 후보자가 위기상황을 어떻게 극복해내는지, 자제력·순발력·재치·융통성이 있는지 등을 판단하기 위함이다. 그렇다면 왜 스트레스면접을 볼까?

직장생활을 하다 보면 스트레스의 연속이고, 예기치 못한 위기상황들의 연속이다. 이를 극복하지 못하면 업무 생산성은 떨어지고, 개인적으로는 점점 직장생활에 적응하지 못해 낙오자가 될 수밖에 없다. 스트레스면접이라고 판단되면 당황하는 표정을 짓지 말고, 차분한 모습 속에서 질문에 답하는 모습을 보여줄 수 있도록 많은 연습이 필요하다. 절대 면접관의 유도질문에 넘어가서는 안 된다.

역량면접

역량면접은 질문을 통해 지원자의 과거경험이나 행동을 듣고 미래의 가능성을 예측하는 기법이다. 기술, 지식, 능력 등 평가하고자 하는 역량에 초점을 두고 면접 대상자가 특정상황에서 구체적으로 취한 대응방법을 구조적인 질문을 통해 도출한다. 이를 통해 지원자의 행동패턴과 역량이 회사의 효율을 극대화할 수 있는지를 객관적이고 체계적으로 파악하는 방식이다. 따라서 같은 질문이라 하더라도 모범답안을 외워서 답변하는 것보다는 지원한 회사가 추구하는 인재상, 핵심가치와 직무에 필요한 역량 등에 맞게 답변할 수 있도록 사전에 충분한 조사와 준비가 필요하다.

임원면접

임원면접은 일반적인 인성 또는 현업면접보다 좀 더 보수적이고 패기와 자신감 있는 모습을 보여줘야 한다. 임원면접은 직무능력보다는 인성, 태도, 가치관 등에 더 비중을 두고 질문하게 된다. 따라서 자신의 강점과 역량에 대해 자신감 있는 답변과 함께 겸손한 답변으로 마무리하는 것이 좋다. 또한, 바른 자세, 말투, 시선, 옷차림, 그리고 임원들을 존경하는 듯한 예의 바른 태도가 무엇보다 중요하다. 주로 임원들의 연령은 당신의 아버지 또는 아버지보다 더 많은 경우가 대부분이다. 아버지 세대의 임원들이 어떤 태도와 답변내용을 좋아할지 당신의 아버지를 떠올려 보면 쉽게 알 수 있을 것이다. 특히 임원은 답변을 길게 하거나 두괄식이 아닌 미괄식 답변을 싫어한다는 것을 명심해야 한다.

(2) 토론면접

토론면접이란 후보자들끼리 특정주제에 대해 토의를 벌이고, 이 과정을 면접관이 평가하는 방식이다. 팀은 주로 네 명에서 여덟 명 사이로 구성되고, 시간은 보통 팀당 30분에서 한 시간 정도 배정된다. 면접관은 후보자들의 발언 내용, 표정, 손짓, 몸짓, 태도, 다른 후보자의 발언을 듣는 태도 등을 통해 논리력, 사고력, 판단력, 표현력, 문제해결능력, 창의력, 의사소통능력, 협조성, 조직적응력, 리더십 등을 평가한다.

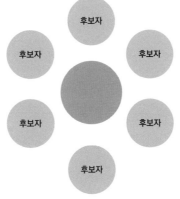

토론주제는 매우 다양하나 최근에는 시사적인 문제가 자주 등장한다. 국내 주요 대기업들뿐만 아니라 금융권, 공기업 등에서 실시하고 있다. 중소기업들도 이를 적극적으로 도입하는 추세다. 다른 사람의 의견을 배려하면서, 자신의 의견을 조리 있게 펴나가고, 주제에 대한 명확한 결론을 함께 이끌어갈 수 있는 능력을 보여주는 것이 중요하다. 이를 위해서는 평소 친구들과 함께 그룹을 결성하여 출제 가능한 시사문제를 정리해 보고, 예상문제를 만들어 직접 모의면접을 진행해 보는 것이 좋다.

(3) 프레젠테이션면접/PR면접

기업 간의 치열한 경쟁 환경 속에서 자신의 아이디어나 의견을 상대방에게 효과적으로 전달하고 설득하는 능력이 매우 중요하다. 이러한 능력을 판단하기 위해 프레젠테이션면접과 PR면접이 시행되고 있다. 특정 주제에 대한 자료를 준비하고, 혼자 면접관들 앞에서 발표하는 과정을 통해 발표력, 설득력, 창의성, 논리력, 의사소통 능력, 전문성, 문제해결 능력 등이 종합적으로 판단된다. 주로 대기업 공채나 공무원 면접 때 이용하는 유형이다.

프레젠테이션면접은 전공이나 특정 분야에 대한 실무 능력이 있음을 보여주는 것이고, PR면접은 자기 자신의 장단점 등에 대해 설명하여 자신이 지원한 기업과 업무에 적합한 사람임을 강조하는 것이다. 프레젠테이션면접은 30분 내외, PR면접은 보통 3~5분의 시간을 준다.

프레젠테이션면접을 준비하려면 특정 주제에 대해 파워포인트로 정리하는 연습을 많이 하면 좋다. 실제 면접 시에는 준비 시간이 30분 내외로 주어지기 때문에 핵심 주제어나 내용을 압축하여 표현하여야 하고, 주장을 전개하는 내용과 흐름이 맞아야 한다. 즉, 주제에 대해서 서론, 본론, 결론으로 나누어서 논리를 전개할 수 있도록 파워포인트를 구성해야 한다. 또한, 단순하거나 지루하지 않도록 적절한 그림, 도표, 그래프 등을 사용하는 것도 좋은 방법이다. 지원하고자 하는 업종 및 업무와 관련된 전문 지식이나 시사적인 지식을 많이 쌓아 두는 것도 필요하다. 직접 비디오로 찍은 것을 보면서, 자신감이 없어 보이지는 않는지, 부적절한 용어를 사용하지는 않는지, 주장에 무리가 있지는 않은 지, 표정, 목소리, 제스처 등은 자연스러운지 등을 체크하고 보완해 나가도록 한다.

PR면접은 평소에 자신이 지원한 기업과 업무에 적합한 사람이라는 것을 보여줄 논리적 근거와 사례들을 준비하고, 해당 업무를 진행함에 자신의 장점을 어떻게 살려나가고 단점은 어떻게 극복해 나갈지를 충분히 연습해 놓는다. 면접관들이 볼 때 자기 자랑이 너무 지나쳐 보이지 않도록 주의한다. 비디오로 직접 찍어서 모니터링 해보는 것이 가장 효과적이다.

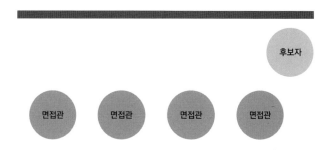

합격을 부르는 면접은 이런 것
_핵심편

면접 답변의 기본 패턴 익히기

많은 지원자들이 '자기소개서나 면접에서 나의 능력을 보여줄 수 있는 이야기들은 무조건 많이 하는 것이 좋은 점수를 받을 수 있다'라고 생각하는데 그렇지 않다. 물론 시간적 여유가 된다면 내가 가진 능력을 모두 보여주는 것이 당연하겠지만 면접에는 제한된 시간이 있다. 따라서 그 제한된 시간 안에 많은 것을 보여주기 보다는 한 가지라도 확실히 제대로 보여주고 나오는 것이 더 좋은 점수를 받을 수 있다. '나는 이것도 잘하고 저것도 잘하는 팔방미인입니다'라고 주장만 할 것이 아니라 '나는 이것을 잘합니다'라고 이야기한 후 그 이유를 제시하는 것이다. 따라서 면접에서는 IES 패턴에 맞게 이야기하는 것이 중요하다. IES 패턴이란 다음과 같다.

(I)주장Insistence – (E)경험/사례제시Experience – (S)요약 및 정리Summary

먼저 면접관의 질문에 대한 본인의 주장을 간단히 한 문장으로 이야기 한 후 그 주장을 뒷받침해 줄 수 있는 논리적 근거를 제시본인만의 경험/사례를 제시하면 좋다하고 마지막으로 전체 내용을 짧게 요약하며 이야기를 마무리 짓는 것이다. 예를 든다면 아래와 같다.

INTERVIEW

면접관: 취미가 무엇인가요?

지원자: 네. 저의 취미는 스포츠입니다. ^{주장}

스포츠를 좋아하시는 부모님의 영향 때문인지 어려서부터 저도 자연스럽게 운동을 좋아하게 되었는데요. 지금도 저희 가족은 매년 스포츠 종목을 하나 정해 가족대회에 출전하고 있습니다. 올해 저희 가족의 목표는 테니스입니다. 그래서 올해 6월에 열리는 아마추어 가족 대회에도 이미 참가신청을 해 놓은 상태인데요. 입상이 목표가 아닌 단순히 가족 간의 단결력, 친화력을 높이기 위해 하는 운동이기 때문에 부담 없이 즐길 수 있어 더욱 좋은 것 같습니다. ^{경험/사례 제시}

스포츠는 이렇게 가족 간의 정을 더욱 깊게 해 주고 팀워크의 중요성도 알려주기 때문에 취미로 계속해서 꾸준히 해 오고 있습니다. ^{요약 및 정리}

면접관은 지원자가 모든 것을 잘하는 만능 엔터테이너이기 보다는 한 가지를 하더라도 확실하게 할 줄 아는 사람이기를 바란다. 그렇기 때문에 근거 없는 주장들만 단순히 나열해서 이야기하는 것보다는 한 가지 주장을 하고 그 주장이 확실

히 뒷받침해 줄 수 있는 나만의 경험이나 사례들을 많이 제시해 주는 것이 좋다. 또한 답변은 아래와 같이 미괄식이 아닌 두괄식결론이나 가장 중요한 내용을 먼저 이야기 한 후 그 다음에 부연설명을 하는 것으로 해야 한다는 것도 잊지 말자.

〈답변의 예〉

INTERVIEW

면접관: 가장 행복했던 순간은 언제입니까?

미괄식 답변: 부모님이 맞벌이를 하시고 누나는 지방에서 학교를 다니고 있기 때문에 서로 시간이 맞지 않아 가족이 다 같이 놀러가는 일이 쉽지 않았습니다. 그런데 1년 전 여름 가족끼리 제주도로 여행갈 수 있는 기회가 왔습니다….(이하 생략) 그래서 가장 행복했던 순간은 1년전 가족들과 함께 제주도로 여행 갔을 때라고 생각합니다.

두괄식 답변: 네. 제가 가장 행복했었던 순간은 1년전 여름 가족끼리 제주도로 여행을 갔었을 때의 일입니다. 부모님이 맞벌이를 하시고 누나는 지방에서 학교를 다니고 있기 때문에 서로 시간이 맞지 않아 가족들과 다 같이 놀러가는 일이 쉽지는 않았는데요….

(이하생략)

합격을 부르는 면접 답변법

'말 한마디로 천 냥 빚을 갚는다'는 말이 있다. 말만 잘하면 어려운 일이나 불가능해 보이는 일도 해결할 수 있다는 의미이다. 면접에서도 마찬가지다. 내가 내뱉은 말들이 합격/불합격을 좌우할 수 있는 만큼 말 한마디에도 신중을 기해야 한다. 그렇다면 면접에서는 어떤 식으로 답변하는 것이 효과적인지 알아보자.

질문의 의도를 정확히 파악한다.

- 질문의도를 정확히 이해하고, 면접관 입장에서 면접관이 듣고 싶은 답변을 하라!
- 면접관은 왜 그런 질문을 할까? 무엇이 알고 싶은 걸까?
- 면접관이 하는 모든 질문들은 나에게는 자랑할 수 있는 기회라고 생각하라!
- 모든 질문은 직무역량을 항상 고려해서 답변하라!

답변은 1~2초 후에 한다.

- 질문이 끝나기 무섭게 답변하지 말고 질문을 받고 한 숨 돌리고 답변한다.
- 답변은 차분하고 천천히 한다. 급한 성격 보다는 차분한 성격이 더 유리하다.
- 꼬리압박질문에는 감정이 앞설 수 있으니 특히 조심한다.

답변은 간단명료하게 한다.

답변은 최대 1분이 넘어가지 않도록 짧고 인상 깊게 이야기한다. 간혹 자신의 강점이나 역량을 최대한 많이 보여주고자 장황하게 이야기를 늘어놓는 지원자가 있는데 한 번에 많은 이야기를 하게 되면 오히려 전달력이 떨어진다. 그러면 면접관이 무엇이 핵심 내용이었는지 판단하기가 더욱 어렵다. 따라서 짧은 문장들을 이용해 핵심이 되는 이야기 위주로 간결하게 답변하는 것이 좋다. 이야기를 길게 늘어놓게 되면 했던 이야기를 반복해서 한다거나 주제에서 벗어날 수 있는 이야기를 할 소지도 있다는 점을 잊지 말자.

- 15초, 30초, 45초 이내로 답변하고 60초를 넘지 말라.
- 면접 준비를 위해 미리 질문에 대한 답변 스크립트를 만들 때는 가능하면 15~30초 사이로 한다.
- 처음부터 사례 전부를 설명하려 하지 말고 궁금하면 면접관이 질문하게 유도한다.
- 짧은 문장들을 이용해 핵심이 되는 이야기 위주로 간결하게 답변한다.
- 자신의 강점이나 역량을 최대한 많이 보여 주고자, 장황하게 이야기특히 배경를 늘어놓는 지원자가 있다. 그러면 오히려 전달력이 떨어져서 면접관이 무엇이 핵심 내용이었는지 판단하기가 더욱 어렵게 된다.
- 그렇다고 단답형으로 답변한다면 오히려 소극적으로 보일 수 있다.

확신을 가지고 끝까지 일관성 있게 대답한다.

가끔 면접관은 지원자가 자신의 주장을 끝까지 잘 견지하는 지를 확인하기 위해 지원자를 테스트 하곤 한다. 예를 들면 아래와 같다.

INTERVIEW

면접관: 이서현 씨. 본인이 만약 이런 상황에 봉착한다면 A와 B중 누굴 선택하시겠어요?

지원자: 네. 저는 A를 선택하겠습니다. 그 이유는 어쩌구저쩌구….

이때, 면접관이 지원자의 말을 중간에 끊으며, 반박하기 시작한다.

INTERVIEW

> **면접관**: 이서현 씨. 잘못 생각하고 계신 것 같은데요? 그렇게 되면 오히려 A한테 피해가 가게 될 텐데 대책은 있으신 건가요? 전 도대체 이해가 안가네요.
>
> **지원자**: 아…네…물론 그렇게 되면 A한테 어느 정도 피해가 가게 되기는 하겠지만 이러이러한 방법으로….

중간에 말이 끊긴 것에 당황한 지원자는 그래도 끝까지 소신 있게 A를 선택한 이유에 대해 이야기하려고 하나 이미 주눅이 들어버린 상태로 조금씩 버벅대기 시작한다. 그런데 이때 면접관이 다시 지원자의 말을 끊는다면?

INTERVIEW

> **면접관**: 그러니까 결국 지금 아무런 대책도 없으면서 무조건 A를 선택하겠다는 거잖아요? 너무 양심 없는 행동이 아닌가요?

면접관의 무서운 눈매와 통명스러운 말투에 갑자기 당황한 지원자는 결국 선택을 바꾼다.

> **지원자**: 아…네…면접관의 말씀을 들어보니까 제가 잘못 생각한 부분이 있는 것 같습니다. B를 선택하는 것도 효율적이라 생각합니다.

그렇다면 이서현 씨는 좋은 점수를 얻었을까? 면접관이 반박한다고 해서 본인의 주장을 손쉽게 바꿔서는 안 된다. 당황한 기색을 보이거나 말을 얼버무리게 되면 면접관은 그것을 꼬투리 잡아 더 거세게 반박하기 마련이다. 면접에 정답은 없다. 면접관은 지원자의 말이 맞는지 틀리는지를 따지는 것이 아니라 본인의 말에 확신을 가지고 끝까지 책임지는지 지지 않는지에 대한 태도를 보려는 것이다. 본인조차 본인의 생각이나 말에 대한 확신을 보여주지 못하는데 누가 그 사람의 말을 신뢰할 수 있겠는가. 자신이 내뱉은 말에 대해서는 반드시 끝까지 책임을 지도록 하자. 평소에 이야기할 때 말끝을 흐리거나 얼버무리지 말고 종결어미까지 확실히 말하는 연습을 꾸준히 하면 좋다. 나의 잘못된 부분을 지적하거나 고쳐주기 위해 반복해서 동일한 질문을 받았을 경우에는 자신의 잘못을 인정하는 것이 중요하다.

'다까체'와 '요조체'를 적당히 혼합하여 사용하고 자신감이 느껴지는 언어를 사용하자.

다까체란 끝이 '~했습니다' 또는 '~했습니까'로 끝나는 말투를 이야기하며, 요조체는 끝이 '~했어요', '~했죠'로 끝나는 말투를 이야기한다. 요조체 보다는 다까체가 좀 더 공적인 자리에서 많이 사용된다. 남성 특히 군대를 다녀온 남성들은 다까체를 사용하는 것에 어색함을 느끼지 않으나 여성의 경우에는 자주 사용하는 말투가 아니다 보니 어색함을 느껴 면접에서 다까체가 아닌 요조체로 답변하는 경우가 있다. 하지만 면접과 같은 공적인 자리에서 요조체를 지나치게 사용하다 보면 대화가 지극히 가벼워 보일 수 있고, 성숙미가 느껴지지 않을 수 있다. 아래 예문을 통해 확인해 보자.

INTERVIEW

지원자 A: 네. 제가 가장 존경하는 인물은 그리고리 페렐입니다. 그리고리 페렐은 세계수학 7대 난제 중 하나라는 '푸앵카레의 추측'을 푼 러시아의 천재 수학자입니다. 수학 난제를 푼 결과로 높은 고위직과 고액의 상금이 그에게 주어졌지만 그는 모두 거절했습니다.

그리곤 산에서 자신이 좋아하는 수학공부를 하며 고사리나 꺾으며 살고 싶다고 이야기했습니다. 저도 그리고리 페렐처럼 다른 부수적인 것들을 위해서가 아닌 제 일 자체를 사랑하고 진정으로 즐길 줄 아는 그런 사람이 되고 싶습니다. 제가 진정으로 일하고 싶은 ○○기업에서 본격적으로 제 일을 즐길 수 있기를 바랍니다.^{다까체만 사용}

INTERVIEW

지원자 B: 네. 제가 가장 존경하는 인물은 그리고리 페레인데요. 그리고리 페렐은 세계수학 7대 난제 중 하나라는 '푸앵카레의 추측'을 푼 러시아의 천재 수학자에요. 수학 난제를 푼 결과로 높은 고위직과 고액의 상금이 그에게 주어졌지만 그는 모두 거절했죠. 그리곤 산에서 자신이 좋아하는 수학공부를 하며 고사리나 꺾으며 살고 싶다고 이야기 했어요. 저도 그리고리 페렐처럼 다른 부수적인 것들을 위해서가 아닌 제 일 자체를 사랑하고 진정으로 즐길 줄 아는 그런 사람이 되고 싶어요. 제가 진정으로 일하고 싶은 ○○기업에서 제 일을 본격적으로 즐길 수 있기를 바라요. 요조체만 사용

INTERVIEW

지원자 C: 네. 제가 가장 존경하는 인물은 그리고리 페렐입니다. 그리고리 페렐은 세계수학 7대 난제 중 하나라는 '푸앵카레의 추측'을 푼 러시아의 천재 수학자인데요. 수학 난제를 푼 결과로 높은 고위직과 고액의 상금이 그에게 주어졌지만 그는 모두 거절했습니다. 그리곤 산에서 자신이 좋아하는 수학 공부를 하며 고사리나 꺾으며 살고 싶다고 이야기를 했는데요. 저도 그리고리 페렐처럼 다른 부수적인 것들을 위해서가 아닌 제 일 자체를 사랑하고 진정으로 즐길 줄 아는 그런 사람이 되고 싶습니다. 제가 진정으로 일하고 싶은 ○○기업에서 제 일을 본격적으로 즐길 수 있기를 바랍니다. 다까체/요조체 혼합

어떤 답변이 가장 좋아 보이는가? 정답은 지원자 C다. 지원자 A처럼 다까체만을 사용해 답할 경우, 공손해 보이기는 하지만 경직되어 보이고 사전에 준비한 답변을 그대로 읽고 있는 듯한 분위기를 풍길 수 있다. 요조체만을 사용해 답한 지원자 B의 경우도 어색하긴 마찬가지이다. 공손함이 묻어 있는 것 같지만 어린아

이 같은 말투로 인해 자칫 대화가 가벼워 보일 수 있다. 반면 지원자 C는 다까체와 요조체를 적절히 혼합하여 답변함으로써 가장 자연스러웠다.

다까체와 요조체의 사용 비율은 7:3 정도로 생각하면 된다. 물론 절대적인 수치는 아니다. 이야기를 하면서 본인의 음성이나 내용이 너무 무거워진다 생각하면 요조체를 조금 더 사용하고 반대의 경우라면 다까체를 좀 더 사용하면 된다. 그리고 면접에서는 자신감이 드러나는 언어를 사용하는 것이 좋다. 예를 들어 '~일 것입니다'는 '~입니다'로 '~하도록 노력하겠습니다'는 '~합니다'로 확실하게 이야기해주는 것이다. 자신감이 없어 보이거나 애매모호한 말투는 면접에서 반드시 피해야 한다.

다수의 지원자가 몰리는 대기업 공채 면접의 경우에는 '다까체'의 사용 비율이 훨씬 높다. 하지만 소기업 또는 자유롭고 편한 분위기에서 일대일로 면접이 진행되는 경우에는 너무 다까체만을 고집하다 보면 오히려 편한 면접 분위기의 흐름을 따라가는데 방해가 될 수도 있다. 면접장과 면접관의 분위기에 따라 다까체와 요조체를 적절히 혼합하여 사용하자.

상대의 말에 경청하자.

사람의 입은 한 개이고 귀는 두 개인 이유를 아는가? 그것은 말하기보다 듣기를 더 많이 하라는 뜻이다. 사실 대화에 있어 말하기 보다 더 중요한 것은 듣기이다. 사람은 누구나 자신의 이야기를 잘 들어주는 사람을 더욱 친근하게 느끼기 때문이다. 따라서 면접에서도 경청하는 자세를 보이는 것은 매우 중요하다. 먼저 면접관이 이야기할 때 잘 듣지 못하게 되면 질문의 요지를 파악하지 못하기 때문에 동문서답하게 될 확률이 크다. 따라서 면접관이 이야기할 때는 면접관과 시선을 마주치며 면접관의 이야기에 집중해서 귀기울인다. 경청하는 자세는 다른 지원자들이 대답할 때도 보여야 한다.

다른 지원자가 대답할 때 바닥이나 천장을 멍하니 쳐다본다거나 다른 생각을 하게 되면 면접관으로부터 '방금 옆에 지원자가 한 이야기를 요약해서 다시 말해 보세요'와 같은 질문을 역으로 받을 수 있으니 주의하자. 따라서 다른 지원자가 이야기할 때에는 그 지원자를 한번쯤 쳐다봐 준다거나 고개를 끄덕거리는 행동을 취해 주는 것이 좋다. 다만 여기서 유의해야 할 점은 과한 경청의 태도는 오히려 부정적으로 비추어 질 수 있다는 것이다. 이야기하는 상대방 쪽으로 아예 몸을 튼 상태로 상대방을 뚫어지게 쳐다본다거나 끊임없이 고개를 끄덕거려 산만함을 주지 않도록 주의한다. 무엇이든 과하면 독이 될 수 있다는 사실을 잊지 말자.

불합격을 부르는 면접 답변법

내용을 포장할 수는 있으나 과도하게 과장되거나 거짓말을 해서는 안 된다.

면접관에게 나를 홍보하라는 것은 내가 가진 강점이나 역량을 확실히 보여줄 수 있도록 구체적인 사례를 들어 맛깔나게 이야기하라는 것이지, 조약돌을 가지고 바위라고 우긴다거나 아예 하지도 않은 일을 했다고 이야기하라는 것이 아니다. 면접관은 수많은 사람들을 봐 왔기 때문에 지원자에게서 어색함이 조금이라도 비쳐지게 되면 바로 꼬리질문이나 압박질문을 통해 진실을 확인하려 들것이다. 따라서 괜한 거짓말로 낭패를 보지 말고 진솔하게 답변하자. 모르는 질문에는 모른다고 솔직하게 인정하는 것이 좋다. 뭐라도 이야기해야 한다는 생각에 질문과는 동떨어진 이야기를 한다거나 모르면서 아는 척 이야기하는 것은 답변을 아예 하지 않는 것 보다 더 안 좋은 결과를 가지고 올 수도 있다. 하지만 일부분이라도 확실히 아는 것이 있으면 성심껏 이야기하는 것이 좋다. 완벽하진 않더라도 면접관의 기대보다 조금 더 나은 답변을 하면 좋은 점수를 받을 수도 있기 때문이다. 아는 만큼은 이야기하자.

올바른 경어, 표준어를 사용하고 긍정적으로 이야기한다.

면접에서는 또래 친구들만이 알 수 있는 인터넷 용어나 은어, 비속어 등은 사용하지 않도록 하며, 정확한 표준어를 구사하자. 특히나 압박면접과 같이 긴장감이 맴도는 순간에는 자신도 모르게 평소에 자신이 사용하던 말투가 튀어나오기 마련인데 이럴 경우 친밀감을 줄 수도 있지만, 과하게 되면 오히려 불쾌감을 줄 수 있으니 주의하자.

또한, 자신을 계속해서 낮추는 표현이나 부정적인 말은 최대한 지양하도록 한다.

INTERVIEW

지나친 은어 사용의 예

지원자: 네, 저는 귀사가 우리나라 최고의 ○○기업이라고 생각합니다. 제가 귀사에서 출시한 ○○제품을 직접 사용해 봤었는데요. 레알진짜라는 뜻의 은어 울트라 캡숑 짱 좋았습니다. 친구도 사용해 봤는데 레알진짜라는 뜻의 은어 좋다고 자신도 사겠다고 했습니다. 그래서 저는 ○○기업에서 관련 기술을 지대제대로의 준말 배워보고 싶어 지원하게 되었습니다.

예를 들어 겸손함이 지나친 나머지 답변 내내 "아직은 제가 많이 부족합니다" "제가 경험이 많이 없습니다" "저보다 뛰어난 친구들이 너무 많습니다" "제가 가진 것은 없지만" 등을 답변할 때마다 하게 되면 소극적이고 자신감 없는 사람으로 비춰질 가능성이 크다. 신입직이기 때문에 경험이 부족하고 아직 많이 배워야 한다는 사실을 면접관도 이미 너무 잘 알고 있다. 그런데 굳이 물어보지도 않았는데 본인이 먼저 나서서 자신을 낮출 필요는 없다는 것이다. 지나친 겸손은 오히려 자신을 능력 없는 사람으로 보이게 할 수도 있다.

마지막으로 암기식 답변은 피한다. 자연스럽게 이야기 하고 대답은 2초 후에 하라.

면접에서 마치 원고를 읽듯이 줄줄 이야기하는 것은 금물이다. 비록 내가 예상했던 질문이라 답변이 충분히 준비가 되어 있더라도 현장에서는 방금 생각난 것같이 자연스럽게 이야기하는 것이 필요하다.

그러기 위해서는 첫째, 질문이 아무리 간단한 것이라고 해도 면접관의 말이 끝나기가 무섭게 답변하지 말고 2초 정도의 시간적 여유를 두고 답하도록 한다. 2초의 시간 동안 면접관의 질문을 한 번 더 이해하며 잠시 동안의 여유를 가진 후에 이야기하면 훨씬 더 조리 있게 이야기할 수 있다.

둘째, 억양이나 속도에 변화를 주어 이야기 하면 좀더 생동감 있게 표현할 수 있기 때문에 준비한 내용을 단순히 읊고 있다는 느낌을 피할 수 있다. 처음부터 끝까지 똑같은 톤으로 강약의 조절 없이 누군가가 이야기하고 있다고 상상해보라. 그 이야기를 듣고 싶은 마음이 생기겠는가? 이런 식의 대화는 듣는 사람을 지루하게 만들 뿐이다.

면접에서 자기소개나 성격의 장·단점, 존경하는 인물 등과 같이 충분히 예상되는 질문들이 있다. 그래서 대부분은 면접 전에 본인이 생각하는 예상 질문에 대한 답변들을 만들어 놓기 시작한다. 필자 역시 마찬가지였다. 필자의 답변준비법을 잠깐 소개하면 다음과 같다. 예를 들어 "가장 존경하는 인물이 누구입니까?"라는 질문에 '오프라 윈프리'라고 답변한다고 생각해 보자. 그럼 필자는 그렇게 생각하는 이유를 완벽한 문장으로 우선 노트에 아래와 같이 기재한다.

답변 스크립트 만들기 사례

면접관 : 가장 존경하는 인물은 누구입니까?

비포 Before

지원자 : 네. 제가 가장 존경하는 인물은 가장 낮은 곳에서 출발했지만 가장 높은 곳까지 오른
세계적인 토크쇼의 진행자 **오프라 윈프리**입니다. 그녀는 미국에서 살아가기 힘든 많
은 조건을 가지고 태어났습니다. 흑인이었고 사생아였고 가난했으며 뚱뚱했고 미혼
모였습니다. 하지만 오프라 윈프리는 그런 조건에 사로잡히지 않고 스스로 노력하는
사람이었습니다. 그래서 백인들만 다닌다는 학교에도 입학하게 되었고, 예쁘지 않은
얼굴이지만 열심히 준비하고 노력해서 여러 미인대회에서도 일등을 했습니다. 또 한
방송국의 **최초 흑인 여성 뉴스진행자**가 되기도 했습니다. 이런 오프라 윈프리를 보
면서 **운명은 개척하는 것**임을 다시 한 번 느꼈습니다. 그래서…(이하 생략).

애프터 After

네.
가장 존경하는 인물은 **오프라 윈프리**입니다.
이유는 **가장 낮은 곳에서 출발했지만, 가장 높은 곳까지 오른**
세계적인 토크쇼 진행자이기 때문입니다(인데요).

그녀는 미국에서 살아가기 힘든, 많은 조건을 가지고 태어났습니다.

가난한 흑인 사생아였고, 뚱뚱한 미혼모였습니다.

하지만 그녀는 그런 조건에 사로잡히지 않고

스스로 노력하는 사람이었습니다.

그래서 백인들만 다니는 학교에도 입학하게 되었고,

예쁘지 않은 얼굴이지만 열심히 준비하고 노력해서

여러 미인대회에서도 일등을 했습니다.

또 한 방송국의 **최초 흑인 여성 뉴스진행자**가 되기도 했습니다.

이런 그녀를 보면서, **운명은 개척하는 것**임을 다시 한 번 느꼈습니다.

이렇게 나의 생각을 노트에 기재를 하며 생각을 정리한다. 단, 비포Before예처럼 구어체가 아닌 문어체로 스크립트를 만들지 말고 구어체로 최대한 자연스럽게 말하듯이 만들어야 한다. 그런 다음 내용숙지를 위한 주요 키워드 두세 개 정도를 뽑아내어 포스트잇에 적어둔다. 위에서 뽑은 키워드는 '오프라 윈프리', '최초의 흑인 여성 뉴스진행자', '운명은 개척하는 것' 이 세 가지다. 그런 다음 이 포스트잇을 내 방 침대나 책상 위. 화장대, 거울 등에 붙여 놓는다. 그리고 이 포스트잇이 눈에 들어올 때마다 해당 단어를 보며 즉석에서 내용을 이야기하는 연습을 꾸준히 반복한다. 이렇게 하면 동일한 내용이지만 표현방식이 매번 달라지기 때문에 준비했던 답변임에도 불구하고 매번 자연스럽게 이야기 할 수 있게 된다.

단답형으로 이야기 하지 마라.

면접관의 질문에 모든 답변을 단답형으로 이야기하는 지원자가 있다. 예를 들면 다음과 같다.

면접관: 가장 감명 깊게 읽은 책은 무엇인가요?

지원자: 《선물》입니다.

면접관: 언제 읽은 책인가요?

지원자: 작년 말에 읽었습니다.

면접관: 어떤 부분이 감명 깊었나요?

지원자: 과거에서 배우고 현재에 충실하며 미래를 계획하라는 부분이 제일
와 닿았습니다.

면접관: 다른 사람들에게도 이 책을 추천하고 싶은가요?

지원자: 네….

면접관: ….

어떤가? 당신이 면접관이라면 이 지원자에게 또 질문을 하겠는가? 아마도 성의 없는 답변이 괘씸해서라도 더 이상 질문하지 않고 그냥 탈락시킬 것이다. 면접에서 한 질문에 너무 길게 답변하는 것도 좋지 않지만 이런 단답형의 답변도 반드시 피해야 한다. 최소한 본인이 왜 그렇게 생각하는지에 대한 서너 문장의 부연설명은 해 주어야 한다는 것이다. 간혹 '면접관의 추가질문을 의도하여 일부러 이렇게 대답했다'라고 이야기하는 지원자들이 있는데 이건 위험한 생각이다. 모든 면접관이 당신에게 앞서 든 예시처럼 한 번 더 이야기할 기회를 주지는 않기 때문이다. 최소한의 성의는 반드시 보이자.

작년 말에 읽은 《선물》이라는 책입니다. 과거에서 배우고 현재에 충실하며 미래를 계획하라는 부분은 제 삶의 지표로 삼고 있고 주위 친구들에게도 적극 추천하고 있습니다.

기타 피해야 할 행동들

이외에도 단순히 '최선을 다하겠습니다', '열심히 하겠습니다'와 같은 추상적인 답변은 피하도록 하자. 어떤 식으로 최선을 다할 것이고 어떻게 열심히 할 것인지 본인이 계획하고 있는 자기개발 내용과 연계하여 구체적으로 이야기해 주는 것이 좋다. 또한 면접 중에 한숨을 쉰다든지 다리를 떠는 행동, '음…, 아…' 등의 불필요한 추임새도 피하는 것이 좋다. 다음과 같은 부정적인 표현 및 은어와 비어는 지양한다.

"아직은 제가 많이 부족합니다."

"제가 경험이 많이 없습니다."

"저보다 뛰어난 친구들이 너무 많습니다."

"제가 가진 것은 없지만…"

"죄송합니다."(한두 번은 괜찮지만 자주 쓰지는 말 것)

면접이 끝나고 면접관이 '이제 그만 나가봐도 좋다'라고 이야기했다고 해서 바로 일어나지 말자. 자신을 마지막으로 어필할 기회를 잡도록 노력하라는 것이다. 따라서 면접관이 나가도 좋다고 이야기하거나 아니면 마지막으로 할 말이 있는지 물었을 때에는 무조건 손을 들어 이야기하자. 한 서바이벌 가수 오디션 프로그램에서 떨어질 위기에 처한 한 지원자가 바로 이 마지막 기회를 제대로 잡아 다음 라운드에 진출하게 된 경우가 있었다.

이때 심사위원은 합격티켓을 한 장 더 가지고 있었음에도 합격시킬 마땅한 지원자가 없다며 그 티켓을 사용하지 않겠다고 했다. 모두들 실망하며 무대에서 내려가려고 하는 찰나에 한 지원자가 손을 들며 자신은 그 티켓을 포기 못하겠다고 했다. 그러더니 마지막으로 노래할 기회를 주지 않겠느냐고 물었고 심사위원의 승낙 하에 마지막으로 노래를 불렀다.

노래가 끝난 후 심사위원은 지원자에게 '지금 노래를 불렀는데 사실 당신이 지금까지 불렀던 노래 중에서 지금이 가장 못 불렀다. 하지만 그 간절한 마음이 노래에 묻어나게끔 부른 건 오늘이 최고였다. 오늘 느낀 그 간절함을 꼭 기억해라. 우리는 노래 잘 하는 사람을 뽑는 것이 아니다. 가능성만 있으면 된다. 중요한건 이게 아니면 안된다는 간절함이다'라며 남아있던 마지막 티켓 한 장을 그 지원자를 위해 사용했다.

누구든 100퍼센트 만족해서 면접장을 빠져나오는 사람은 없다. 다들 좀 더 잘할 수 있었을 텐데 하는 아쉬움을 가지고 나오기 마련이다. 후회가 마구 밀려오고 있는데 면접관이 가라고 했다고 그냥 뒤돌아서 갈 것인가? 회사나 직무에 대해 궁금한 내용들연봉이나 복지관련 내용이 아니라 일에 대한 내용을 이야기하는 것이 좋다 또는 긴장해서 미처 이야기하지 못했던 부분이나 자신을 어필할 수 있는 내용을 간단하게 이야기하고 나오도록 하자. 설령 시간관계상 면접관이 기회를 주지 않는다 할지라도 이런 지원자의 노력이 플러스가 되면 됐지 절대 마이너스가 되지는 않는다. 기회는 준비하는 자에게만 온다는 사실을 꼭 기억하자!

인성/직무역량 면접을 위해 꼭 준비해야 할 기본질문

아래 질문들에 대한 적합한 답변을 직접 적어 보세요. 질문 하나에 답변은 30초 이내로 최대한 간단히 작성한다.

· 기본질문뿐 아니라 지원기업의 면접유형과 기출질문족보 내용 파악해서 답변 달기

· 지원 기업의 면접 유형을 적고 유형별로 어떤 면접 질문들이 나왔는지 파악하기

개인 인성관련 질문

1 자기소개1분 스피치

→ '1분 자기소개1분 스피치작성법' 완전 공개를 참고해서 작성

2 자신의 성격의 장점과 단점보완점은 무엇인가?

3 자신만이 가지고 있는 약점 또는 특이사항에 대해 말해 보세요.

4 자신의 취미/특기는 무엇입니까?

5 가장 어려웠던 일이나 시기? 가장 도전열정적인 일, 가장 기억에 남는 일,

　가장 창의적인 일, 가장 팀워크를 잘 발휘한 일? 갈등을 해결한 일?

　주도적으로 문제를 해결한 일?

6 다른 사람들이 나 자신을 어떻게 평가하는가?별명 등

7 하루 일과에 대해서 말해 보세요.

8 과목 중에서 가장 자신 있는 것? 재미/흥미 있는 것은? 왜? 반대 경우도 포함

9 내가 존경하는 인물? 감동적으로 읽은 책? 재미있게 본 영화? 왜?

→ 존경인물, 존경하는 이유, 내 삶에 어떤 영향과 적용순으로 작성

10 좋아하는 사람의 유형과 싫어하는 사람의 유형은?

→ 싫어하는 사람과 어떻게 관계를 개선합니까?

11 마지막으로 질문이나 하고 싶은 말 있습니까?

→ 각오나 기업 또는 직무에 대한 질문 준비

12 나의 이력서와 자기소개서 내용 중심으로 나올 질문에 대한 사전 답변

13 특성화 고등학교를 선택한 이유는?

14 꿈이 무엇인가?

회사 직무관련 질문

1 우리 회사에 대해서 말해 보세요.

→ 지원한 직무담당자 입장에서 회사를 분석하고 자신의 생각을 포함해서 답변

→ 사업, 제품, 서비스, 경쟁사, 시장에서 포지셔닝, 비전 + 자기생각직무, 관심사

→ 우리 회사 제품, 서비스에 대해서 아는 데로 말해 보세요.제품의 장·단점, 비교

→ 우리 회사의 현재 가장 큰 이슈는 무엇인가?

→ 우리 회사의 장단강점/보완점은 무엇인가?

2 우리 회사에 지원한 동기는 무엇인가?

→ 왜 우리 회사인가?

→ 왜 이 산업분야인가?

3 지원직무를 지원한 동기는 무엇인가?

→ 왜 이 일을 하고 싶은가?

→ 왜 흥미를 가졌으며 언제부터 관심을 가졌나?

4 지원직무에 대해서 어떤 일을 하는지 아는 대로 말해 보라.

→ 우리 회사에 들어와서 하는 일이 무엇인지 아는가?

→ 그 직무가 왜 우리 회사에서 중요한가?비전, 관심, 이유, 목적

→ 직무 중에 가장 신경 써야 할 부분중요한 부분은 무엇인가?

→ 여기에 관심이 없었던 것 같은데 왜 이 일을 하려고 하는가?

5 지원직무를 위해서 당신은 그동안 무엇을 준비해 왔는가?

→ 직무에 자신이 적합한 이유는 무엇인가?

6 5년, 10년 뒤의 자신의 모습은? 비전이 무엇인가? 꿈이 무엇인가?

7 입사 후 포부? 입사 후에 맡고 싶은 직무가 무엇인가? 꼭 해보고 싶은 것은?

8 입사한다면 직무와 관련해서 자신의 소신/계획/목표

9 자신이 알고 있는 회사의 서비스에 대해서 개선/문제점

10 지원직무를 잘하기 위해서 꼭 필요한 역량 열 가지는 무엇인가?

→ 지원한 직무를 잘 수행하려면 무엇이 꼭 필요하다고 생각하는가?

11 해당직무에 자신을 채용해야 하는 이유 세 가지는? 직무관련 역량? 자신의 강점?
   자신의 차별점은 무엇인가?

12 해당 분야산업, 제품, 서비스에서 최고 케이스와 최악 케이스는 무엇이고 왜 그렇게 생각
   하는가?

13 전공이 업무에 어떤 관련이 있는가?

14 연봉은 얼마를 받고 싶은지? 그 이유는? 자신의 가치는?

15 최근 사회이슈에 대해서 자기 자신의 생각은?

→ 특히 회사나 회사관련 산업과 관련된 이슈에 대한 사건에 대해서 정리

상황 질문

1 가정과 기업 어디에 더 비중을 둘 것인가?

2 평소 문제^{또는 갈등}가 발생했을 때 어떻게 처리하고 있는가?

→ 상사와 갈등이 생기면 어떻게 하겠는가?

3 상사가 부당한 업무지시를 했을 경우 어떻게 하겠는가?^{도덕성 질문}

4 지금까지 몇 군데 기업에 지원했는가?

→ 서류나 면접에 떨어진 이유는? 합격하면 어디 회사로 갈 것인가? 그 이유는 무엇인가?

→ 다른 회사에 탈락한 학생을 왜 우리는 채용해야 하는가?

5 왜 중소기업인가? 왜 공기업인가? 왜 공무원인가?

6 커피심부름과 같은 사소한 일을 시킨다면 어떻게 할 것인가?

1분 자기 소개_{1분 스피치} 작성법 완전 공개

면접에서 빠지지 않고 받는 가장 중요한 질문이면서 가장 준비하기 까다로운 것 중에 하나가 바로 자기소개다. 자기소개는 면접에서 받는 첫 번째 질문이며, 나의 첫 인상에 가장 큰 영향을 미치게 된다. 자신을 처음부터 확실히 인식시킬 수 있는 중요한 순간이고 기회이기 때문에 자기소개만큼은 철저하게 준비해서 자신을 제대로 홍보해야 한다.

보통 자기소개 시간은 1분에서 3분 사이_{대부분 1분 내외}이다. 이 짧은 시간 안에 자신을 확실히 면접관에게 각인시켜야 하는 만큼 인상 깊은 자기소개가 필요하다. 자기소개는 크게 세 가지, 도입, 본론 그리고 마무리 부문으로 구분된다.

도입 – 면접관의 호기심을 유발할 수 있는 문구로 시작한다.

면접관은 하루에도 수십 명이나 되는 지원자의 자기소개를 듣는다. 그러므로 면접관의 호기심을 유발할 수 있는 흥미로운 문구로 시작한 후 본인이 가지고 있는 역량을 확실히 보여줄 수 있는 구체적인 사례를 제시하고 본인이 회사에 반드시 필요한 인재라는 것을 보여주도록 한다. 흥미로운 문구는 필히 나의 강점이나 역량을 가장 잘 표현할 수 있는 것으로 한다.

인물, 동물, 사물이나 고사성어 또는 나를 하나의 단어나 문장으로 표현할 만한 것으로 선택한다. 또한, 쉽게 이해하고 누가 들어도 동일하게 인식해야 한다. 당신이라면 아래 제시된 자기소개 첫 문장을 들어보고 누구의 자기소개에 좀 더 관심을 두겠는가?

[예시 1] 안녕하십니까, 저는 ○○고등학교 ○○과에 다니는 ○○○입니다. 1997년도에 서울 마포구에서 장녀로 태어났으며 이번에 ○○은행의 텔러로 지원하였습니다. 저는 성실하고….

[예시 2] 안녕하십니까, ○○코리아의 교통경찰이 되고 싶은 ○○○입니다. 복잡한 도로 위를 교통경찰이 관리를 하듯, 저는 ○○코리아의 교통경찰이 되어 영업MD로서 효율적인 물량운영과 관리를 통해 최대 매출과 최소 손실을 구현하도록 노력하겠습니다. 저는 ○○코리아의 영업MD가 되기 위해 길러온 세 가지 자산이 있습니다. 그것은….

자기소개를 하라고 하면 꼭 첫 번째 예시처럼 성장과정, 성격의 장점, 취미나 연대기식 소개 또는 자기소개서에 나와 있는 내용을 그대로 자신을 소개하는 지원자들이 있다. 면접관은 왜 지원자들에게 자기소개를 하게 할까? 이력서와 자기소개서에 나와 있는 내용을 그대로 지원자의 입을 통해 다시 듣고 싶어서인가? 아니다. 면접관은 지원자의 자기소개를 통해 구체적으로 지원자에 대한 정보를 좀 더 알고 싶어 하거나 면접을 위해 얼마나 충실히 준비를 해왔는지, 다른 지원자에 비해 뭔가 색다름이 느껴지지는 않는지 등을 점검하기 위해서이다. 따라서 너무나 뻔한 내용으로 자기소개를 구성하는 것은 감점 요인이 될 수 있다.

반면 두 번째 예시처럼 면접관의 호기심을 유발할 수 있는 문구로 이야기를 시작하게 되면 면접관의 머릿속에 더 빨리 자신을 각인시킬 수 있다. 진부하고 추상적인 내용으로 구성됐던 자기소개를 듣는 것에서 벗어나 뭔가 신선한 것이 나올지도 모른다는 기대심리가 생기기 때문이다. 이름이 독특하다거나 목소리가 특이하다거나 지원이유가 색다르다거나 등 본인의 개성을 나타낼 수 있는 것들을 생각해 보고 그것을 자기소개 첫 문장에 활용해 보는 것이 좋다.

본론 - 본인의 역량을 확실히 보여준다.

자기소개는 말 그대로 면접관에게 나를 소개하는 것이다. 그렇다고 단순히 내가 누구인지 소개하는 것이 아니다. 즉 내가 잘하는 것이 무엇인지역량에 대한 내용이 핵심이 되어야 한다. 따라서 지원한 직무를 본인이 잘 수행할 수 있는 이유에 대한 설명을 단 한 가지라도 구체적으로 이야기해야 한다. 성격적인 부분, 아르바이트나 실제 현장참여 경험, 지원 직무에 대해 어떤 식으로 공부를 해왔는지 등에 대한 내용이 들어가면 좋다. 반면 지원분야에 대한 지식이나 경험 등이 전혀 없을 때에는 이 일을 왜 하고 싶어 하는지에 대한 이유와 함께 일하고자 하는 의지와 열정을 보여준다.

특히 본론 부분은 도입 부분에서 자신이 표현한 문구를 가장 잘 설명하고 공감하고 인식할 수 있는 내용으로 표현해야 한다. 즉 도입 부분의 문구를 듣고 나서 본론 부분을 통해서 면접관이 이해하고 공감해야만이 좋은 인상을 심어 줄 수 있다.

마무리 - 입사를 위한 나의 각오, 기여, 포부 등으로 마무리 한다.

내가 지금 자기소개를 왜 하고 있는지를 먼저 생각해 보라. 내가 지원한 회사에 들어가기 위해서 그 회사의 면접관에게 나를 소개하는 중이다. 그렇다면 당연히 회사에 대한 관심도 어느 정도는 보여야 면접관의 구미를 더욱 당기게 하지 않겠는가? 따라서 앞에서 이야기한 나의 역량들이 회사에서 필요한 인재상에 어떻게 부합될 수 있는지를 이야기하면서 회사에 대한 관심과 애정을 보여주는 것이 좋다. 시간관계상 이 모든 내용을 다 포함할 수 없다면 '창의적인 인재를 필요로 하는 ○○회사에 저의 이런 역량들이 충분히 빛을 발휘할 수 있을 것으로 생각합니다'와 같이 마지막에 회사명이라도 한 번씩 언급하는 성의를 보이자.

⊙ 이것만은 알아두자

1분 자기소개, 이것만은 주의할 것

'나는 초등학교, 중학교, 고등학교를 거쳐 이렇게 살아왔다'라는 연대기식 나열은 피하라. 가족 소개나 성장 과정에 너무 초점을 맞추지 마라. 자기소개는 말 그대로 자기를 소개하는 것이다. 그런데 간혹 자기소개는 앞에 인사말이 전부이고 뒤부터는 모두 가족에 대한 이야기이거나 어렸을 때의 이야기를 위주로 내용을 구상하는 지원자들이 있다. 면접관이 알고 싶어 하는 것은 가족이 아니라 본인에 대한 이야기이며, 지나간 지원자의 성장과정에 대한 이야기가 아닌 지원자의 역량과 능력을 알고 싶어하는 것이다.

가족이나 성장과정에 대한 일화가 본인이 지원한 회사와 직무에 특별한 관련성이 있다면 모를까, 그게 아니라면 해당 내용은 과감히 삭제하자. 자기소개 시간은 생각보다 짧다. 그리고 너무 튀는 자기소개는 오히려 마이너스이다. 무엇이든 너무 과하면 좋지 않다. 의지와 열정을 보이는 것은 좋으나 예의를 무시하는 듯한 발언이나 행동, 보기 민망한 장면들을 연출하는 소개법은 면접관의 눈살을 찌푸리게 할 수 있다. 기본은 지키되 다른 지원자와 차별화될 수 있는 자기소개 방법을 연구해 보자. 긍정적인 이야기로 내용을 구상하고 너무 이야기 식으로 길게 전개하지 않는다.

1분 자기소개 기본 패턴과 사례

자기소개 패턴 1

회사명		직무명	
도입 (주장)	안녕하십니까? 물과 같은 존재 최OO입니다.		
사례 본론	새로운 학년이 되어 반이 바뀌거나 다양한 동아리 활동들을 할 때에도 어느 곳에서든 물처럼 사람들과 쉽게 섞이고, 튀지 않지만 꼭 필요한 존재가 되기 위해 노력하였습니다. 그 결과, 처음에는 저를 잘 모르지만 계속 지내다 보면 조직 내에서 다른 사람들에게 꼭 필요한 사람이 되었습니다.		
마무리 각오 기여 · 포부	OO기업에서도 무조건 혼자 튀는 것이 아니라, 언제 어디서나 잘 어울리며 물처럼 꼭 필요한 존재가 되겠습니다.		

자기소개 패턴 2

회사명		직무명	
도입 (주장)	안녕하십니까? OO고등학교 박OO입니다. 잠시 제 얼굴을 봐 주시겠습니까? 저의 별명은 엄마 미소입니다.		
사례 본론	첫째, 엄마처럼 친구들이 어려워하는 질문에 답을 해 주었습니다. 시간을 뺏긴다는 생각보다는 스스로 내용정리도 되었기에 저에게도 큰 도움이 되었습니다. 또한, 가장 많이 받았던 회계질문 덕분에 회계를 더욱 좋아하게 되었고 실력도 키울 수 있었습니다. 둘째, 저는 해마다 월 우수 실천학생으로 뽑혔습니다. 월우수 실천학생은 한 달 동안 가장 바람직하게 생활한 학급친구를 뽑는 투표로, 친구들이 진정어린 동의가 있어야만 선발되는 명예로운 상입니다. 이렇게 저는 튀지는 않지만 언제 어디서나 묵묵히 제 일을 해내는 엄마 같은 사람입니다.		
마무리 각오 기여 · 포부	OO에 입사하게 된다면 평소에는 잘 모르고 있다가도 휴가에 갔을 때 제 빈자리가 크게 느껴지는 존재감 있는 사원이 되겠습니다. 감사합니다.		

자기소개 패턴 3

회사명		직무명	
도입(주장)	안녕하십니까. CCTV와 같은 존재, 최OO입니다.		
관련 강점 역량 + 사례	Challenge 어렸을 적부터 다양한 호기심으로 자격증 취득과 대회 출전을 통해 배운 도전 정신		
	Courage 도전정신을 통해 다양한 활동에 참여하면서 생긴 자신감과 용기		
	Team-Work 배구대회와 합창대회, 조별 과제를 통해 배운 함께 하는 협동심		
	Vision 이러한 인성을 바탕으로 분명한 목표를 구체적으로 세워 지금까지 꾸준히 실천 해 왔습니다.		
마무리 각오 기여 · 포부	도전, 용기, 협동심을 바탕으로 목표를 향해 달려가는 금융감독원의 조사국장 이 되겠습니다. 어디에나 설치되어 주어진 역할을 수행하는 CCTV처럼 맡은 바 에 성과를 이루어 내는 사람이 되겠습니다.		

자기소개 패턴 4

회사명		직무명	
도입 (주장)	OO은행의 예비 몽키 텔러 OOO입니다. 오르지 못할 나무라 생각될수록, 더욱 자주 쳐다보고 올라갈 수 있는 방법을 찾 아보자는 의지로 OO은행을 목표로 준비해 왔습니다.		
관련 강점 역량 + 사례	첫째, 입학 당시 좋지 않았던 성적을 전교 2등으로 끌어 올렸습니다. 뜀틀 뛰기 전 준비운동이 필수적인 요소인 것처럼 기초지식을 쌓기 위해 교과 공부를 충실히 했습니다.		
	둘째, 창업정보경진대회 경제골든벨 부문, 아아경제기자 활동, 창조경제박람회 등 다양한 활동에 참여하여 경험을 쌓았습니다.		
	셋째, 전문적인 지식을 갖추기 위해 펀드투자상담사 등 7개의 자격증을 취득하 였습니다.		

마무리 각오 기여 · 포부	이러한 저의 도전정신과 끈기가 미래를 향해 나아가는 고객에게 안내역할을 성실히 수행할 것입니다. 또한 OO은행이 한국 최고의 글로벌은행으로 도약을 실천하는데 저의 역할이 도움이 되리라 확신합니다.

자기소개 패턴 5

회사명		직무명	
도입(주장)	안녕하십니까? OO투자의 으뜸, 엄지손가락이 되고 싶은 지원자 OOO입니다.		
사례 본론	약속을 의미하는 새끼손가락이 움직이면 자연스럽게 책임이라는 약지가 함께 움직입니다. 이렇듯이 한번 한 약속은 사소한 것이라도 지키려는 신념이 OOO는 "뭘 맡겨도 믿을 수 있어"라는 신뢰를 얻을 수 있습니다. 또한 2년 동안 중창단 활동을 할 때에는 계속되는 연습 때문에 힘들어 하는 단원들을 위해 특유의 센스로 분위기를 밝게 만들었고, 중지처럼 항상 중심에 서서 하나로 단합할 수 있도록 노력하였습니다. 그리고 검지는 한번 시작하면 끝까지 해내는 저의 성실함을 의미합니다. 6년간 오케스트라 활동을 할 때에도 연습에 빠지거나 게을리 하지 않아 동기들 중 마지막까지 남은 몇 안 되는 단원이 될 수 있었습니다.		
마무리 각오 기여 · 포부	저의 책임감, 배려 그리고 성실함으로 항상 노력을 게을리 하지 않고 끊임없이 배우려는 자세를 갖추겠습니다. 그래서 고객님들과 동료뿐만 아니라 누구나 저를 보면 엄지를 올릴 수 있는 으뜸이 되는 신OO 투자 OOO가 되겠습니다. 감사합니다.		

실전에 강해지는 면접의 비법
_실전편

회사지원동기 질문답변 Q. 왜 우리 회사에 지원했습니까?

(1) 질문 의도

채용담당자들은 "입사만 시켜주면 최선을 다하겠다."라는 지원자들의 말을 믿었다. 합격만 시키면 진짜 우리 회사에 올 줄 알았고, 다른 곳에는 안 갈 줄 알았고, 입사하면 오래 다닐 줄 알았다. 그 결과 기업들은 '채용 실패'의 고통을 절감해야 했다. 《핵심인재를 선발하는 면접의 과학》에 따르면 최근 기업들의 채용실패율은 20퍼센트 정도이다. 합격을 해놓고 아예 입사하지 않거나, 입사를 해놓고 금방 그만두는 사람이 생기면 이 때문에 발생하는 직접비용과 기회비용의 낭비는 가볍게 넘길 수 없는 수준이 되었다고 한다. 결국 기업들은 똑똑해지고 현명해졌다. "입사만 시켜주면…."이라는 말은 절대 믿지 않는다. "최고의 기업이기 때문에…."와 같은 추상적인 칭찬에도 넘어가지 않는다. 대신 "왜 다른 회사도 아니고 굳이 우리 회사에 입사하고 싶어하는가?" "우리 회사에 대해 아는 것이 무엇인가?"라고 꼬치꼬치 물어보고, "우리 회사에 대해 제대로 알지도 못하면서 왜 지원했느냐?"라고 따진다.

스펙이 좋다고 다 욕심내지 않는다. 배경이 아무리 화려해도 애초에 우리 회사에 올 사람이 아니라고 판단되면 과감히 포기한다. 진짜 우리 회사의 가족이 되어 오랫동안 기업의 문화와 비전을 공유하며 함께 성장할 사람만 뽑는다. 면접장에 들어오는 면접관의 첫 번째 관심이 바로 이것이기 때문에 지원이유에 대한 철저한 답변 준비가 필요한 것이다.

(2) 답변 방법

지원자가 우리 회사에 대해 제대로 알고 지원했는지, 회사에 대한 관심과 입사 열의가 얼마나 있고 우리 회사를 지원하기 위해 그동안 얼마나 준비해 왔는지 알고자 하는 질문이기 때문에 지원회사의 정보를 최대한 파악하라. 지원회사에 대해 얼마나 많은 정보를 알고 있고 그동안 어떻게 관심이 있었는지 확실히 보여 줘야 한다. 단순히 대기업, 인기 있는 기업, 복지가 좋은 기업이라는 답변은 금물이다.

(3) 답변 예제

잘못된 사례 ⊗

귀사는 우리나라 최고의 기업이고, 현재는 세계무대를 향해 초일류 글로벌기업으로 성장해나가고 있기 때문에 귀사에 취업하는 것은 개인적으로 큰 자랑이라고 생각합니다. '최고의 기업에서 최고의 인재가 되고 싶습니다.'

이 답변은 아무 회사에서나 통할 수 있다. 지원동기 질문에 대한 좋은 답변은 구체적이고 독창적이어야 한다. 회사에 대한 관심이 많다는 것을 보여주어야 한다. 관심이 많다는 것을 구체적으로 보여주려면 지원한 회사에 대해 공부한 내용이 포함되어 있고, 공부한 사항을 바탕으로 그 회사에만 해당하는 지원동기를 표현하는 것이 좋다.

Q. 우리 회사에 어떤 이유로 지원하였는지 간단히 말해보세요.

올바른 사례 ⊙

초등학교 때, 아버지와 함께 ○○은행에 가서 처음으로 제 통장을 만들었고 지금까지 용돈을 그 통장에 저축하고 있습니다. 초등학교 선생님이셨던 아버지는 어려서부터 은행의 역할과 중요성에 대해서 저희 자매들에게 항상 말씀해 주셨으며 저 역시 은행에 대한 선망을 가지고 성장했습니다. 기업의 성장을 위한 자금을 지원하고 개인 고객들에게는 재산 증식의 기회를 제공하는 은행의 역할은 우리 사회에서 매우 중요하고 저의 직업으로서도 매력적이었습니다.

은행 간의 경쟁이 매우 치열한 요즘, 우리나라의 선도은행으로서 ○○은행 또한 더욱 적극적으로 고객중심의 마케팅을 해야 할 것입니다. 밝고 긍정적인 제 성격과 학교에서 배운 예절과 태도, 그리고 금융관련 자격증 취득을 통해 ○○은행의 실제업무에 접목해, 은행 특유의 딱딱함을 깨고 고객이 집처럼 자유롭고 편하게 방문하여 투자와 대출을 상담할 수 있는 ○○은행을 만들어 보고 싶어 지원하였습니다.

제가 힘들 때 ○○엔지니어링 대표이사님의 자서전을 읽고 다시 일어설 수 있었습니다. 처음에는 대표이사님 개인의 고난극복 스토리에만 관심을 뒀는데, 읽어나갈수록 ○○엔지니어링이 얼마나 많은 고통을 헤치고 지금의 위치에 서게 되었는지를 절실하게 느낄 수 있었습니다. 책 내용 중 저의 관심을 끈 것이 하나 있었는데, 그것은 현재 개발 중인 기술에 대한 것입니다. 당장은 상용화되기 어렵지만, 지속적인 연구와 개발이 이루어진다면 시장의 판도를 바꿔놓게 되지 않을까 합니다. 가까운 미래에 세상을 깜짝 놀랄 기술을 개발하는데 저의 열정을 보태고 싶어 ○○엔지니어링에 지원하게 되었습니다.

Q. 우리 회사가 당신을 뽑아야 하는 이유 세 가지를 말해보세요.

첫째, 영업직은 다른 어떤 직업보다 자기관리가 철저해야 하는 분야라고 생각합니다. 저는 고등학교 1학년부터 지금까지 꾸준한 웨이트 트레이닝으로 신체관리를 해왔습니다. 아무리 피곤하더라도 최소 일주일에 3일은 피트니스센터에 가서 한 시간가량 운동하며 규칙적인 생활을 해 왔습니다. 이러한 저의 자기관리 능력은 성실함과 튼튼한 체력까지 보증할 수 있습니다.

둘째, 영업사원은 누구보다 열정적이고, 상대방을 배려하는 마음이 있어야 한다고 생각합니다. 중학교부터 지금까지 꾸준하게 교회봉사팀에서 지역 독거노인과 결손가정을 돕는 봉사활동을 한 경험이 있습니다. 이렇듯 자신보다 상대를 아끼고 위하는 따뜻한 마음이 배어 있는 사람이라고 감히 말씀드릴 수 있습니다.

마지막으로, 영업사원은 신뢰감을 주는 목소리를 가지고 있어야 한다고 생각합니다. 차분하면서도 너무 무겁지 않고 부드럽게 느껴지는 제 목소리는 신뢰감을 느끼게 합니다.

직무지원동기 질문답변법 Q. 왜 이 직무(일)에 지원했습니까?

(1) 질문 의도

"다른 회사도 아니고 왜 우리 회사를 선택했나요?"라는 질문에 구체적으로 답을 하기에 합격시켰다. 그래서 오래 다닐 줄 알았는데 1년도 채 안 되어서 지원자는 사직서를 들고 왔다. 그 이유는 '업무가 적성에 맞지 않는다'였다. 이 지원자는 면접 때 이렇게 말했었다. "무슨 일이든 시켜만 주시면 열심히 하겠습니다."

기업은 '우리 회사에 입사하고 싶어 안달이 나 있는데 업무가 무슨 상관이겠어?' 라고 생각하면서 이 지원자를 합격시켰지만, 지원자는 1년도 되지 않아 퇴사하고 말았다. 이제 기업은 이러한 상황을 미연에 방지하기 위해서 "다른 회사도 아니고 왜 우리 회사입니까?"라는 질문 후에 반드시 "다른 업무도 아니고 왜 하필이면 이 업무에 지원했습니까?"라는 질문을 던진다. 당신은 입사 후 1년 내에 퇴사할지도 모른다고 불안해하는 채용담당자를 안심시키기 위해 어떻게 답변해야 할까?

(2) 답변 방법

지원직무에 대해서 충분히 분석한다. 지원직무에 대해서 관심을 두게 된 이유, 직무에 지원하기 위해서 무엇을 준비했는지, 지원직무와 관련해서 어떤 역량과 강점을 가졌는지를 설명한다.

(3) 답변 예제

잘못된 사례 ⊗

'귀사에서라면 그 어떤 일도 할 수 있습니다. 저는 어떤 환경이든지 빨리 적응합니다. 맡겨만 주십시오. 빠르게 적응하여 남들보다 더 많은 성과를 내겠습니다.'

앞의 질문 의도 내용을 제대로 읽은 분이라면 이 답변이 왜 채용담당자들이 싫어하고 믿지 못하는지 잘 알 수 있을 것이다. 아직도 '우와, 정말 훌륭하고 멋진 답변이다'라고 생각한다면 아예 합격통보를 받을 생각은 하지 않는 것이 좋다.

Q. 우리 회사에서 어떤 일을 하고 싶으신가요?

올바른 사례 ◉

저는 인사팀에서 일하고 싶습니다. 선배를 통해 인사팀 업무도 세분되어 있다고 들었습니다. 저는 이 중에서 제도와 보상관련 업무를 하고 싶습니다. 저는 적극적으로 인사제도를 연구하고 개선하여 직원들의 사기를 진작하고, 이를 통해 성과를 극대화할 수 있도록 회사에 기여하고 싶습니다. 보상업무도 매우 중요하다고 생각합니다. 경쟁을 통해 성과를 낼 수 있도록 유도하고, 이에 대한 적절한 보상이 주어진다면 지원들은 더 열심히 일할 것입니다. 성과를 측정하기 위해서는 공정하고 객관적인 평가 기준이 마련되어야 합니다. 제게 기회를 주신다면 OO그룹에 맞는 역량 평가 제도를 도입하는 역할을 하고 싶습니다.

Q. 지원한 부서와 직무에 대해서 본인이 잘할 수 있는 이유를 말해 보세요.

올바른 사례 🎯

저는 업무를 수행하는 데 있어 필요한 전문적인 능력들을 기르기 위해 자기개발에 대한 투자를 아끼지 않았습니다. 학교공부에 충실한 것은 물론이고 워드, 파워포인트, 엑셀 등의 OA를 마스터하고 컴퓨터 활용능력 자격증을 취득하여 업무에 필요한 기초능력을 키웠습니다. 이러한 기능적인 능숙함에 저의 꼼꼼한 성격이 더해져 빠르게 정확한 업무처리 능력을 보여 드릴 수 있을 것입니다.

또한, 교내봉사활동, 교회 유치부 선생님 등의 활동을 통해 조직생활을 경험하고 협력하는 것이 무엇인지를 배웠습니다. 어릴 때부터 아버지께 한자를 배워왔고 얼마 전 한국어문회의 한자능력시험에서 1급 자격증을 취득했습니다. 이는 한자가 많은 서류를 파악하는 데 남다른 능력을 발휘할 수 있다고 생각합니다. 이러한 능력과 경험을 통해 OO기업의 관리업무에 좀 더 빠르게 적응할 수 있을 것입니다.

(1) 질문 의도

꿈은 막연히 하고 싶어 하는 일이나 직업 또는 계획이라고 한다면, 비전은 구체적인 목표, 그에 따른 실천계획과 결과가 있어야 한다. 따라서 비전을 물으면 구체적이고 실현 가능한 계획이 따라와야 설득력이 있다. 자신의 비전은 단순히 'CEO, CFO, 최고의 엔지니어가 되겠다'라는 막연한 꿈을 말하는 것이 아니라, 나의 목표비전는 무엇이고 왜 그것을 가지게 되었는지, 그것을 달성하기 위해 어떤 노력을 하고, 어떤 계획을 세우고 있는지 구체적이고 실질적인 답변을 해야 한다.

그렇다면 면접에서 포부나 비전을 왜 물어볼까? 성공한 지도자일수록 구체적으로 미래를 꿈꾸고 비전을 직원들과 공유한다. 기업은 현재에만 머무르지 않고 1년 후, 3년 후, 10년 후, 30년 후의 목표를 분명하게 세우고 치밀한 계획 하에 목표달성을 위한 끊임없는 도전과 노력을 한다. 그래야 기업은 살아남기 때문이다. 미래에 대한 비전이란 이토록 중요하다. 이것이 없으면 그 조직의 미래는 불투명하다.

이러한 비전은 기업뿐 아니라 개인에게도 중요하다. 자신의 미래에 대해 계획을 세워둔 사람이 그렇지 않은 사람보다 성공 가능성이 크다는 조사결과도 있다. 이러한 능력을 확인하기 위해 기업은 지원자들에게 미래를 그려보라고 요구한다. 여기서 특히 중요한 것은 막연한 미래가 아니라 지원한 기업에 입사했을 때의 구체적인 미래를 그리는 것이다. 장래에 대한 구체적인 계획과 포부가 있는 사람은 업무에 임할 때 매사에 적극적이며 열의를 갖고 일할 확률이 높다는 것을 채용담당자는 경험을 통해서 알고 있기 때문이다.

(2) 답변 방법

반드시 지원회사와 지원업무에 맞게 이상적인 내용보다는 구체적이고 현실적인 내용으로 답변한다. 회사에 대해 어떻게 공헌할지 비전을 제시한다. 해당 직무에 실제로 존재하는 성공사례가 있다면 활용하라. 직무분야에 대한 전문지식을 활용하면 좋다.

(3) 답변 예제

잘못된 사례 ⊗

> 10년 후, 저는 팀장이 되어 있을 것입니다. 팀장으로서 최선을 다하며 위로부터는 유능한 리더라는 평가를 받고, 아래로부터는 존경받고 있을 것입니다.

답변이 너무 막연하다. 창의적이지도 않다. 게다가 성의도 없어 보인다. 또한, 앞에서도 말했듯이 특정직위나 직급이 되고자 하기보다는 어떤 성과를 이루겠다는 식의 표현이 좋다. 자신의 미래를 그리는 것은 분명히 어렵다. 하지만 스스로 회사와 직업을 선택했다면 5년 후, 10년 후의 자신의 모습을 진지하고 구체적으로 그려봐야 하지 않을까?

Q. 입사 5년 후, 10년 후의 자신의 포부를 말씀해 보세요.

올바른 사례 ◎

입사해서 개발해 보고 싶은 것이 있습니다. 현재 석유를 이용한 타이어에서 발전하여 모래를 이용하고, 펑크가 나도 안전하게 달릴 수 있으며 타이어의 상태를 모니터를 통해 확인하여 더욱 안전한 타이어들이 개발되고 있는 것을 보았습니다. 그러나 아직도 개발은 미흡하다고 생각합니다. 제동거리를 단축해야 하고 빙판길에서도 자유롭게 운전할 수 있어야 합니다. 이와 같은 것을 ○○타이어에 입사하여 꼭 이루고 싶습니다. 그리고 10년 후에는 제가 개발한 타이어를 아프리카 지역에 직접 판매하고 싶습니다.

Q. 입사 후 자신의 계획에 대해서 말씀해 보세요.

올바른 사례 ◎

"은행이란 직장생활에서는 자기관리 싸움의 연속이다."

이는 은행에 다니시는 삼촌께서 들려주신 말씀입니다. 자기관리를 잘하는 사람이 진정한 금융인이 될 수 있다는 뜻이라고 생각합니다. 저는 ○○은행의 인재 상에 맞춰 자기관리를 해나가겠습니다. 다양한 분야의 책들을 읽고, 주말에는 문화예술 공연을 자주 접하려고 합니다. 이를 통해 창의성, 사고의 다양성, 개방적 사고 등을 키울 수 있을 것입니다.

고등학교 때부터 해오던 결손가정 돕기 봉사활동도 계속하겠습니다. 봉사활동은 상대방을 배려하는 마음 없이는 할 수 없으므로 고객우선 정신을 키우는 데에도 도움이 될 것입니다. 선배님과 상사 분들을 존경하는 마음으로 모시도록 하겠습니다. 신입사원으로서 큰 조직에 적응하는 첫걸음이라고 생각하기 때문입니다. 프로 금융인이 되는 데 필요한 CFA와 같은 자격시험 공부를 시작하였습니다. 아직은 어려운 부분이 많지만, 은행 업무를 해가면서 경험과 실력이 쌓이면 수년 이내에 시험에 합격할 수 있을 것입니다. 저의 이 모든 계획안에는 '아시아금융을 선도하는 글로벌뱅크'의 핵심인재로 성장하고 싶은 열망이 담겨 있습니다. 만일 OO은행인의 한 사람이 된다면, 앞으로도 저는 OO은행의 성장목표와 저의 인생계획을 맞춰 나가고자 노력하겠습니다.

Q. 우리 회사에 입사한다면 무엇을 해 보고 싶습니까?

올바른 사례 ✓

입사하게 된다면 ○○에서 이작 막 추진하고 있는 종합편성채널 프로젝트에 참여하여 고객의 시각을 담아 보고 싶습니다. 단순히 편리하므로, 고객 지향적이므로 사용해야 한다는 논리가 아니라 기존의 공중파 방송이나 인터넷, 케이블TV 등의 매체에서 느낀 불편함과 고객이 필요로 하는 것들을 파악하여 이를 바탕으로 종합편성채널을 고객지향형 TV포털로 만들고 이를 통해 부가가치를 창출하는 데 제 모든 역량을 쏟아 붇고 싶습니다.

Q. 서울 시내에 있는 중국음식점 전체의 하루 판매액을 계산해 보세요.

(1) 질문 의도

외환위기와 금융위기와 같이 세계적인 불황과 위기, 그리고 치열한 무한경쟁 속에서 기업들은 새로운 시장을 개척하고 수익 창출에 기여할 수 있는 역량을 가진 사람을 채용해야 한다. 특히 여러 역량 가운데 창의성은 기업이 어떠한 상황에서도 수익을 극대화할 수 있는 핵심역량으로 급부상하였다. 그렇다면 과연 창의성을 어떻게 평가할 것인가? 창의성을 평가하기 위해서는 창의성과 관련된 지원자의 과거 성취경험들을 파악하는 것이고, 또 다른 한 가지는 창의성을 파악할 수 있는 갑작스러운 질문을 던져 보는 것이다. 이러한 질문은 던지면 순발력, 재치, 융통성 등 다양한 역량들을 파악할 수 있기 때문이다.

(2) 답변 방법

모범답안도 정답도 없다. 논리성과 침착성이 해답이다. 절대로 "잘 모르겠습니다" "생각이 나지 않습니다" "죄송합니다"와 같은 답변 또는 머뭇거리거나 아예 대답하지 않는 것은 금물이다. 이러한 답변을 하는 순간 당신은 '전혀 창의적이지 않은' '성의가 없는' '자신감이 없는' '전혀 적극적이지 않은' '사고가 유연하지 않은' '배짱도 없는' '순발력이 없는' '논리적이지 않은' 등의 인상으로 낙인찍히게 될 것이다.

도저히 생각나지 않으면 잠시 생각할 시간을 달라고 면접관에게 요청하라. 이러한 요청만으로도 어려운 질문에 답변하기 위해 노력하려는 자세를 인정받게 되어 적극성, 열의, 입사하고자 하는 의지 등의 측면에서 높은 점수를 받을 수 있다. 그러고 나서 주어진 시간에 생각을 정리한 후 답변한다.

(3) 답변 예제

Q. 서울 시내에 있는 중국음식점 전체의 하루 판매액을 논리적인 근거를 제시해 계산하면?

> **올바른 사례** ◉
>
> 하루 총 판매액은 40억 원 정도 됩니다. 서울시는 총 25개 구 약 365개의 동으로 이루어져 있습니다. 한 동에 스무 곳의 중국집이 있다면 모두 7천3백 개의 중국음식점이 서울에 있습니다. 중국음식점 규모에 따라서 매출액은 물론 다 다르겠지만, 평균 하루에 5천 원짜리 짜장면 1백 그릇을 판매한다면 하루 매출이 5십만 원이고 7,300 x 500,000 하면 약 40억 원 정도 된다고 생각합니다.

Q. 서울에 바퀴벌레가 모두 몇 마리 있을까요?

> **올바른 사례** ◉
>
> 저의 집에서 제 눈에 자주 뜨이는 바퀴벌레가 열 마리입니다. 사람들의 손에 죽을 각오를 하면서도 밖으로 나오는 것을 보면 분명히 가족을 거느린 가장 바퀴벌레가 틀림없습니다. 바퀴벌레의 번식력을 고려해 보았을 때, 적어도 한 마리당 1백 마리의 가족을 거느리고 있을 것이고, 이 말은 우리 집에만 최소 1천 마리 이상 있다는 의미입니다. 개인적인 추측으로 서울에 3백만 가구가 있다고 보았을 때, 서울에는 최소 30억 마리는 있지 않을까 합니다. 정말 엄청난 숫자입니다.

Q. 상사가 부당한 일을 시킨다면 어떻게 하겠습니까?

상사의 지시가 부당한 일이라고 느껴지더라도 일단 자리로 돌아와서 다시 한 번 더 생각해 보겠습니다. 먼저 지시한 일이 회사의 규율이나 법과 윤리에 어긋나는지를 알아보겠습니다. 특별히 규율이나 윤리에 벗어나는 지시가 아니라면 상사의 지시에 따르겠습니다. 그런 다음 상사께 제 견해를 말씀드리고 상사의 뜻을 다시 한 번 더 확인하겠습니다. 다만 규율이나 법에 어긋난 지시라면 상사 분께서도 모르고 지시하실 수도 있기 때문에 충분히 조사하여 지시를 이행할 때 발생할 수 있는 법적인 문제에 대해서 설득력 있게 말씀드리겠습니다.

성격 질문답변법 **Q.** 자신의 장점과 단점은 무엇이라고 생각합니까?

(1) 질문 의도

자신에 대해서 정확하게 이해를 하고 있는지 파악하고, 성격의 장·단점이 회사의 문화와 직무에 얼마나 적합한지와 얼마나 진실성 있는 답변을 하는지 파악한다.

우리는 뜻밖에 자기 자신에 대해 잘 모르는 부분이 많기 때문이다. 다른 사람에 대해서는 금방 파악하고 객관적으로 평가하기도 하지만, 나에 대해 객관적으로 파악하기가 생각보다 쉽지 않다. 면접관은 지원자 대부분이 자기 자신에 대해 거짓으로 말하거나, 장점을 과대 포장하거나, 단점을 감추려 한다는 것을 잘 알고 있다. 이러한 이유로 일부러 압박하기도 하고, 스트레스를 주기도 한다.

(2) 답변 방법

지원자 개인에 대한 질문은 보통 지원자가 제출한 이력서와 자기소개서를 기초로 해서 물어보게 된다. 따라서 자기소개서에 적은 성격의 장·단점을 토대로 답변해야 한다. 또한, 자기소개서에서 답변한 내용에 대한 질문에 대한 미리 준비해야 한다.

좋은 답변으로는 직무에 가장 필요한 장점이나 사례를 통해 그 결과나 효과를 말하고, 단점을 인식하는 것으로 끝내지 말고 어떻게 단점을 개선하려고 노력했는지 말해야 한다. 단순 주장이나 열거가 아니라 근거나 경험을 제시하는 것이 좋다.

(3) 답변 예제

잘못된 사례 ⊗

저의 장점은 고등학교에서 모범생으로서 우수한 성적으로 졸업했으며 능통한 외국어 실력, 그리고 다양한 봉사경험이라고 말씀드릴 수 있습니다.

입사하고자 하는 열의가 전혀 느껴지지 않는 답변이다. 면접관이 좀 더 상세하게 설명해보라는 질문을 했을지도 모르지만, 먼저 적극적으로 설명해야 한다. 그래야 입사하고자 하는 열정을 느낄 수 있다. 또한, 스펙만을 강조하는 것이 예전에는 통했을지는 몰라도 요즘은 무엇보다 역량을 강조해야 하고, 그 근거로서 과거의 성취경험을 말해야 한다. 역량평가의 핵심은 '과거에 성취를 해본 사람은 미래에도 성취해낼 가능성이 크다'라는 것을 잊지 말아야 한다.

Q. 자신의 성격의 장 · 단점을 말해보세요.

고등학교 때 제 별명은 '친절한 금자씨'입니다. 그런 별명이 붙을 정도로 주변 친구들에게 다정다감하고 친근하게 대하며, 생일이나 특별한 날은 꼬박꼬박 챙기는 세심한 면이 있습니다. 또한, 친구들의 고민도 잘 들어주는 편인데, 그럴 때마다 친구들은 아무리 복잡한 일이 있어도 저와 얘기 하고 나면 마치 별일 아닌 것처럼 쉽게 고민을 털어버릴 수 있다면서 좋아합니다. 그래서 같은 또래 친구들보다 제 휴대폰에 저장된 전화 번호수가 많은 편입니다.

단점은 매사 일을 처리하기 전에 깊게 생각하다 보니 문제를 해결하는 데 있어 시간을 조금 지체하는 때도 있습니다. 이를 보완하기 위하여 어떤 문제에 대해 혼자서 고민하기 보다는 다른 사람들과의 의견교환을 통해 더욱 빨리 최선의 해결방안을 찾아낼 수 있도록 노력하고 있습니다.

주변 사람들이 저의 장점으로 꼽는 세 가지가 있습니다. 그 첫째는 활달한 성격이고, 둘째는 신중함, 마지막은 체력입니다. 그중 제일 자랑할 만한 것은 신중함이라고 생각합니다. 활달한 성격과 신중함은 어느 면에서는 모순이라고 느끼실 수도 있을 겁니다. 외향적인 성격이라 어느 자리에서 전 제 개성을 유지하면서도 다른 사람과 잘 어울리고, 문제가 생겼을 때도 적극적으로 해결하려고 애씁니다. 사람들과 있을 때는 늘 밝고 긍정적인 모습을 유지하려고 하지만, 무언가를 고민할 때는 무척 신중한 편입니다. 그 일의 결과를 여러 방식으로 예측해보고 실패할 수 있는 요인을 줄이기 위해 최대한 집중력을 발휘합니다. 그래서 저를 잘 아는 친구들은 신중한 모습을 제 장점 중 최고로 꼽습니다. 신중하게 세운 계획을 추진력 있게 실행해 나가기 위해서 체력이 좋아야 하는 것은 더 말할 것도 없을 것입니다.

Q. 자신의 단점은? 자신의 단점을 어떻게 개선할 것인가요?

저는 정리정돈을 잘 못합니다. 그래서 어렸을 때부터 엄마나 아빠가 늘 방 정리를 도와주셨고, 깔끔쟁이 동생에게 핀잔을 듣기가 일쑤였습니다. 정리정돈을 못 해서 가끔 제가 놓았던 물건도 어디에 두었는지 못 찾을 때도 있습니다. 그래서 문구점에 갈 때 정리에 도움이 되는 소품들을 유심히 보는 습관이 생겼습니다. 예를 들면 작은 핀이나 핀셋 같은 것들을 넣을 수 있는 삼단 서랍장이나, 액세서리를 깔끔하게 정리할 수 있는 진열대 같은 것들이 있습니다. 가방에 동전이나 천 원짜리 지폐를 넣어놓고는 정리를 하지 않아 이후 예상치 못한 돈을 발견하는 때도 잦아서 가방을 올려두는 선반 앞에 '가방 정리'라고 써 붙여 놓기도 했습니다.

제가 정리를 못 하는 단점은 반대로 장점으로 작용할 때도 있습니다. 예를 들면 제 책상 앞에 메모지가 가득 붙여져 있는데 그곳엔 혹시 어지러운 책들 사이에 있어 잊고 하지 못할 뻔했던 숙제나, 신문에서 본 유용한 기사들 같은 것들이 메모되어 있습니다. 주변정리를 잘하지 못해서 생긴 단점이 필요할 때 늘 메모를 하는 습관을 기르게 해 주었습니다. 앞으로도 정리하는 습관을 기르는 것과 동시에 메모를 잘하는 연습을 해 나갈 것입니다.

경험 질문답변법 **Q.** 고등학교 생활에서 어떤 경험을 하셨나요?

(1) 질문의도

기업이 지원자의 역량을 판단하는 기준은 바로 '지원자의 과거'이다. 기업은 지원자의 과거가 궁금하다. 앞서 밝혔듯이 역량평가의 핵심기준은 '과거의 성취경험'이다. 지원자의 과거를 유심히 파악하면서 그의 미래를 미리 예상한다. 이제 기업이 지원자의 경험에 왜 그렇게 관심이 많은지 이해가 갈 것이다. 게다가 경험을 물어볼 때 어떻게 답을 해야 할지 잘 알 수 있을 것이다.

(2) 답변 방법

경험에 관련된 질문에 대한 답변 요령은 다음과 같다. 얼마나 많은 활동을 했느냐 또는 활동에 대한 상세한 설명도 중요하지만, 그것보다도 절대 빠져서는 안 되는 것은 그러한 경험들을 통해 자신은 무엇을 얻었느냐 하는 점이다. 여기서의 무엇이란 '역량 · 가치관 · 느낌' 등을 말한다. 경험에 대한 질문은 참으로 다양하다. 따라서 미리 몇 가지 기본적인 질문들에 대해서 준비해두는 것이 좋다.

· 학교생활 중 가장 기억에 남는 것은 무엇인가?

· 인생에서 가장 기뻤던 일은 무엇인가?

· 실패한 경험과 그것을 어떻게 극복했고 무엇을 얻었는가?

· 봉사는 얼마나 했는가?

· 가장 재미있는 과목은 무엇인가?

· 학교 밖에서 한 활동들은 어떤 것들이 있는가?

· 동아리활동은 무엇을 했는가?

(3) 답변 예제

잘못된 사례 ⊗

저는 1학년 때는 반에서 회장을 맡아 다양한 활동을 통해 리더십을 배웠습니다. 그리고 음악 동아리활동을 하였는데 총부를 맡아 매년 1회씩 정기공연을 하였습니다. 2학년 때부터는 교외봉사활동을 통해 다른 학교 학생들과 많은 교류를 하였습니다. 저는 고등학교에 다니면서 다양한 활동을 통해 많은 경험을 할 수 있었습니다.

참으로 활동적인 지원자이고, 열심히 살아왔다는 느낌이 든다. 그러나 뭔가 중요한 것이 빠졌다. 활동을 얼마나 많이 했느냐의 여부도 중요하지만, 이보다 더 중요한 것은 그러한 경험들을 통해 무엇을 얻었느냐 하는 것이다. 여기서 말하는 '얻은 것'이란 역량으로 표현하는 것이 좋다. 게다가 나열식으로 일일이 경험을 다 얘기할 필요는 없다. 가장 중요하고 기억에 남는 순간을 중심으로 얘기하는 것이 좋다.

Q. 당신이 고등학생으로서 했던 활동 중 가장 기억에 남는 것은 무엇입니까?

올바른 사례 ⊙

저는 동아리와 봉사 등 참으로 다양한 활동을 하였습니다. 그중에서 교내방송기자로 활동했던 시기를 말씀드리고 싶습니다. 다른 사람들이 상상하는 것 이상으로 학생기자로서의 생활은 매우 바쁘고 치열하였습니다. 방송이 제 날짜에 나오게 하여 기획에서부터 인터뷰, 편집까지 완성하려면 피를 말린다는 표현을 할 정도로 힘들 때가 한두 번이 아니었습니다.

편집 때마다 밤을 새워야 했지만, 학교공부도 소홀히 하지 않으려다 보니 솔직히 그만두고 싶다는 생각을 여러 번 했었습니다. 그러나 저는 포기하지 않고 끝까지 기자 업무를 수행하여 편집장의 직무까지 수행하였습니다. 저는 기자 생활을 하면서 끈기, 추진력, 성실성, 도전정신, 리더십 등의 역량을 얻을 수 있었습니다.

Q. 학창시절 가장 뿌듯했던 경험은? 왜 뿌듯했나요?

올바른 사례 ⊙

중학교 3학년 때 저의 어머니와 반 친구들이 십여 명이 보육원에 봉사활동을 갔던 일입니다. 어머니께서는 독실한 기독교 신자로서 봉사활동을 왕성하게 하십니다. 하루는 어머니께서 일일교사로서 수업하신 적이 있었는데 봉사활동을 나가는 보육원에 대해서 말씀하셨습니다. 어머니를 통해 알게 된 보육원에 학급 친구들의 관심이 높아졌고 결국 봉사활동을 가기로 했습니다. 어머니의 도움으로 소요비용은 반에서 모금하고 프로그램을 직접 짜며 게임을 위한 준비물도 만들어 가는 등 무척 재미있고 보람찬 하루를 보냈습니다.

참가한 친구들 모두 만족스러워하는 모습을 보며, 이런 기회를 만든 것이 저의 어머니 덕분이라는 것이 무척 자랑스러웠습니다. 더군다나 이날의 행사를 우리의 자발적인 의사로 진행하고 우리 손으로 직접 준비했다는 점이 뿌듯하였습니다.

기업이란 사람과 사람이 모여 공동의 목표를 이루기 위해 일하는 곳이므로 개개인의 능력에 앞서 사람의 인성과 적성을 더 중요하게 생각한다. 인성과 적성은 쉽게 바뀌지 않기 때문에 기업은 더욱 관심을 두고 사람 됨됨이를 평가하는 것이다. 물론 면접관에 따라 어느 정도 주관적일 수 있지만, 뭐라 해도 인성과 적성은 면접에서 가장 중요한 부분을 차지한다. 특히 면접의 40퍼센트를 좌우한다고 말할 만큼 가장 중요한 지원자의 첫인상과 면접태도를 통해 성격과 기질, 열정, 성실, 신뢰, 긍정, 적극성 등을 평가한다.

PART 5

면접 이미지 메이킹,
이것만은 꼭
알 아 두 자

이미지,
능력만큼 중요하다

우리가 상품을 고를 때 비슷비슷한 조건의 상품들이라면 먼저 디자인을 보고 선택하게 되는 것처럼 사람도 마찬가지이다. 좋은 이미지로 나의 가치를 한층 업그레이드할 수 있다. 실력이 비슷하다면 실력 외에도 호감 가는 이미지를 가진 매력적인 사람을 먼저 선택하게 된다. 이미지는 나의 몸값을 결정하는 데에 큰 영향을 미친다. 면접에서 좋은 결과를 얻고 싶은가? 그렇다면 먼저 자신의 이미지를 분석해 보는 시간을 가지는 것이 필요하다.

나의 이미지를 객관적으로 체크해 보라

본인의 이미지를 스스로 체크해 보는 시간을 가져보는 것이 좋다. 웃는 표정은 자연스러운지, 패션 스타일은 어떠한지, 걸음걸이는 이상하지 않은지 등 본인의 평소 행동 스타일을 점검해본다. 그런 후에 '나'라는 사람을 떠올렸을 때 가장 먼저 그려지는 이미지가 무엇일지 스스로 생각하고 답변을 종이에 적어 본다. 다시 말해 사람들에게 비춰지는 나의 첫 이미지, 나를 대표할 수 있는 이미지가 무엇인지를 스스로 생각해 보는 것이다.

> **(예)** 나는 활동적이고 수다스러운 이미지를 가졌다.
>
> 나는 카리스마 있는 장군의 이미지를 가졌다.

여기까지 끝냈으면 이제 더욱 중요한 일만 남았다. 나의 이미지를 스스로 체크해 보는 것도 중요하지만 다른 사람이 생각하는 나의 이미지는 어떠할지 객관적으로 한번 체크해 보는 것이다. 주변 지인들에게 나의 첫 이미지는 어떠했었는지 또 지금의 이미지는 어떠한지 한번 인터뷰해 보라. 물론 인터뷰하면서 생각지도 못했던 상대의 답변에 당황하게 될 수도 있고 인정하기 싫은 답변을 들을 수도 있다. 내가 생각했던 나의 이미지와 타인이 생각하는 나의 이미지가 정 반대로 나올 수도 있기 때문이다.

예를 들어 나는 굉장히 여성스러운 이미지에 밝은 성격의 소유자라고 생각했었는데 상대방은 나를 중성적인 이미지에 내성적인 성격을 가진 사람이라고 생각할 수도 있다. 충분히 당황할 수 있는 상황이겠지만 차분하게 상대의 말을 끝까지 들어보면서 왜 그렇게 느끼는지에 대해 질문해보길 바란다. 나의 이미지를 좀 더 객관적으로 파악해 볼 수 있는 소중한 기회가 될 수 있다.

나는 어떤 사람?

혹 나의 이미지가 내 눈에 비쳐질 때만 호감적이라면 본인의 이미지를 바꿔보려 노력해보라. 다른 사람이 인정해 주지 않는 이미지는 결코 호감적이라 할 수 없으며 나를 대표할 수 있는 이미지라 할 수 없다. 이미지라는 것은 내가 만들어 내는 것이지만 그것이 진정한 나의 이미지가 되려면 내가 생각한 나의 이미지가 다른 사람에게도 동일하게 비쳐져야만 한다. 면접에서 좋은 점수를 얻고 싶은가? 그렇다면 먼저 주변 지인들에게 호감적인 이미지를 가진 사람이 되길 바란다.

면접관에게 호감 가는 이미지를 심어라

그렇다면 면접관은 어떤 이미지를 가진 지원자에게 호감을 가질까? 정답은 간단하다. 회사에서 원하는 인재상, 그리고 지원자가 희망한 직무에 가장 적합한 이미지를 가진 사람이다. 따라서 면접을 보러 가기 전 기업에서 필요로 하는 인재상이 무엇인지를 파악하고 그에 해당하는 이미지를 연출해 가는 것이 좋다. 예를 들어 영업직에 지원하는 지원자라면 밝은 표정이나 말투, 깔끔한 옷차림을 통해 사교적이고 친근한 이미지를 면접관에게 보이는 것이다.

면접 전 지원한 기업에 직접 방문해 직원들의 스타일을 분석해 보는 것도 좋다. 직원들의 옷차림이나 이야기를 통해 기업 분위기를 미리 파악해 볼 수 있는 좋은 기회가 될 수 있기 때문이다. 기업은 한번 일하고 말 사람을 뽑는 것이 아니라 자신들과 함께 오래 일할 사람을 원하기 때문에 본인 회사의 이미지와 잘 어울리는 이미지의 지원자들에게 더 친근감을 느끼고 관심을 가질 수밖에 없다.

이미지는 이렇게 결정된다

이미지는 크게 외적인 요소와 내적인 요소로 구분된다. 외적인 요소는 말 그대로 겉으로 보여지는 이미지를 말하는 것으로 헤어스타일, 복장, 메이크업, 표정, 태도, 자세 목소리, 걸음걸이 등을 이야기하며, 내적인 요소는 그 사람 내면에 가지고 있는 인품, 성격, 기질, 습관, 실력 등을 의미한다. 면접에서는 물론 이 두 가지 요소가 다 중요시 된다.

친구의 소개로 소개팅할 때를 한번 생각해보라. 어느 날 친구 한 명이 내게 소개팅을 제의했다. 그리고 친구를 통해 상대에 대한 기본정보를 얻었다. 하지만 친구를 통해 얻게 되는 소수의 정보로 그 사람이 어떤 사람인지 확실히는 알 수 없기 때문에 소개팅을 해야 할지 말아야 할지 고민하기 시작한다. 그런데 이때 친구가 그 사람의 사진을 내게 조심스럽게 건넨다면? 아마도 고민의 시간은 절반으로 줄 것이다.

만약 건네받은 사진 속의 그 또는 그녀가 깔끔한 헤어스타일과 복장에 환한 미소로 나를 반기고 있다면? 아마 친구로부터 들었던 정보들은 '이미 잊은 지 오래고 만나고 싶다'라는 생각이 머릿속을 가득 채우게 될 것이다. 그런데 반대로 사진 속 그가 이해할 수 없는 복장에 어울리지 않는 헤어스타일, 그리고 무표정한 얼굴로 나를 바라보고 있다면? 아마 친구에게 '너 어떻게 이런 사람을 나한테 소개시켜 줄 생각을 해!'라며 서운한 감정을 호소할지도 모른다. 이처럼 우리는 상대에 대한 정보를 많이 가지고 있지 않는 상태에서는 상대의 외적인 요소에 좀 더 집중한다고 할 수 있다.

면접관을 첫 인상에 반하게 하라

새로운 사람을 만난다는 건 누구에게나 설레고 긴장되는 일이다. 그리고 상대방에게 나를 꼭 다시 한 번 만나고 싶은 사람으로 기억되게 하고 싶은 건 우리의 바람이다. 누군가 나를 다시 한 번 찾게끔 만들고 싶은가? 그렇다면 상대방에게 무조건 첫 이미지를 좋게 남겨라. 보통 첫 인상은 2 ~7초 사이에 결정되어진다고 한다.

이 짧은 시간 안에 사람들은 상대의 직업, 나이, 성격, 성실성, 신뢰성 등을 어느 정도 평가할 수 있다. 심리학에서는 초두효과로 첫 인상의 중요성을 이야기한다.

초두효과란 '상대방에게 전달되는 이미지 중에서 먼저 제시된 정보가 나중에 들어온 정보 보다 전반적인 인상 현상에 더욱 강력하게 영향을 미치는 것'을 말한다. 미국의 심리학자 솔로몬 애쉬의 실험을 예로 들면, 실험에서 그는 두 집단의 대학생들에게 가상의 인물에 대한 성격을 묘사한 후에 참가자들에게 그 인물에 대한 인상을 평가해 달라고 했다.

〈가상의 인물에 대한 정보 나열 순서〉

A집단 똑똑하다 – 근면하다 – 즉흥적이다 – 비판적이다 – 고집이 세다 – 시기심이 많다

B집단 시기심이 많다 – 고집이 세다 – 비판적이다 – 즉흥적이다 – 근면하다 – 똑똑하다

즉, 같은 성격을 이야기하는데 A집단에게는 긍정적인 단어를 먼저 제시했고 B집

단에게는 부정적인 단어를 먼저 제시한 것이다. 가상인물에 대한 두 집단의 평가가 어떻게 나왔을까? 긍정적인 이야기를 먼저 들었던 A집단이 부정적인 이야기를 먼저 들었던 B집단 보다 가상의 인물을 훨씬 긍정적으로 평가했다.

한 사람이 가지는 이미지는 다양하지만 그 다양한 이미지 중에서 어떤 이미지가 상대방에게 먼저 제시되느냐에 따라서 첫 인상이 확연히 달라질 수 있음을 보여주는 실험이었다. 면접에서도 마찬가지이다. 첫 이미지가 좋은 A지원자와 첫 이미지가 좋지 않은 지원자가 동시에 면접을 보고 있다고 생각해 보자. 면접관이 두 사람에게 동일한 질문을 던졌다. 그런데 두 지원자 모두 대답을 하지 못했다면? 대답을 못했기 때문에 어느 정도의 감점은 있겠지만 그 감점의 폭은 첫 이미지가 어떠했는지에 따라 달라질 수도 있다^{아래 그림 참고}.

즉, 첫 이미지가 좋았던 지원자가 대답 못했을 경우에 면접관은 그 이유를 면접관

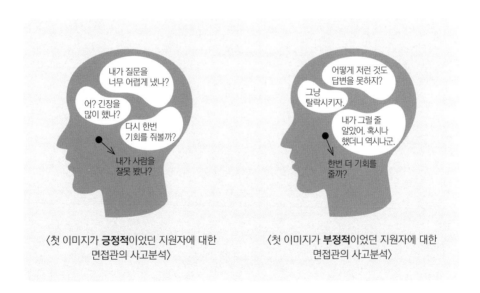

〈첫 이미지가 **긍정적**이었던 지원자에 대한
면접관의 사고분석〉　　　〈첫 이미지가 **부정적**이었던 지원자에 대한
면접관의 사고분석〉

본인이나 환경적인 요소에서 찾으려고 하는 반면에, 첫 이미지가 좋지 않은 지원자가 대답을 못했을 경우에는 그 원인을 지원자에게서 찾을 경향이 크다는 것이다.

소위 우리가 말하는 스펙이 좋고 면접관과 취업 전문가들이 말하는 다양한 면접 스킬을 면접에서 활용하였음에도 면접에서 계속해서 떨어지는 지원자라면 본인의 첫 인상을 객관적으로 평가해 보자. 앞에서 이야기했듯이 본인 스스로는 본인의 첫 인상이 굉장히 좋다고 생각할 수 있지만 상대방은 전혀 그렇게 느끼지 않을 수도 있기 때문이다. 첫 인상은 관리하기에 따라 얼마든지 좋아질 수 있다는 것을 잊지 말자.

📋 핵 심 정 리 〰〰〰〰〰〰〰〰〰〰〰〰〰〰〰〰〰〰〰〰〰〰〰〰〰〰〰〰〰〰

초두효과 : 먼저 제시된 정보가 나중에 제시된 정보보다 전반적인 인상형성에 더 큰 영향을 끼친다. → 2~7초 사이에 이루어지는 면접관과의 첫 만남이 전체 면접의 흐름을 좌우할 수도 있다.

좋은 이미지가 좋지 않은 이미지로 바뀌는 것은 한 순간이지만, 좋지 않은 이미지를 좋은 이미지로 바꾸려면 엄청난 시간과 절실한 노력이 필요하다. 면접관은 그 시간을 기다려 주지 않는다는 사실을 기억하자.

🔍 **이것만은 알아두자**

첫 인상을 좋게 남기려면 무조건 얼굴이 예쁘거나 잘생겨야 할까? 정답은 당연히 '아니다'이다. 물론 얼굴이 예쁘거나 잘생기면 시선이 한 번 더 가게 되는 것은 사실이다. 하지만 외모가 아무리 출중하더라도 표정이나 말투, 태도가 바르지 않다면 결코 좋은 점수를 받을 수 없다. 면접은 회사와 잘 어울리는 호감형 인재를 찾는 것이지 뛰어난 외모의 소유자를 찾는 곳이 아니다. 취업하고 싶다면 예쁘고 잘생긴 사람이 되기보다는 먼저 호감 가는 사람이 되자.

호감 가는 이미지를 연출하기 위한 4단계 면접 이미지 메이킹

지금까지 사람을 만나는 데에 있어 첫 이미지를 좋게 남기는 것이 얼마나 중요한지에 대해 이야기했다. 면접에서도 면접관에게 긍정적인 첫 이미지를 심어주는 것은 매우 중요한 일이다. 면접에서 지켜야 할 기본 매너표정, 인사, 태도 및 자세, 용모복장에는 어떠한 것들이 있는지 구체적으로 하나하나 알아보자.

◎ 4단계 면접 이미지 메이킹-표정 연출법

사람을 만날 때 가장 먼저 보게 되는 곳이 어디일까? 아마 대부분이 얼굴일 것이다. 이 말은 면접관 역시 지원자를 처음 볼 때 지원자의 얼굴을 먼저 볼 확률이 매우 크다는 것을 의미한다. 따라서 면접에서 자연스럽게 웃는 모습을 보여주는 것은 매우 중요하다. 그럼 우리는 평소에 잘 웃을까? 영국에서 발표된 통계자료에 따르면 사람이 태어나서 생후 2~3개월 까지는 하루에 평균 400번 정도 웃는다고 한다. 생각해 보라. 아이들은 조그마한 움직임만 보여도 까르르 하면서 웃곤 하지 않는가. 그런데 이렇게 잘 웃던 아기가 커가면서 웃음을 조금씩 잃어가 6살이 되면 하루에 300번 정도 웃고 성인이 되면 하루에 많게는 100번 적게는 14번밖에 웃지 않는다고 한다. 하루에 단 한 번도 웃지 않는 사람도 많이 있다. 당신은 어떠한가? 웃음이 많은 사람인가? 아래의 웃음 지수 체크를 통해 나는 평소에 잘 웃는 사람인지 한번 점검해 보자.

나의 웃음 지수는? (캐나다 '캐트린 펜익'의 웃음지수 활용)

1 배꼽을 잡고 웃는 적이 종종 있다. ☐
2 나는 다른 사람과 어울리기 좋아하는 재미있는 사람이다. ☐
3 내 유머감각은 나의 사교성을 돕는다. ☐
4 나는 자연스럽게 활동한다. ☐
5 적당한 상황에서는 우스꽝스럽게 행동해도 괜찮다고 생각한다. ☐
6 나는 시간을 정해놓고 정기적으로 웃고 논다. ☐
7 나는 내 자신의 실수를 보고 웃을 수 있다. ☐
8 나는 어려운 상황에서 웃음으로 국면 전환을 한다. ☐
9 나는 다른 사람들이 즐겁도록 유머를 사용한다. ☐
10 나는 다른 사람의 기분을 상하게 하는 유머는 피한다. ☐
11 나는 비꼬는 유머나 부정적인 유머를 피한다. ☐
12 대부분의 상황에서 긍정적인 면을 볼 수 있다. ☐
13 나는 휴일이나 공휴일에는 쉰다. ☐
14 내 가족과 친구들은 나의 유머감각을 도와준다. ☐
15 스트레스를 느낄 때 내 유머감각은 균형 잡힌 관점을 갖는다. ☐
16 나는 직장이나 학교에서 웃으며 일하는 것에 익숙하다. ☐
17 나는 휴식을 먼저 하고 일은 다음에 한다. ☐
18 내 유머감각은 나의 가장 좋은 성격 중의 하나이다. ☐
19 나는 웃음이 내 건강에 도움을 준다고 생각한다. ☐
20 많이 웃으면 웃을수록 더 기분이 좋다. ☐

전혀 없다 : 1점
아주 드물다 : 2점
가끔 있다 : 3점
종종 있다 : 4점
항상 그렇다 : 5점

총점이 75~100점 사이라면 평소에 웃는 습관이 잘 되어 있는 사람이다. 50~75점은 평균 점수에 속하며 노력을 요한다. 25~50점이라면 낙제 점수다.

◎ 표정이 좋을수록 합격 가능성도 높아진다

면접에서 보여주는 지원자의 표정이 합격/불합격에 미치는 영향이 어느 정도일까? 표정 하나로 합격/불합격이 100퍼센트 결정되어 지지는 않겠지만 결과에 상당한 영향을 미치는 것은 사실이다. 특히 신입직에 지원하는 지원자일 경우 면접에서 긍정적인 표정 연출특히 미소은 필수이다.

이것만은 알아두자

LG전자 인사담당자가 구직자들에게 전하는 소중한 한 마디!

신입직을 뽑을 때 인상을 많이 보는 편이다. 처음 문을 열고 들어올 때 지원자의 얼굴을 보면 자연스럽게 미소가 지어지는 지원자가 있는 반면에 얼굴에 우울함이나 슬픔이 느껴지는 사람들도 많다. 회사의 입장에서는 누구를 뽑을까? 당연히 얼굴에서 어두운 면이 보이는 지원자는 뽑지 않는다.

직장은 하루에도 수많은 사람들이 대면하는 곳이다. 그만큼 사람들과의 원만한 관계가 중요하다. 그런데 표정에 어두움이 묻어나는 사람들은 사람들과 잘 어울리지 못하는 경향이 크며 일에도 소극적일 확률이 크다. 회사에서 신입사원을 뽑을 때에는 무조건 능력이 뛰어난 사람을 뽑는 것이 아니다. 능력보다 중요한 것은 일하고자 하는 의지, 자신감, 솔직함이다. 그리고 이러한 태도는 그 사람의 표정을 보면 알 수 있다. 표정은 거짓을 이야기하지 않는다는 것을 지원자들이 꼭 기억하길 바란다.

핵심정리

타고난 얼굴을 바꾸는 것은 어렵다. 하지만 표정연출을 통해 얼마든지 다른 사람에게 호감형으로 비춰질 수 있다. 밝은 표정, 자연스러운 미소는 주위 사람을 내게로 그러모으는 마법 같은 힘이 있다는 것을 잊지 말자.

면접에서 표정을 통해 보여줘야 할 것은 신입사원다운 열정과 패기, 자신감, 그리고 솔직함이다. 억지 미소, 과한 미소가 아닌 자연스러운 미소를 면접관에게 한껏 보여줌으로서 합격의 문에 한 발짝 더 다가가자.

◎ 면접에서 보여줘야 할 눈과 입의 표정과 미소

눈동자는 항상 눈의 중앙에 오도록 하는 것이 좋다. 간혹 지원자 중에 면접관들과 시선을 맞출 때 얼굴과 목은 움직이지 않고 눈동자만 굴려서 시선을 맞추는 경우가 있다. 앞에서 보면 굉장히 거만해 보일 수 있다. 따라서 시선을 맞출 때에는 눈동자만 굴리지 말고 시선을 맞추고자 하는 대상과 눈높이를 같이 하면서 얼굴과 목을 동시에 움직여 주는 것이 좋다.

또한 상대방의 눈을 바라보며 이야기하는 것에 부담을 느끼는 사람들이 있는데 이 경우에는 상대방의 미간이나 콧등을 바라보며 이야기하면 부담감을 줄일 수 있다. 상대방의 눈을 너무 뚫어지게 쳐다보는 것도 금물이다. 누군가가 정면으로 본인을 10초 이상 바라보다고 생각해 보라. 아마도 심한 압박감을 느껴 그 자리가 불편하게 느껴질 것이다. 따라서 대화 중에 가끔은 시선을 다른 곳으로 돌려주는 배려도 필요하다. 나에게 질문한 면접관만 쳐다보는 것이 아니라 다른 면접들과도 골고루 시선을 마주치도록 한다.

입

입은 가볍게 다물거나 윗니가 살짝 보이도록 하는 것이 좋으며 입의 양 꼬리가 올라가게 한다. 입을 많이 벌려 함박웃음을 짓는 것은 피하자. 상황에 따라 한두 번은 그런 환한 웃음을 보여주는 것도 좋으나 사람이 가벼워 보일 수 있다. 웃는 상을 만들면 된다는 것이지 무조건 큰 함박웃음을 보이라는 것은 아니다.

미소

보통 미소연습을 하라고 하면 대부분의 사람들이 '웃는 걸 뭘 연습까지 해? 그 냥 웃으면 되지'하고 생각하기 쉽다. 하지만 가장 쉬운 것이 가장 어렵다는 말이 있지 않은가. 그냥 웃는 것은 쉬울 수 있지만 미소로서 사람들에게 호감받는 것은 어려운 일이다.

필자의 경우, 20대 초반까지만 해도 그렇게 잘 웃는 사람은 아니었다. 아니 웃 는데 자신이 없었다는 것이 더 맞는 말일지도 모르겠다. 나는 웃는다고 웃는데 거 울에 비춰지는 모습은 그렇게 예쁜 모습이 아니었기에 활짝 웃는 것을 숨기려고 만 했던 것 같다. 하지만 사람들과의 만남에서 미소가 얼마나 중요한지 알고 난 후부터는 쉴 새 없이 미소연습에 집중했다.

실제 필자가 했던 미소연습법 중 한 가지를 소개하겠다. 일단 아침에 일어나서 저녁에 잠들기까지 입의 근육운동과 더불어 계속해서 입꼬리를 올리고 있는 연습 을 했다. 그런데 워낙 웃지 않는 사람이었기에 처음에는 단순히 입꼬리만 올렸을 뿐인데도 5초도 채 지나지 않아 경련이 일어나곤 했었다. 하지만 웃어야 된다는 일 념 하나로 경련이 일어나든 말든 상관하지 않고 계속해서 입꼬리를 올리려 했다.

이런 필자의 모습 때문에 가끔씩 친구들로부터 오해를 사기도 했었다. 생각해 보라. 자신의 앞에 앉아 있는 친구가 뭐가 그리 좋은지 말은 안하고 입 꼬리를 올린 채 계속해서 싱글벙글 웃으며 자신을 쳐다보고 있으니 이상하지 않겠는가. 시도 때도 없이 웃고 있는 필자의 모습에 '바보 같다', '생각이 없어 보여', '가벼워 보여'라도 말들을 했다. 하지만 그렇게 두달 정도 연습했을까? 처음에는 웃는 것 자체가 어색하고 힘들더니 어느 순간 경련이 일어나는 횟수도 줄어들고 웃는 것이 편안해 지기 시작했다. 그리고 지금은 그런 노력들이 있어서인지 아무리 오래 웃어도 경련이 쉽게 일어나지 않고 몇 시간이고 자연스럽게 얼굴에 미소를 머금을 수 있게 되었다. 그리고 많은 사람들 앞에서야 하는 직업을 가진 지금, 미소는 나의 트레이드마크가 되었다.

필자가 이런 이야기를 하는 이유는 노력하면 누구든지 자신 있게 예쁜 미소를 만들 수 있다는 것을 알리고 싶기 때문이다. 아직도 '난 원래 잘 웃지 않는 사람인데?', '난 웃는 모습이 너무 보기 싫어'라고 생각하는 사람이 있다면 지금도 늦지 않았으니 꾸준히 웃는 연습을 해보라. 다만 자연스러운 미소는 절대로 단기간에 만들어 지지 않으니 포기하지 말아야 한다.

좋은 표정을 만들기 위한 얼굴 부위별 근육운동법

눈, 눈썹 운동	볼 운동	입 운동	U자형 스마일 라인 만들기	하/히/후/헤/호 발성법
눈동자를 오른쪽-왼쪽-아래-위로 움직여 본다.	양손바닥을 문질러 따뜻하게 만든다.	입꼬리를 최대한 옆으로 벌리고 10초간 멈춘다.	웃을때 앞니를 드러나게 하는 윗입술과 아랫입술 윗 부분이 만드는 것을 '스마일 라인'이라고 한다. 매력적으로 웃기 위해서는 이 스마일 라인이 U자형의 선을 그리게 되면 좋다. U자형의 스마일 라인을 만들기 위해서는 우선 입꼬리를 집게손가락으로 고정한 후에 손가락 끝으로 입꼬리 근육을 꾹 누른다. 그런 다음 입꼬리를 올려주며 5초간 유지한 후에 원위치로 돌아오면 된다.	정면을 향하고 입을 가장 크게 벌리면서 '하' 소리를 내며 다섯을 센다.
윙크를 한다. 먼저 오른쪽 눈을 약간 강하게 감아주며 다섯을 센다. 반대쪽 눈도 마찬가지로 한다.	얼굴을 감싸서 근육을 풀어준다.	입술을 동그랗게 모아서 최대한 앞으로 쭉 내밀고 10초간 멈춘다.		입꼬리를 양옆으로 한껏 잡아당기면서 '히'라고 소리내며 다섯을 센다.
손을 따뜻하게 한 다음 눈을 지그시 살짝 3초 정도 눌러준다.	양볼을 둥글게 잡고 뺨 근육을 돌린다.	입꼬리를 지그시 눌러준다. 이 동작을 번갈아가며 각각 2초 정도 5회씩 반복한다.		입술을 앞으로 쭉 내밀고 '후'하고 소리를 내며 다섯을 센다.
검지를 눈썹에 대고 눈썹을 위, 아래로 움직여 준다.	풍선을 불 듯이 입안에 공기를 힘껏 불어넣고, 상하좌우로 공기를 이동시킨다.			입을 V자로 만드는 느낌으로 '헤'하고 소리를 내며 다섯을 센다.
				입술을 최대한 동그랗게 만든 채로 '호'하고 소리를 내며 다섯을 센다.

◎ 호감 가는 인상을 만들기 위한 마음가짐

잠들기 전 하루를 되돌아보며 마음을 정리해 보는 시간을 가져본다. 그리고 내가 좋아하는 사람, 동경하는 사람을 머리에 떠올려 보거나, 내가 원했던 것이 실현되는 순간을 머릿속에 그려보자. 그리곤 기분이 최고조에 올랐을 때 나의 표정을 거울을 통해서 확인해 보자. 마지막을 사람과 사물에 대해 긍정적인 면을 보고

자 노력해 보자.

면접에서는 자신감 있는 밝은 표정으로 면접관에게 본인이 가진 강점과 역량을 어필할 수 있어야 한다. 그러기 위해서는 평소에 표정 연습을 꾸준히 해 나가는 것이 가장 중요하다. 면접 당일에는 무엇보다 편안한 마음을 가지고 면접에 임한다. 평소에는 표정연습을 게을리 하다가 면접 당일이 되어서야 '웃어야지' 하고 생각하면 당연히 그 미소는 부자연스러울 수밖에 없다. 자연스러운 미소는 하루아침에 만들어지지 않는다는 점을 꼭 기억하자.

◎ 4단계 면접 이미지 메이킹–인사법 익히기

인사의 중요성

인사人事를 한자로 풀이해 보면 사람인 자에 섬길 사 또는 일사 자로, 사람이면 마땅히 섬기며 해야 할 일을 뜻한다. 우리 속담에도 '인사 잘하는 사람 중에 불친절한 사람 없고, 친절한 사람 중에 인사 못하는 사람 없다고 했다'라는 것이 있다. 인사는 일상생활에서 지켜야 할 가장 기본적인 예절이자 상대방에 대한 존경심의 표현이다. 인사는 스스로의 이미지를 높일 수 있는 기준이 될 수 있다. 인사하는 모습 하나만 보더라도 그 사람의 인성, 자신감, 능력, 성격 등을 어느 정도 파악할 수 있기 때문이다. 또한 면접과 같은 낯선 환경에서 사람을 처음 대할 때에는 인사를 잘 하는 것 하나 만으로도 면접관에게 어느 정도 호감과 신뢰감을 줄 수 있다. 인사는 평범하고도 대단히 쉬운 행위지만 습관화되어 있지 않으면 실천에 옮기기가 어렵다. 따라서 면접에 적절한 인사법을 평상시에 충분히 익혀 놓자.

인사의 종류

인사의 종류

〈목례〉
목례는 눈인사를 이야기하는 것으로 허리를 숙인다기보다는 밝은 표정과 함께 상대방과 시선을 교환하는 인사이다. 그러나 똑바로 서 있는 자세에서 목만 끄덕이며 시선을 마주치다 보면 성의 없이 건성으로 하는 것처럼 될 수 있기에 자연스럽게 상체를 15도 이내로 살짝 숙이면서 하는 것이 좋다. 눈으로 예를 표하는 인사법이기 때문에 부드러운 표정을 짓는다.
면접장에 들어설 때 또는 면접이 끝나고 나갈 때 문 앞에서 면접관에게하는 인사로 적절하다. 간혹 면접관과 시선이 마주쳐야만 목례를 하는 지원자가 있는데 면접관이 쳐다보지 않더라도 하는 것이 좋다. 인사는 윗사람에 대한 기본 예의임을 기억하자.

〈보통례〉
일상생활에서 가장 많이 하는 일반적인 인사법으로 보통 윗사람에게 많이 한다. 지나치게 가볍거나 무겁지 않도록 30도 정도 허리를 숙여 하나에 내려가고 둘에 잠시 멈추었다가 셋, 넷에 천천히 허리를 세우면 된다.
면접에서는 면접장에 들어서서 면접관 앞에 정식으로 섰을 때 하면 된다.

〈정중례〉
정말 중요한 사람이거나 감사 또는 사과하는 마음을 상대에게 진심으로 전하고 싶을 때 하는 정중한 인사를 말한다. 보통 45도 정도 허리를 숙여 하는 인사로 하나 둘에 내려가고 셋에 잠시 멈추었다가 넷, 다섯, 여섯에 천천히 허리를 세우면 된다. 면접에서는 보통례처럼 면접관 앞에 정식으로 섰을 때 하면 된다.

면접에서는 면접장에 들어서거나 나갈 때 문 앞에 서서 간단히 목례를 하고, 면접관 앞에 정식으로 섰을 때에는 보통례나 정중례로 하면 된다. 이때 인사의 각도나 속도보다 중요한 것은 바로 마음가짐이다. 면접관을 처음 만나는 순간인 만큼 바르고 아름다운 자세와 더불어 상대방에 대한 친절, 존경, 공손함이 드러날 수 있도록 진심을 담아 하자.

인사의 바른 자세

면접관 앞에 섰을 때 – 여성

손
오른손을 왼쪽 손 위로 올려 아랫배 살짝 밑 부분에 가지런히 모으고 손등이 보이도록 한다. 이때 손은 몸에서 떨어지지 않도록 하고 손에 너무 많은 힘을 주면 경직되어 보일 수 있으므로 너무 꽉 쥐지 않도록 한다. 겨드랑이는 붙이지 않고 살짝 뗀다.

발
발뒤꿈치를 붙인 상태에서 발의 각도를 15~30도 정도로 만들어 주며, 양 무릎은 가지런히 붙인다.

면접관 앞에 섰을 때-남성

손
차렷 자세를 취하되 계란 하나를 쥐었다고 생각하고 손가락을 가볍게 모아 바지 재봉선 옆에 일치시킨다. 팔은 겨드랑이에 자연스럽게 일치시키면 된다.

발
십일자로 만들어 자연스럽게 서거나 여성과 마찬가지로 발뒤꿈치는 붙인 채로 발의 각도를 30~40도 정도 만들어준다.

면접관 앞에서의 바른 인사법-남성

면접관 앞에 서면 먼저 "안녕하십니까?"하고 말을 한 다음에 허리를 숙이도록 한다. 간혹 말과 동시에 허리를 숙여 인사하는 지원자가 있는데 그럴 경우 본인이 하는 말이 땅바닥으로 전해져 음성이 정확히 전달되지 않고 자세가 흐트러질 수 있다. 따라서 인사는 말을 먼저 한 다음 허리를 숙이는 것이 좋다.

• **시선** 인사하기 전 먼저 면접관을 바라보며 시선을 마주친다. 그런 다음 허리 숙여 인사하도록 하고 시선은 자신의 발끝에서 약 40cm~1m를 쳐다본다. 그리고 상체를 세운 뒤에 다

시 한 번 면접관과 시선을 마주친다.

- 상체 면접관과 시선을 마주친 후 등과 목을 펴고 배를 끌어당기며 허리부터 숙인다.

고개를 숙이는 것이 아니라 허리를 숙여야 한다는 것을 잊지 말고, 등의 기울기로 각도를 조절한다. 허리에 힘을 주어 머리, 등, 허리선이 일직선이 되도록 숙이도록 하고, 턱은 안으로 당긴다. 이때 엉덩이는 지나치게 뒤로 빠지지 않도록 주의한다.

이것만은 알아두자

개별면접이 아닌 그룹으로 조를 이뤄서 면접을 볼 경우에는 보통 제일 처음에 들어가는 사람이 조장이 되어 그 조의 인사를 이끌게 된다. 이때 대기실에서 같은 조로 정해진 조원들과 미리 어떤 식으로 인사할지 상의한 후에 면접장에 들어서면 보다 준비된 자세로 면접에 임할 수 있어 조의 이미지를 높일 수 있다.

면접실에 들어서면 조장은 조원들이 면접관 앞에 모두 자리한 것을 확인한 후에 차렷, 경례를 외치고 인사한다. 여럿이서 인사하기 때문에 속도를 맞추지 않으면 굉장히 어수선한 분위기가 될 수 있으니 대기실에서 미리 인사하는 속도를 맞추어 보면 좋다.

이런 인사는 피한다

표정 없이 하는 인사

무표정한 얼굴로 하는 인사는 하기 싫은데 억지로 하는 듯한 느낌을 줄 수 있다. 앞서 설명한 바와 같이 사람들과의 첫 만남에 있어 표정이 얼마나 중요한 역할을 하는지 알았다면 인사할 때는 반드시 상대방과 시선을 마주친 후 밝은 표정으로 인사해야 한다는 것을 잊지 말자.

할까 말까 망설이는 인사

대인관계가 원만하지 못하고 소극적인 사람으로 비춰질 수 있으니 면접장에 들어서면 면접관이 쳐다보든 쳐다보지 않든 무조건 먼저 인사한다.

기타

고개만 까닥이면서 인사하거나 걸어오면서 하는 인사는 뭔가 불편하고 어색한데 인사는 해야겠기에 어쩔 수 없이 하는 것처럼 보일 수 있으므로 피해야 한다. 특히 고개만 까닥이는 것은 건방져 보이고 상대방을 적대시 하는 듯한 느낌을 줄 수 있기 때문에 반드시 피한다. 또한 공손이 지나칠 정도로 90도 이상으로 허리를 숙여 하는 인사나 온몸을 흐느적거리며 하는 인사도 보는 사람으로 하여금 불편함을 느낄 수 있게 할 수 있으므로 피한다.

◎ 4단계 면접 이미지 메이킹-태도 및 자세

면접에서의 바른 자세/태도는 구직자로서 반드시 갖춰야 할 기본 중 하나이다. 예의와 겸손함이 묻어나면서 자신감 있고 패기 있는 행동을 보여주는 것이 좋다. 특히 신입사원 면접의 경우에는 그 사람이 가지고 있는 역량이나 실제 업무능력보다는 면접에서 보여주는 바른 태도와 자세와 같은 인성적인 측면에 좀 더 무게를 둔다는 사실을 잊지 말자.

서 있는 자세

시선은 정면을 향하도록 하며, 턱은 당겨주는 느낌으로 바닥과 수평을 이루도록 한다. 턱을 너무 아래로 내리면 눈이 치켜떠지므로 앞에서 보면 면접관을 쏘아보는 듯한 느낌을 줄 수 있으니 유의한다.

팔과 다리는 앞선 장에서 다룬 인사하기 전의 자세와 비슷하다고 보면 된다. 여성은 오른손이 왼손 위로 올라가게 하여 아랫배 살짝 밑 부분에 두고 남성은 차렷 자세를 취하면 된다.

상체는 가슴을 펴고 아랫배에 힘을 주어 허리를 곧게 펴도록 한다. 무게 중심을 엄지발가락에 두면 안정감 있게 설 수 있다. 배는 힘을 주어 앞으로 내밀지 않도록 주의하고 전체적으로 위에서 나를 당기는 듯한 느낌이 들도록 서 있으면 된다. 바른 자세는 본인의 실제 키보다 3cm이상 커 보이게 하는 효과가 있다.

걸음걸이

당당하게, 시선은 정면을 향하며 걷는다. 허리로 걷는다고 생각하고 발뒤꿈치에서 발 중앙, 발가락 뿌리 순으로 땅에 닿게 걷는 것이 좋다. 등은 쫙 펴고 어깨는 힘을 뺀다. 보폭은 본인의 어깨 넓이만큼 걷는 것이 보통이나 굽이 높은 구두를 신었을 경우에는 보폭을 줄인다. 또한 무릎 안쪽이 서로 살짝 부딪히는 것을 느끼며 걸어야만 안짱걸음이나 팔자걸음이 되지 않는다. 손바닥은 안으로 향하게 하고 팔은 앞뒤로 자연스럽게 걸음걸이에 맞추어 흔든다.

☑️ 나의 걸음걸이 체크하기

· 등이 굽어지거나 어깨가 많이 흔들리는 채로 걷고 있지는 않은가?

· 표정이 굳어 있지는 않은가?

· 주머니에 손을 넣은 채로 걷고 있지는 않은가?

· 어색함을 감추고자 손을 얼굴이나 머리에 가져다 대며 분주하게 움직이지는 않은가?

· 발자국 소리가 크게 들려 보는 이의 눈살을 찌푸리게 하지는 않은가?

· 신발이 크거나 작아 걸음걸이가 불안정해 보이지는 않은가?

· 땅을 보고 걷고 있지는 않은가?

· 걷는 속도가 지나치게 빠르거나 느리지는 않은가?

· 몸을 흐느적거리며 걷고 있지는 않은가?

앉는 자세

면접관이 자리에 앉으라고 이야기하면 "네" 또는 "감사합니다"라고 이야기 한 다음 자리에 앉자. 간혹 지원자의 상황대처 능력을 보기 위해 지원자가 인사한 후에 면접관들이 수초 간 아무런 이야기를 하지 않은 채 지원자를 쳐다보고만 있거나 다른 곳으로 시선을 돌리는 경우가 있다. 그럴 때는 당황하지 말고 미소와 함께 "자리에 앉아도 되겠습니까?"라고 정중하게 물어봐도 좋다.

여성 : 치마를 입은 여성의 경우에는 스커트를 아래 방향으로 쓸어내리면서 의자에 앉는다. 손은 서 있는 자세와 마찬가지로 오른손이 왼손의 위로 오게 하여 허벅지 위에 올려놓는다. 이 때 너무 짧은 치마 때문에 면접 내내 치마를 아래로 내리는 모습을 보이지 않도록 유의한다.

〈여성의 바른 앉는 자세〉　　　　〈남성의 바른 앉는 자세〉

다리는 십일자 또는 약간 사선으로 향하게 하며 발목을 꺾지 않는다.

남성 : 주먹을 가볍게 쥔 채로 양 손을 양쪽 허벅지에 하나씩 올려두면 된다. 무릎은 정면으로 바르게 하며 어깨너비 또는 어깨너비보다 약간 좁게 벌린다.

공통 :

· 의자의 반 보 앞에 선후, 고개를 살짝 돌려 의자의 위치를 확인하며 앉는다.

· 시선은 면접관을 향하도록 한다. 이때 면접관보다 키가 큰 지원자라면 면접관을 내려다 보는 것보다는 차라리 고개를 약간 숙여서 올려다보는 모습을 보이는 것이 좋다.

· 의자에 앉을 때는 등받이와 등 사이에 주먹 하나 정도 들어갈 여유를 두고 앉는다. 보통 면접이 짧으면 10분, 길게는 50분 이상 진행되는데, 시간이 흐르다 보면 본인도 모르게 의자에 기대게 되는 경우가 있다. 그럴 경우, 앞에서 보면 굉장히 거만한 분위기를 줄 수 있으므로 예방

차원에서 주먹 하나 정도 들어갈 여유를 두고 앉으면 좋다. 또한 너무 의자 앞쪽 끝으로 앉게 되면 면접관에게 갑자기 달려들 것 같은 공격적인 느낌을 줄 수 있으므로 유의한다.

〈앉는 자세의 나쁜 예〉

의자에 너무 기대앉으면 거만하게 보일 수 있다.

다리를 안쪽으로 모으거나 손을 움켜잡고 있으면 긴장하고 있다는 표시가 역력히 드러난다.

다리를 지나치게 벌리게 되면 보는 사람으로 하여금 불쾌감을 유발할 수 있다.

다리를 꼬고 앉거나 손으로 의자를 잡고 있는 자세도 기본 예의에서 어긋나고 보기에 좋지 않으므로 유의한다.

🎯 4단계 면접 이미지 메이킹_용모 및 복장

사람들은 예쁜 옷, 깨끗한 옷을 입게 되면 그 옷에 맞게끔 행동하고자 하는 심리가 있다. 생각해 보라. 우리가 청바지에 티셔츠, 운동화를 신고 나들이를 가게되면 힘들 때는 그냥 땅바닥에 주저앉기도 하고 음료수를 들고 걷게 되더라도 흘렸을 때의 걱정은 그다지 하지 않게 된다. 하지만 예쁘고 고급스러운 옷, 또는 말끔한 정장 차림으로 나들이를 가게 된다면? 힘들어도 옷을 버릴까봐 바닥에 그냥앉지 않고 먼저 주변에 벤치가 있지는 않은지 찾으려 할 것이며, 손에 음식물을들고 걷거나 뛰려 하지도 않을 것이다. 현재 내가 착용하고 있는 복장이 나의 행동과 심리에 영향을 줄 수 있다는 이야기다.

면접도 마찬가지이다. 면접은 기업 관계자와 내가 처음으로 만나게 되는 공식적인 자리이다. 따라서 본인이 평소에 입고 다니는 복장을 그대로 착용해서 가는것이 아니라 면접에 적합한 복장으로 가는 것이 좋다. 운동하러 헬스클럽에 가는데 정장차림을 하고 갈 수는 없는 노릇 아닌가. 때와 장소에 맞는 복장연출은 반드시 필요하다. 그렇다면 면접에는 어떤 복장을 하고 가는 것이 좋을까?

이제 막 고등학교를 졸업하는 구직자들에게는 교복차림이나 세미 정장을 추천한다. 회사에서 반드시 비즈니스 정장을 착용해서 오라고 하지 않는 한 아직 정장차림이 어색한 고등학생이 재킷에 와이셔츠, 넥타이까지 두루 꼭 갖춰 입고 갈 필요는 없다.

그보다는 기본에 충실한 차림으로 단정함과 깔끔함을 면접관에게 보여주는 것이 더 좋다. 보통은 회사에서 구직자들에게 교복이나 편한 옷차림 또는 세미 정장을 입고 오라고 미리 이야기를 해주지만, 혹시 면접복장에 관한 이야기가 없다면 지원한 회사 인사팀에 직접 전화를 해 옷차림에 관한 이야기를 먼저 들어 보고 가는 것도 좋다. 가장 고등학생답고 자연스러운 복장이 좋다. 면접 가기 전에 자신의 복장을 꼭 부모님께 확인받길 바란다.

- 옷 전체에 들어가는 색상은 세 가지 이내로 하는 것이 단정해 보이며, 겉옷은 대부분 검정이나 군청색 등의 어두운 색상을 선택하는 것이 적절하다. 다만 겉옷이 어두울 경우 안에 입는 이너웨어는 밝은 색으로 하는 것이 좋다.
- 블라우스나 셔츠는 기본 디자인의 흰색이나 신뢰감 형성에 좋은 푸른색이 무난하다. 면접 복장인 만큼 지나치게 화려한 색상이나 무늬는 피하는 것이 좋다.
- 유행에 따른 지나치게 붙거나 헐렁한 디자인의 의상은 피한다. 바지는 구두의 발을 약간 덮는 길이가 적당하며 여성의 경우 치마는 무릎길이가 가장 적당하다앉게 되면 치마 길이가 올라간다는 사실을 기억하자.
- 구두의 색상은 검정색과 같은 진한 계열로 착용하는 것이 좋다. 먼지가 뽀얗게 묻어 있거나 굽이 다 닳아 소리가 크게 난다면 단정한 인상을 보여주기 힘들다. 청결에도 신경 쓰자.
- 향수나 짙은 화장은 절대 금물이다. 자연스러움이 최선이다.
- 면이나 실크, 마소재를 입을 경우에는 구김이 많이 가기 때문에 이왕이면 구김이 잘 가지 않는 옷감을 선택하고 면접 전에 음식을 먹게 될 때에는 특별히 주의를 기울여서 옷에 음식물이 튀지 않도록 하자. 면접이 끝날 때까지 최대한 단정하고 깨끗한 모습을 보여주는 것이 좋다.

회사에서 이야기하는 편한 옷차림이란 무엇을 이야기 할까? 간혹 지원자 중에는 편한 옷차림으로 면접을 보러 오라고 했더니 찢어진 청바지에 티셔츠 하나 걸치고 슬리퍼를 신고 면접장에 들어서는 지원자들이 있다. 앞서 얘기했지만 면접장은 친구들과 만나는 사적인 장소가 아니라 회사 담당자와 내가 처음으로 만나게 되는 공적인 자리이다. 옷차림에도 지켜야 할 기본적인 예의는 있다는 사실을 반드시 기억하자.

여성 면접 복장 연출법

대기업이나 공기업의 경우에는 면접 보는 사람도 많고 원리원칙을 중요시하게 생각하는 경우도 많기 때문에 단정하면서 튀지 않는 모든 직종에서 무난히 착용할 수 있는 기본 스타일로 연출하는 것이 좋다. 색상은 주로 검정, 회색, 남색을 많이 선호한다. 회사가 개방적이거나 활동적인 직무에 지원하는 경우에는 너무 어두운 색상의 의상을 착용하는 것보다는 밝은 색상이 들어간 재킷이나 셔츠를 착용하는 것이 좋다.

• 재킷 헐렁한 것보다는 몸에 맞는 사이즈가 좋으며, 허리가 살짝 들어가면서 엉덩이를 약간 덮는 스타일이 좋다.

• 블라우스 · 셔츠 외모가 강한 편이라서 면접관에게 좀 더 부드러운 인상을 보여주고 싶다면 재킷 안에 블라우스를 입는 것이 효과적이다. 반대로 외모가 부드러워 지나치게 여성성이 강조된다 싶으면 안에 셔츠 형을 입음으로써 강한 이미지를 연출할 수 있다. 흰색 블라우스나 셔츠를 입을 경우 에는 속옷이 비치지 않도록 유의하자.

- 구두 구두가 불편하면 걷는 자세나 앉는 자세에서 불편함을 느낄 수밖에 없다. 따라서 지나치게 높은 구두나 본인의 발 사이즈보다 너무 크거나 작은 신발은 피한다. 3~5cm가 가장 적당하며 구두의 모서리는 위압감을 줄 수 있는 날카로운 스타일 보다는 둥근 모양이 좋다. 지퍼나 끈 등의 여밈 부분이 없고 발등이 패인 여성용 구두인 펌프스를 신는 것이 가장 무난하다.

- 기타 여성은 남성에 비해 비교적 다양한 면접 복장을 시도할 수 있지만 기본적인 것은 지키는 것이 좋다. 치마를 입었을 경우에는 반드시 스타킹을 신고 칼라렌즈나 서클렌즈, 컬러 레깅스 등은 피하자. 스타킹은 보통 피부인 경우는 살색, 피부가 약간 검다면 갈색이 좋다. 올이 나갈 경우를 대비해 여분을 꼭 챙겨간다.

남성 면접 복장 연출법

면접 복장으로는 가장 정형화된 스타일의 검정색 정장이나 깔끔하고 도시적인 이미지를 풍기는 남색 정장을 가장 많이 선호한다. 이외 회색 정장은 보수적이고 안정적인 이미지를 줄 수 있으며, 갈색 정장은 부드러운 분위기를 느끼게 한다.

- 셔츠 셔츠는 기본 디자인의 흰색 셔츠나 하늘색 셔츠가 가장 무난하다. 얼굴이 둥근 형이라면 라운드 셔츠칼라 끝이 둥근 것는 피하고 칼라 깃 끝이 뾰족하고 긴 레귤러 셔츠를 고를 것을 권한다. 얼굴이 긴 형이라면 와이드 칼라 셔츠칼라 양 끝이 90도 이상 벌어진 것를 선택하는 것이 좋다.

- 넥타이 넥타이는 바지의 벨트 버클에 살짝 닿는 길이가 가장 적당하며, 세미 정장 스타일에는 폭이 좁은 타이가 좀 더 경쾌한 느낌을 연출해 낼 수 있다. 일반적으로 분홍색 타이는 밝

고 따뜻한 이미지를 주며, 검정은 깔끔하고 세련된 이미지, 감청색은 차분하고 신뢰적인 이미지로 금융권에 지원할 때 착용하면 좋다. 마지막으로 하늘색은 밝고 활동적인 이미지로 IT나 인터넷 관련 기업 면접에 어울린다.

- **구두 · 양말** 구두는 광택이나 색상이 지나치게 튀는 것은 피하고, 본래 정장 차림에는 레이스 업^{끈 장식} 구두가 가장 잘 어울리지만 정장과 세미정장에 모두 다 어울리는 스니커즈도 괜찮다. 양말은 바지 색상과 구두 색상의 중간색이면 무난하지만 검은색과 같이 진한 계열의 색상을 추천한다. 검은색 구두에 흰 양말은 피한다. 또한 목이 짧은 양말은 의자에 앉을 때 바지가 올라가면서 살이 드러나게 되어 단정하지 않게 보일 수 있으니 발목 위까지 올라오는 양말을 착용한다.

피부색에 따른 의상 연출법

- **하얀 피부** 하얀 피부를 가진 사람들은 어떤 색상의 옷을 입느냐에 따라 창백해 보일 수도, 건강해 보일 수도 있다. 화사한 밝은 계열에서부터 회색, 검정색 같은 모노톤과도 잘 어울리지만 너무 밝은 파스텔 톤은 하얀 얼굴을 더욱 창백한 얼굴로 만들 수 있으니 주의한다. 분홍색, 주황색 등 따뜻한 느낌의 붉은 계열의 옷이 잘 어울리며, 채도가 높은 색상일수록 얼굴에 생기를 더해주는 효과가 있다.

- **검은 피부** 어두운 색감보다는 채도가 높은 회색을 선택하거나 겉옷은 검정으로 선택하더라도 이너웨어는 흰색으로 입어주는 것이 좋다. 채도가 낮아 우중충한 색상이나 자잘한 꽃무늬 등은 자칫 촌스러워 보일 수 있기 때문에 주의한다. 소재도 면이나 데님처럼 광택이 없는 소재를 선택하는 것이 좋다.

- **노란 피부** 안에 입는 이너웨어를 청색 계열로 입어주는 것이 좋다. 하얀 컬러도 괜찮지만 피

부 톤이 노란 사람들은 흰색과 아이보리 계통이 노란 피부톤을 더욱더 돋보이게 할 수 있기 때문에 청색 계열을 입어주는 것이 분산을 시켜주는 것이 좋다.

· **붉은 피부** 붉은 피부는 붉은 기를 낮출 수 있도록 푸른 계열의 색상이나 아이보리 색상이 좋다. 연한 색상이라도 피부 톤과 동일한 붉은 색상_{빨강이나 분홍, 자색 등}을 선택하는 것은 붉은 기를 더 강조시킬 수 있으니 유의한다. 강한 느낌의 검정 슈트보다는 부드러운 느낌의 회색 계열이 좋다. 화려하고 디테일이 많은 디자인의 의상보다는 깔끔하고 단정하며 심플한 의상 이 더 잘 어울린다.

체형에 따른 복장 연출법–여성

사람마다 체형이 다르기 때문에 마음에 든다고 해서 무조건 입어서는 안 된다. 본인의 체형에 맞는 의상을 선택해야 보는 이로 하여금 더욱 편안하고 신뢰할 수 있는 이미지를 줄 수 있다. 먼저 여성의 경우는 다음과 같이 연출하면 체형 보완 에 도움이 된다.

· **전체적으로 뚱뚱한 체형** 밝은 색상보다는 어두운 색상을 선택해야 뚱뚱한 체형을 보완할 수 있다. 민무늬의 셔츠가 좋으며, 프린트가 들어가 있는 의상을 착용하고자 한다면 크고 화려한 느낌의 프린트보다는 은은한 무늬의 프린트 의상을 선택하는 것이 좋다. 라인이 또렷하고 빳빳한 옷은 덩치를 작아보이게 한다. 줄이 가로로 들어가 있는 의상은 피한다. 상체비만일 경우에는 목이 파인 V넥이나 U넥을 입고 두꺼운 옷은 피한다. 짙은 색상의 상의 에 밝은 색상의 하의, 허리선이 들어간 옷이 체형을 보완하는데 도움이 된다.

· **전체적으로 마른 체형** 뚱뚱한 체형과는 반대로 어두운 계통의 검정 계열보다는 화사한 느

낌의 따뜻한 원색 계통으로 연출하는 것이 좋다. 큰 프린트나 화려한 패턴이 체형이 체형의 단점을 커버한다.

- 어깨가 좁은 체형 어깨가 좁으면 얼굴이 커 보일 수 있기 때문에 목을 조이는 디자인 보다는 시원한 보트넥옆으로 넓고 앞뒤는 얕게 파낸 옷깃이 어울린다. 어깨에 포인트가 있는 디자인으로 어깨에 볼륨감을 주는 것도 좋다.

- 작은 키 상의에 포인트를 주도록 하며, 선명한 색채도가 높은 선명한 색이나 원색 컬러의 셔츠가 좋다.

체형에 따른 복장 연출법–남성

남성의 경우, 피부 톤이 흰 편이라면 짙은 브라운이나 진하지 않은 블루 색상계열의 색상이 잘 어울리며, 구릿빛 피부에 검은 머리색을 가진 남성이라면 어두운 색보다는 밝은 색 계열의 옷을 선택하는 것이 좋다.

- 작은 키 상, 하의를 같은 색상으로 입으면 키가 작은 단점을 보완할 수 있다. 큰 무늬보다는 작은 무늬가 들어간 의상이 좋으며, 어깨에 패드가 많이 들어간 옷은 어깨가 눌려 키가 더 작아보일 수 있으니 유의하자. 색상선택은 짙은 색상은 축소된 느낌을 줄 수 있으므로 중간 톤이 좋다. 이너웨어는 V존 느낌이 나는 디자인을 고르고 밝은 색상의 넥타이를 연출한다.

- 큰 키 자칫 상대방에게 위압감을 줄 수도 있기 때문에 수평효과를 강조하는 것이 좋다. 상하의는 다른 소재로 택하는 것이 좋고 어깨선을 넓게 하는 것이 축소지향의 효과가 있다.

- 마른 체형 활동적으로 보일 수도 있지만 신경이 예민해 보이고 차가운 이미지로 비춰질 수 있다. 따라서 온화한 이미지가 풍길 수 있도록 약간 밝은 색의 와이셔츠를 착용한다. 넥타이

색상은 진한 감색계통이나 사선의 줄무늬가 엷게 들어가 있는 것이 좋다. 정장 착용 시에는 투버튼이나 쓰리 버튼 디자인의 정장을 착용하는 것이 좋으며 슈트 안에 조끼나 카디건 등을 셔츠와 함께 입으면 마른 체형을 보완할 수 있다. 특히 마른 체형이 검정색을 입게 되면 더 왜소하게 보일 수 있으므로 밝은 회색이나 갈색 등의 의상을 착용한다.

• **뚱뚱한 체형** 우선 밝은 색이나 옅은 색은 피하는 것이 좋다. 너무 꽉 조이는 옷은 뚱뚱한 체형이 더욱 강조될 우려가 있으므로 이왕이면 조금 넉넉한 옷을 선택한다. 어깨의 패드는 많이 들어가지 않은 것으로 하고 넥타이는 청색 계통의 사선 무늬가 있는 것이 단정한 느낌을 연출할 수 있다.

핵심정리

이제 막 고등학교를 졸업한 지원자에게 기업에서 완벽한 비즈니스 정장차림을 원하지는 않는다. 재킷에 와이셔츠, 넥타이까지 완벽한 정장차림을 했느냐 안했느냐가 중요한 것이 아니라 면바지에 티셔츠를 입었더라도 기본에 어긋나지 않게 얼마나 단정하고 깔끔한 이미지를 연출하고 있느냐이다. 면접장은 패션쇼를 하는 곳이 아니다. 완벽한 멋을 추구하기보다는 기본에 충실한 옷차림으로 면접에 임하자.

교복 착용 시 유의할 점

이제 막 고등학교를 졸업한 지원자에게는 기업에서 정장보다는 깔끔한 교복차림을 원하는 곳이 많다. 그러나 본인의 개성을 살리겠다고 통을 줄여 타이트하게 만든 바지나 짧은 스커트, 길이를 변형한 와이셔츠 등은 오히려 좋지 않은 이미지를 줄 수 있으니 유의하자. 교복을 착용했다는 것은 본인이 졸업하는 학교를 대표해서 온 것이나 마찬가지이다. 따라서 책임감을 가지고 단정하고 청결한 상태의 교복차림으로 면접에 임하자. 교복이라고 해서 신경을 쓰지 않는 것이 아니라 찢어진 곳은 없는지 구겨지지는 않았는지 꼼꼼히 점검한다.

〈교복 변형의 잘못된 예-남성〉

• 바지통을 무리하게 줄이거나 넓힌 경우

• 바지 모양 자체를 변형한 경우

〈교복 변형의 잘못된 예-여성〉

• 치마길이를 짧게 변형한 경우

• 재킷 길이를 줄이거나 내의를 치마나 바지 밖으로 내놓은 채 입는 경우

• 소매나 지퍼 등의 장식을 임의로 단 경우

◎ 헤어스타일 연출법 및 기타 체크 사항

헤어스타일은 깔끔하고 단정하게 연출한다. 머리색이 밝을 경우에는 짙은 색으로 염색하는 것이 좋다. 이마와 귀는 감추는 것보다 드러내는 것이 훨씬 자신감 있고 패기 있어 보인다. 이마를 감추어야 할 경우에는 앞머리를 최대한 눈썹 위까지는 보이게 자른다. 헤어 제품을 지나치게 사용하면 오히려 더 부자연스러워 보일 수 있으니 유의한다. 여성의 경우 너무 색상이 화려하거나 디자인이 독특하고 큰 헤어 액세서리는 피한다. 또한 면접날에 임박해서 머리손질을 하는 것은 금물

이다. 아직 본인에게도 어색한 헤어스타일이다 보니 면접장에서 계속 머리에 손이 가게 되면서 부자연스러운 행동을 할 수 있기 때문이다. 따라서 면접 일주일 전쯤 미리 머리를 손질하여 헤어스타일을 완성해둔다.

헤어스타일 연출법 – 여성

- **짧은 단발머리** 단발머리는 단정하고 자신감 있는 이미지를 연출할 수 있다. 앞머리는 깔끔하게 넘기거나 옆으로 단정하게 고정시키며, 앞머리나 옆머리가 얼굴을 가려 면접 중 손이 계속해서 머리 쪽으로 가지 않도록 주의한다. 단, 너무 짧은 단발머리는 개성이 지나치게 강해 보일 수 있으니 유의하자.
- **중간 길이의 머리** 묶기에는 너무 짧고 풀기에는 어깨에 닿아 지저분하게 보일 수 있는 머리이므로 잔머리를 잘 정리해 주는 것이 중요하다. 따라서 묶을 경우에는 묶이지 않은 머리카락은 실 핀으로 단단히 고정하고 풀 경우에는 드라이나 컬링기로 끝부분을 안으로 말아주어 차분하게 만든다.
- **긴 머리** 긴 생머리는 반드시 하나로 묶고 면접에 가도록 한다. 긴 머리를 푼 채로 면접을 볼 경우, 깔끔해 보이지 못하고 계속해서 손이 얼굴이나 머리 쪽으로 가게 되어 집중력을 떨어뜨릴 수 있다. 따라서 단정하게 하나로 묶도록 하며, 이때 머리를 너무 위쪽으로 묶게 되면 어린 아이 같은 이미지가 강조될 수 있으니 유의하자.

헤어스타일 연출법 – 남성

면접관들은 머리가 지저분하게 길거나 특이한 헤어스타일보다 짧고 단정한 헤어스타일을 더 좋아한다. 따라서 머리 손질을 하지 않아서 붕붕 뜨는 머리는 피하고 헤어 제품을 이용해 차분하게 만들어준다. 부드러운 인상을 주려면 앞머리를 위로 올리기보다는 옆으로 자연스럽게 넘겨주는 것이 좋다.

각진 얼굴형은 가벼운 느낌의 커트가 잘 어울리며, 앞머리는 가볍게 잘라 옆으로 넘기는 것이 좋다. 둥근 얼굴형은 윗머리는 볼륨을 살리고 옆머리는 최대한 가라앉혀 줌으로서 둥글게 보이는 얼굴을 보완할 수 있다. 얼굴이 작은 사람은 이마가 많이 드러나도록 헤어스타일을 약간 위로 올려준다. 반면에 뚱뚱하고 얼굴이 크게 보이는 사람은 이마를 살짝 가리고 드라이를 이용해 옆머리를 붙이거나 바짝 자르면 얼굴을 작게 보이게 할 수 있다. 안경 착용 시에는 뿔테보다는 금속성의 테로 하면 스마트한 이미지를 연출할 수 있다.

면접을 위한 안경 착용법

강한 인상의 지원자일 경우에는 부드러운 라운드형의 따뜻한 느낌이 드는 갈색 계열의 안경을 착용하는 것이 좋다. 반면 마른 얼굴형의 지원자라면 안경테가 너무 얇거나 메탈 재질이 강조된 형태는 마른 얼굴을 더 말라보이게 할 수 있으므로 지양한다. 조금 밝은 계열의 뿔테 안경을 착용하면 좋다. 마지막으로 통통한 얼굴의 지원자라면 얼굴에 비해 너무 작은 안경은 피하고, 뿔테 보다는 메탈 안경테를 착용함으로서 스마트한 이미지를 보여준다.

용모 및 복장 체크 리스트

☑ 여성 체크 리스트

구분	체크사항	O	X
머리	– 청결하며 잔 머리는 손질이 되어 있는가?		
	– 앞머리가 눈을 가리지는 않는가?		
	– 헤어 액세서리가 너무 눈에 띄지는 않는가?		
복장	– 구겨지거나 얼룩이 묻어 있지는 않은가?		
	– 다림질은 되어 있으며 먼지나 보푸라기가 있지는 않는가?		
	– 치마나 바지의 단 처리는 깔끔한가?		
	– 치마 길이가 너무 짧지는 않은가?		
	– 속이 비치는 스타일의 옷은 아닌가?		
	– 어깨에 비듬이나 머리카락이 붙어 있지는 않은가?		
손	– 손톱이 너무 길지는 않은가?		
	– 손은 깨끗하게 잘 관리하는가?		
	– 색상이 진한 매니큐어를 바르지는 않았는가? 　(투명 매니큐어는 괜찮다)		
스타킹	– 색상은 적당한가?		
	– 올이 나가거나 늘어지지는 않았는가? 구멍이 나지는 않았는가?		
구두	– 깨끗하게 닦여져 있고 모양이 찌그러져 있지는 않은가?		
	– 뒤축이 벗겨지거나 닳아 있지는 않은가?		
	– 사이즈가 작거나 크지는 않은가?		
	– 하이힐을 신거나 걸을 때 소리가 요란하게 나지는 않은가?		

기타	- 향수 냄새가 강하지는 않은가?		
	- 구취, 액취가 나지는 않는가?		
	- 핸드폰의 전원은 꺼 두었는가?		
	- 면접에 방해되는 액세서리를 착용하지는 않았는가? 커다란 반지, 화려한 시계, 목걸이 등		

☑ 남성 체크 리스트

구분	체크사항	O	X
머리	- 깨끗하게 면도하고 앞머리가 눈을 가리지는 않았는가? 머리를 완전히 밀었거나 장발은 아닌가?		
	- 잠 자고 난 듯한 뒷머리를 하고 있지는 않은가?		
	- 비듬은 없는가? 냄새가 나지는 않는가?		
복장	- 색상, 무늬는 적당하며 먼지나 보푸라기가 있지는 않은가?		
	- 소매부분이나 칼라부분이 더럽지는 않은가?		
	- 칼라부분의 단추가 느슨해 빠질 것 같지는 않은가?		
	- 다림질이 잘 되어 있고 때, 얼룩, 구겨짐은 없는가?		
	- 주머니가 볼록할 정도로 많이 넣지는 않았는가?		
	- 바지 길이는 적당하며, 벨트가 너무 꽉 조여 있지는 않은가?		
손	- 손톱은 길지 않은가?		
	- 손은 깨끗하게 잘 관리하였는가?		

양말	– 양말은 신었는가?		
	– 의상과 신발과 어울리는 색상인가? 검정구두에 흰 양말은 아닌가?		
	– 목이 너무 짧은 양말을 신지는 않았는가?		
구두	– 잘 닦여져 있는가?		
	– 굽이 닳아져 있지는 않은가?		
	– 과한 키 높이 구두를 신지는 않았는가?		
기타	– 구취, 액취가 나지는 않는가?		
	– 향수의 향이 진하지 않고 눈곱이 끼지는 않았는가?		
	– 핸드폰의 전원은 꺼 두었는가?		

이것만은 알아두자

학생신분이거나 학생신분에서 벗어난 지 얼마 안 된 상태에서 과도한 메이크업은 금물이다. 하지만 건조함으로 생기는 주름이나 각질은 깔끔한 인상을 주기 힘들기 때문에 스팀타월을 이용해 간단한 각질 제거와 함께 수분공급은 꾸준히 집에서 해 주는 것이 좋다. 방법은 간단하다. 물에 적신 수건을 전자레인지에 1분 정도 데워 얼굴에 감싸주면 각질을 쉽게 제거할 수 있다. 그런 다음 수분 크림이나 수분 팩을 이용해 충분한 수분을 공급해 주면 촉촉한 피부를 만들 수 있다.

면접 당일에는 수분크림 위에 피부색을 보정시켜 줄 수 있는 비비크림이나 CC크림을 덧발라 주면 좋다.

> # 면접 매너를 정확히 숙지하는
> ## 리허설의 중요성

가수들이 생방송 무대에 오르기 전에 반드시 먼저 하는 것이 있다. 바로 리허설이다. 생방송 전에 진행되는 이 리허설 무대에 얼마나 성의 있게 적극적으로 임했느냐가 본방 무대에서의 성공을 이끌어 낸다. 면접도 마찬가지로 생방송으로 진행되지만 다른 점이 하나 있다면 지원자들을 위한 리허설이 따로 준비되지는 않는다는 점이다. 즉, 리허설은 각자가 알아서 준비해야 한다. 따라서 면접 전에 부모님 또는 지인들과 함께 모의면접 시간을 많이 가져보는 것이 중요하다. 면접장과 비슷한 분위기를 연출하고 면접 때 입을 옷을 미리 착용한 상태에서 최종 리허설을 해 보자. 그래야 실전에서 일어날 수 있는 실수를 미연에 방지할 수 있다. 연습만큼 훌륭한 스승은 없다는 사실 꼭 기억하자.

면접 진행 프로세스 시뮬레이션

기상

면접 당일 날 자료 하나라도 더 보겠다고 아침에 무리해서 일찍 일어나는 지원자들이 있다. 그러나 잠을 충분히 자지 못하면 긴장감에 피로함까지 더해져 극도로 예민해질 수 있다. 오히려 면접에 악영향을 끼칠 수 있으니 잠은 충분히 자도록 하고 면접장에는 최소 30분 전에 미리 도착하여 회사의 분위기에 익숙해지자.

대기실

평가는 면접관들과 직접적으로 대면하게 되는 면접장에서만 이루어지는 것이 아니다. 회사 건물을 들어서는 순간부터 평가는 이미 시작된다. 따라서 회사 내에서는 뛰거나 요란하게 떠들지 말고 불특정 연장자를 만났을 경우에는 가볍게 목례한다. 대기실에서는 조용히 대기실 의자에 앉아 본인의 순서를 기다린다. 본인의 이력서나 자기소개서를 다시 한 번 확인하며 내용을 정리하면서 마음을 편안하게 가지자. 친구와 전화로 수다를 떤다거나 큰 소리로 음악을 듣는 경우, 팔짱을 끼고 다리를 꼬는 행위, 껌을 씹는 행위는 절대 좋은 모습으로 비춰지지 않으니 주의한다. 잠시 자리를 비워야 할 경우에는 반드시 면접의 진행을 도와주는 직원에게 양해를 구하고 자리를 비운다.

입실매너

본인의 이름이 호명되면 먼저 "네"라고 대답한 후에 안에서 소리를 들을 수 있을 정도의 크기로 노크하고 들어간다. 진행요원이 문을 열어주는 경우에는 간단하게 "감사합니다"라고 말한 후 입실한다. 입실한 후 문 앞에서 면접관을 향해 간단히 목례하고 자리로 이동한 후, 의자 앞에서 정식으로 인사한다. 면접관이 앉으라고 이야기 하면 "네" 또는 "감사합니다"라고 말하고 앉는다.

퇴실매너

자리에서 일어나 면접관을 향해 "감사합니다"하며 인사한 후에 나간다. 이때 만약 본인의 의자가 삐뚤어졌다면 원래의 위치로 정리한 후 나가면 좋다. 문을 닫기 전에는 입실했을 때와 마찬가지로 문 앞에서 면접관에게 간단히 목례한 후 나간다. 이때 면접이 끝났다는 안도감에 문을 '쾅'하고 닫고 나가는 실수를 범하지 않도록 하자. 퇴실 후에도 평가는 계속해서 이루어지기 때문이다.

따라서 완전히 건물을 나서기 전까지는 행동을 조심한다. 면접이 끝난 후 건물 내에서 지인들에게 전화해 면접에 관한 내용을 이야기 한다거나 면접을 잘 못 봤다고 해서 울상을 짓지 않는다.

면접 스피치에
강해지는 법

목소리의 위력

　목소리와 말의 내용 중 한 사람의 이미지를 결정짓는데 더 큰 영향을 미치는 것이 무엇일까? 대부분 말의 내용이라고 생각하기 쉽지만 사실은 목소리가 더 큰 영향을 미친다. 미국의 사회 심리학자 앨버트 메라비언Albert Mehrabian에 의하면 사람이 상대방으로부터 받는 이미지는 시각적인 요소표정, 복장, 헤어, 걸음걸이, 태도, 자세 등가 55퍼센트로 가장 높고 그 다음으로는 목소리 톤이나 억양, 음색 등의 청각적인 요

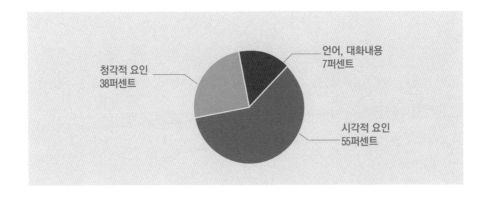

소가 38퍼센트, 마지막으로 말의 내용에 해당하는 언어적 요소가 7퍼센트이다. 이미지 결정요소에 있어 시각적 요인 외에 가장 많은 영향을 미치는 것은 말의 내용이 아니라 목소리라는 것이다.

요즘은 조금 시들해졌지만 한때 서바이벌 오디션 프로그램이 사회적으로 이슈였던 적이 있다. 최근에는 1차 심사에서 심사위원들이 지원자의 얼굴을 보지 않고 오로지 목소리만을 가지고 평가하는 블라인드 오디션이 인기다. 목소리만을 가지고 가수를 뽑는다? 물론 노래를 잘 해야 하는 것이 기본이기는 하겠지만 목소리 하나로 심사위원들을 귀를 즐겁게 해 선택되는 지원자들도 많다. 목소리에는 사람을 확 끌어당기는 마력 같은 것이 있기 때문에 가능한 일이 아닌가 싶다. 면접도 마찬가지이다. 목소리에 힘이 없고 본인만 알아들을 수 있을 정도로 조용조용 이야기하는 지원자 보다는 목소리에 힘이 실려 자신감이 느껴지고 귀에 쏙쏙 들어오게끔 이야기하는 지원자가 면접관의 시선을 사로잡게 된다.

그렇다면 어떤 것이 좋은 목소리일까? 보통 '솔'톤으로 평상시 속도보다 약간 빠른 속도로 이야기하는 것이 경쾌하고 적극적인 느낌을 줘서 좋다고 한다. 그렇다면 모든 사람에게 다 '솔'톤이 맞는 걸까? 그건 아니다. 무조건 좋다고 해서 자신도 따라 맞추는 것이 아니라 자신에게 가장 잘 어울리는 목소리 톤으로 힘들이지 않고 자연스럽게 이야기할 때 듣기 좋은 목소리가 될 수 있다. 내가 이야기할 때 편하고 자연스러워야 듣는 사람도 불편을 느끼지 않기 때문이다. 따라서 먼저 내가 어느 음에서 이야기할 때 가장 편하게 이야기 할 수 있는지를 찾아보자. 그런 다음 면접유형에 따라 '파'면 '파', '솔'이면 '솔' 등의 실제 본인의 톤으로 이야기하거나 평상시의 본인의 톤보다 반음에서 한음 정도 높여서 이야기하면 된다.

예를 들어 면접관과 내가 일대일로 면접을 보게 되는 경우에는 자연스럽게 실제 본인의 톤으로 이야기하거나 반음~한음 정도 낮추어서 이야기하는 것이 좋다. 만약 다른 경쟁자 없이 혼자서 면접을 보는 개별면접인데 면접관이 다수일 경우에는 실제 본인의 톤보다 약간 높여서 이야기한다. 면접관한테 밀린다는 느낌이 들지 않도록 좀 더 자신감 있으면서 밝고 경쾌한 톤으로 면접을 이끌어 가는 것이 좋기 때문이다.

마지막으로 다른 지원자들과 함께 면접보게 되는 집단면접일 경우에는 목소리를 너무 크게 하면 튀기 위한 행동으로 비추어 질 수 있기 때문에 실제 본인의 톤으로 이야기하거나 반음정도 높여서 이야기하는 것이 좋다.

그렇다면 현재 나의 목소리는 어떠한가? 아래 체크 리스트를 통해 본인의 목소리를 점검해 보자.

✓ **목소리 체크 리스트**

구분	체크사항
1. 말하는 속도가 너무 빠르거나 느리다.	
2. 말을 할 때 목에 힘이 많이 들어가는 것을 느낀다.	
3. 내 목소리에 자신이 없다.	
4. 사람들이 내 목소리를 잘 기억하지 못한다.	
5. 콧소리가 많이 난다.	
6. 어린아이 같은 말투를 많이 사용한다.	
7. 목소리 톤이 너무 높거나 너무 낮다.	

8. 긴장하면 목소리가 떨리거나 말을 더듬는다.	
9. 발음이 부정확하다는 소리를 자주 듣는다.	
10. 목소리가 작고 힘이 없다.	
11. 목소리가 딱딱하고 부드럽지 않다.	
12. 말을 할 때 숨이 차다.	
13. 목이 금방 잠겨 오래 말을 하지 못한다.	
14. 쇳소리가 많이 나고 말끝이 흐려진다.	

어떤가? 체크된 항목이 많은가? 그렇다면 당신의 이미지를 좋게 만드는 데에 있어 목소리가 방해꾼이 될 수도 있다. 하지만 목소리는 본인의 노력 여하에 따라 바꿀 수 있다. 타고난 목소리 자체를 180도 바꿀 수는 없겠지만 친근감 있고 신뢰감 있는 목소리로는 얼마든지 바꿀 수 있다. 모든 것은 본인이 얼마나 노력하느냐에 달려 있다는 사실을 꼭 기억하자.

연단공포증 탈출법

한 설문조사에서 구직자들을 대상으로 "면접에서 가장 많이 한 실수가 무엇입니까?"라고 물었더니 구직자들의 절반 이상이 '떨리고 작은 목소리'라고 대답했다고 한다. 필자 역시 강의하면서 학생들에게 가장 많이 받는 질문 중에 하나가 "강사님은 어떻게 그렇게 떨지 않고 말을 잘해요? 비법 좀 알려주세요."였다. 실제로 많은 학생들이 사람들 앞에서 이야기하는 것에 대해 공포를 느끼고 스트레스를 많이 받고 있다. 사실 필자도 떨지 않는 것은 아니다. 단지 오랜 기간 해왔던 일이기 때문에 마인드 컨트롤을 통해 떨지 않는 것처럼 보이고 있는 것뿐이다. 하지만 필자 역시 처음 사람들 앞에 섰을 때는 긴장으로 인한 떨림을 온몸으로 표현했었던 사람 중 하나였다. 필자가 중학생이었던 시절, 한 선생님이 유독 학생들에게 책을 일어서서 돌아가며 읽게끔 하셨다. 그럴 때면 항상 내 차례가 오기 한참 전부터 이미 극도로 불안해하기 시작했다. 그러다가 차례가 오면 책을 읽기는 읽는데 목소리는 이미 떨려서 나오고 있고 얼굴은 붉게 달아올라 쥐구멍에라도 숨고 싶은 심정을 느꼈던 때가 한두 번이 아니었다. 어찌나 두려웠던 순간이었는지 아직도 그때의 기억이 생생하게 떠오른다.

이렇게 필자처럼 '남들이 자기를 유심히 지켜볼지도 모르는 상황에서 어떤 일을 할 때 지나치게 긴장하고 심한 불안을 느끼는 것'을 연단공포증이라고 이야기한다. 하지만 연단공포증은 누구든 노력하면 어느 정도는 극복할 수 있다. 100퍼센트 떨림을 없애지는 못하겠지만 공포로부터 벗어날 정도는 될 수 있다.

그리고 어느 정도의 긴장과 떨림은 집중력을 높여 최선을 다할 수 있도록 해 주기 때문에 무조건 밀어내는 것이 옳은 것은 아니다. 연단공포증의 원인 및 해결방법을 통해 떨림과 긴장을 어느 정도는 가지되 무대는 즐길 줄 아는 사람으로 다시 태어나 보자.

연단공포증 원인 및 해결방법

연단공포증은 누구나 다 가지고 있다'는 사실을 기억하자. 실제로 미국의 한 대학에서 실시한 연구결과에 의하면, 인간이 세상에서 가장 두려워하는 것은 놀랍게도 죽음이나 질병이 아니라 다른 사람들 앞에서 연설하는 것이라고 한다. 놀랍지 않은가? 많은 사람들이 죽음보다 스피치를 더 두려워한다는 것이다. 그러니까 스피치를 할 때 떠는 것은 결코 이상한 게 아니라는 것이다. 너무나 당연한 것이다. 그런데 많은 사람들이 이러한 사실은 기억하지 못하고 떨고 있는 본인을 보면서 '난 할 수 없어. 난 너무 소극적이야'라고 생각하며 자꾸 도망가려고 하기 때문에 떨림 현상이 더욱 극대화되는 것이다.

실제 필자도 처음에는 자꾸만 스피치를 피하고만 싶었다. 그런데 주위를 둘러보며 관찰해보니 나만 떨고 있는 것이 아니었다. 스피치를 하면서 목소리를 떠는 것은 기본이었고 손을 떠는 친구, 긴장감에 몸 전체가 흔들리는 친구, 목소리가 기어 들어가는 친구, 하물며 눈물을 흘리는 친구까지 정말 다양했다.

그래서 나와 같은 고민을 가지고 있는 친구들을 불러 모아 이야기를 나누기 시작했다. 스피치에 대한 서로의 고민을 허심탄회하게 털어놓으면서 서로 위로와 격려를 해주며 스트레스가 조금씩 풀어졌다. 그러다 보니 처음에는 '나만 이상해'라고 생각했었는데 이제는 '나만 그런 게 아니야', '용기를 가져보자'라는 생각이 들게 되면서 스피치 시간이 조금은 편안해지기 시작했다. 마음이 편안해지자 목소리의 떨림도 사라지고 얼굴의 붉은 기도 조금씩 없어져 갔다. 그리고 어느새 책을 읽을 때 다른 사람의 시선을 신경 쓰지 않고 책 읽는 데만 집중하게 되었다. 다른 사람들도 나와 똑같다는 것을 인정하기가 어려울 뿐이지 인정하고 나면 그 다음은 걱정될 게 없다.

연단공포증이 심했던 필자가 연단공포증을 극복하고 강사의 길로 들어서는데 가장 도움이 많이 됐던 것은 바로 자신감 회복과 스피치에 대한 관심이었다. 공포의

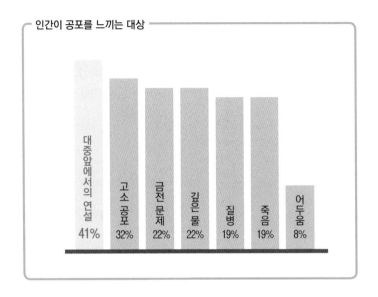

인간이 공포를 느끼는 대상

대중앞에서의 연설 41%
고소 공포 32%
금전 문제 22%
깊은 물 22%
질병 19%
죽음 19%
어두움 8%

대상에 어떻게 관심을 가지게 됐을까? 방법은 간단했다. 생각을 바꾼 것이었다. 어차피 학교생활이든 사회생활이든 사람들을 만나게 되는 장소에서는 이야기나 발표를 꾸준히 해 나가야 할 테니 반드시 해야 되는 거라면 피하려 하지 말고 차라리 당당하게 부딪쳐 보자는 것이었다. 이렇게 생각을 바꾸고 나서는 발표할 기회를 알아서 찾아다니기 시작했다. 학교에서 선생님이 "발표할 사람?" 하고 물으면 일단 손부터 들었고, 토론에도 적극적으로 참여했다.

물론 처음에는 역시나 목소리부터 떨리고 내용도 뒤죽박죽 엉망이었지만, 시간이 지날수록 그리고 준비를 열심히 하면 할수록 말문이 쉽게 트이기 시작했다. 그러면서 선생님께 칭찬받게 되고 자신감을 회복하기 시작했다. 그때부터 스피치를 생활에서 자주 연습했다. 혼자서 아무 단어나 하나 제시한 후 그 단어와 연관된 스토리를 즉석에서 만들어 보기도 하고, 드라마나 영화를 본 후에는 매번 시청소감을 1~2분 정도 이야기하는 연습을 했다. 이런 노력들이 있어서인지 주변 사람들에게 말을 잘한다는 칭찬을 많이 듣게 됐고 예전의 나로서는 생각지도 못했던 아나운서로 일할 수 있는 기회도 얻게 되었으며 지금은 강사로서 많은 사람들 앞에서 이야기를 하고 있다. 필자처럼 연단공포증에서 탈출하고 싶은가? 그럼 일단 부딪혀 보라.

면접도 마찬가지이다. 면접장에 들어서는 지원자의 대부분은 나와 같은 연단공포증을 가지고 있는 사람들이라는 사실을 기억하고 마음을 편하게 갖도록 하자. '면접관은 무서울까? 내 인사를 안받아주면 어떡하지?'가 아니라 '면접관과 오늘 어떤 대화를 나누게 될까? '인생의 선배에게 내 이야기를 하고 좋은 조언을 들어보자'라고 생각하며 면접에 임하자.

이것만은 알아두자

긴장감과 떨림을 잠재우고 싶다면 면접장에 30분~1시간 정도 일찍 도착해 보자. 도착해서 내가 면접을 볼 회사의 분위기를 살피고 직원들을 행동을 바라보며 내가 처한 환경에 익숙해지는 것이다. 원래 내가 다녔던 곳인 것처럼 편안함을 느껴야 긴장도 덜 느끼게 된다. 그런데 그렇지 않고 면접시간에 촉박하게 면접장에 도착하게 되면 낯선 공간에서 느끼는 어색함이 더 깊어져 긴장감도 극대화될 수밖에 없다. 필자도 항상 강의장에 1시간은 먼저 도착해서 현장에 익숙해지려 한다. 10분 정도 혼자서 생각을 정리하는 시간을 가진 다음 강의장을 둘러보며 동선을 확인하고 강의실에 들어오는 교육생들과 시선을 마주치며 분위기를 파악해 본다. 강의장을 익숙하고 친근한 공간으로 만들기 위한 하나의 노력이다. 낯선 공간에서 낯선 사람을 대하면 아무래도 마음부터 불편할 수밖에 없기 때문이다. 면접에서의 긴장감을 조금이라도 잠재우고 싶은가? 그렇다면 면접장이 낯선 공간이 아닌 익숙한 공간으로 느끼기 위해 노력하라.

위축되지 말고 긍정적으로 생각하라

자신보다 연령이 높고, 지식이 많고, 사회경험이 많은 면접관들 앞에서 나의 이야기를 한다는 것이 어느 정도 부담이 될 것이다. 그래서 대부분의 지원자들이 '내가 이야기하는 것 중에 틀린 부분이 있으면 어떻게 하지?' '실수하면 안 되는데…'라고 생각하며 지레 겁부터 먹는다. 하지만 이제 막 사회에 첫 발을 내딛는 내가 실무경험이 많은 면접관보다 많은 면에서 부족한 것은 당연한 사실이다. 그리고 그건 면접관도 다 알고 있다. 면접관은 질문에 대답하지 못한 지원자에게 '자네는 왜 이런 것도 모르나'하며 타박주거나 트집을 잡으려고 하는 것이 아니라 그때그때 주어지는 상황에 어떤 식으로 대처해 나가는지 그 대처방법을 알아보려 하는 것 뿐이다. 따라서 면접장에서는 '잘못하면 어쩌지'가 아니라 '나는 할 수 있다'라는 긍정적인 생각으로 무장하라.

🔍 이것만은 알아두자

연단공포증, 이렇게 탈출하자

면접당일 면접에 대한 공포심으로 계속 몸과 마음이 위축된다면, 면접장에서 면접관의 질문에 멋지게 답변하고 있는 본인의 모습이나 면접이 끝난 후 면접관들이 본인을 칭찬해 주는 모습, 또는 박수 받는 모습을 상상해 보는 것이다. 상상 그 하나만으로도 에너지를 상승시킬 수 있다.

피그말리온 효과라는 것이 있다. 그리스 신화에 나오는 조각가 피그말리온의 이름에서 유래한 심리학 용어를 말하는데 진정으로 내가 바라고 믿으면 그것이 현실이 되어 실제로 이루어지는 현상을 말한다. 이처럼 긍정적인 마인드는 면접에서 내가 가진 나의 능력보다 더 큰 능력을 보여줄 수 있는 큰 힘으로 작용될 수 있다는 사실을 꼭 기억하길 바란다.

연습을 통해 긴장감을 극복하자

친한 친구에게 본인이 가장 좋아하고 자신 있어 하는 것게임, 연예인, 만화책 등을 설명한다고 생각해 보자. 아마 대부분 밝은 표정으로 신이 나서 이야기를 계속해서 이어 나갈 것이다. 그런데 이번에는 동일 인물에게 내가 잘 모르는 무언가를 설명해야 한다고 생각해 보자. 아마 표정부터 굳어지고 무슨 이야기를 어떻게 해야 할지 몰라 당황하기 쉽다.

이렇게 사람은 누구나 자신이 잘 알고 있는 분야나 좋아하는 분야에 대해서는 자신감을 느끼며 이야기하는 것을 좋아하지만 관심 없는 분야에 대해서는 입을 닫아버리는 경향이 있다. 따라서 하고자 하는 이야기에 대한 정보가 많고 내용을 충분히 숙지했다면 입이 근질거려서라도 이야기를 계속하려 할 것이다. 소재가 많고 면접과 같이 자신에 대한 이야기를 해야 하는 곳이라면 누구보다 스스로 본인에 대해 잘 알고 있어야 한다. 따라서 면접 전에 자신이 제출한 이력서와 자기소개서에 대한 숙지를 반드시 충분히 하고 가기를 바란다.

간혹 지원자 중에는 본인이 작성한 자기소개서의 내용을 물어보는데도 자신이 어떻게 작성했는지를 기억하지 못해 "제가 그런 내용을 썼었나요?"라고 오히려 면접관에게 질문하는 지원자들이 있다. 이런 경우 절대 좋은 점수를 얻을 수가 없다. 따라서 내가 제출한 이력서와 자기소개서는 반드시 별도로 보관해 두고 내용을 충분이 숙지한다.

또한, 면접에서 받는 질문의 대부분은 내가 작성한 서류를 토대로 해서 나오기 때문에 예상 질문을 미리 뽑아 답변을 연습하고 오는 것도 많은 도움이 될 수 있다답변 연습방법은 면접 실전 편을 참고할 것. 자신이 잘 알고 있는 것에 대해서는 확실히 답변을

할 수 있도록 만반의 준비를 하자.

이야기를 할 때 첫 시작을 어떻게 하느냐가 굉장히 중요하다. 처음부터 버벅거리며 이야기를 하게 되면 계속 그 부분이 신경 쓰여 끝까지 버벅거리는 경우가 많다. 반면 첫 시작을 호소력 있는 목소리와 더불어 알찬 내용으로 시작했다면 많은 사람들의 관심과 기대를 받으면서 끝까지 이야기를 잘 이어갈 수 있다. 면접의 경우에는 면접관들에게 처음으로 본인의 목소리를 들려주게 되는 인사나 자기소개에 특히 신경을 많이 써야 한다. 생각해 보라. 한 지원자가 "안녕하십니까, ○○○입니다." 하며 자기소개를 시작했는데 부정확한 발음에 불안한 시선처리, 기어들어가는 목소리로 이야기한다면? 아마 대부분은 지원자의 이야기에 집중하려 하지 않고 머릿속으로 딴 생각을 하게 될 지도 모른다.

그런데 반대로 밝은 표정과 더불어 시원시원한 목소리로 자기소개를 시작하는 지원자가 있다면? 이땐 그 지원자를 조금 더 알고 싶어 하는 마음이 생겨 뒷이야기를 좀 더 들으려 할 것이다. 따라서 내가 면접에 대한 준비가 조금 부족했다거나 내용 숙지가 미흡한 상태라면 자기소개 말 첫머리 2,3개의 문장이라도 충분히 숙지하거나 암기하여 정확한 발음과 발성으로 이야기하는 연습을 반드시 하자. 첫 단추를 잘 꿰어야 마지막 단추도 쉽게 낄 수 있다.

무조건 잘해야 된다는 강박관념에 사로잡히지 말고 자연스럽게 하라

극작가인 올비는 대중 앞에 나서는 것을 두려워했다. 더구나 연설은 정말 싫어서 꾀를 부렸다고 한다. 그래서 하루는 연설할 때 말을 더듬으며 하기로 했다. 그렇게 하면 사람들이 무안해서 다신 자신에게 연설 부탁을 하지 않을 거라는 생각에서였다. 그런데 이상하게도 그날따라 말이 너무나 잘 되어 스스로도 깜짝깜짝 놀랐다고 한다. 하기 싫어서 잘 안 하려고 했더니 연설이 더 잘됐다며 이것이 바로 자신이 연설을 질할 수 있게 된 이유라고 이야기 했다. 부담을 가지지 않고 맘

편히 임했더니 결과도 좋았다는 것이다.

또한 무조건 잘해야 된다는 생각에 사로잡혀 평소에는 잘 쓰지도 않던 고급 어휘들을 사용한다거나 잘 모르는 이야기를 하게 되면 부담감만 증폭되어 스피치가 더 어색해지고 이야기에 몰입하지 못하게 된다. 가장 좋은 것은 평상시에 친구들에게 이야기할 때처럼 편안하게 하는 것이다.

이것만은 알아두자

이야기를 시작했으면 내가 하는 이야기에만 몰두하자. 잡다한 생각이 많으면 실수를 범하기 마련이다. 한두 문장 틀렸다고 해서 당황해 하지 말고 잘못 이야기했으면 다시 수정하면서 이 이야기를 이어나가면 된다. 이야기를 하는 동안에는 내가 주인공이다. 주인공이 몰입하지 못하면 관객들도 몰입할 수 없다는 사실을 기억하자.

또한 내가 긴장하고 있다는 것을 청자에게 공개하는 것도 좋은 방법이 될 수 있다. 떨려서 아무것도 생각이 나지 않는데 계속해서 말을 이어나가려고만 하면 부담감만 증폭될 뿐이다. 이럴 때는 차라리 면접관에게 "제가 지금 많이 긴장해서 그런지 내용이 정리가 잘 안 되는 것 같습니다. 죄송하지만 잠시 생각할 시간을 가져도 되겠습니까?"라고 정중하게 이야기를 해보자. 아무 말도 하지 않고 있는 것보다는 본인의 상황을 설명하고 다시 발언할 기회를 가져보는 자세가 중요하다.

전달력을 높이기 위한 스피치 기본기 익히기

스피치 연습은 기본적인 호흡, 발성, 발음연습에서 시작되어야 한다. 말하는 사람의 호흡이 짧거나 거칠어서 이야기가 툭툭 끊어진다거나, 발성이나 발음이 정확하지 않아 내용이 청자에게 정확히 전달되지 않는다면 스피치를 제대로 했다고 할 수 없다. 따라서 스피치 연습은 기본적인 호흡, 발성, 발음연습에서 먼저 시작해야 한다. 주변에서 말 잘하는 사람들을 만나 스피치 연습법에 대한 그들의 노하우를 듣는다거나 아나운서나 성우들의 발성/발음법을 따라서 연습해 보는 것이 좋다. 내가 하는 호흡, 발성, 발음이 그들과 어떻게 다른지를 먼저 알아야 개선할 수 있기 때문이다.

복식호흡 연습

복식호흡은 건강에도 좋을 뿐 아니라 좋은 음성을 갖는 데에도 도움이 된다. 먼저 평소 나는 복식호흡을 하고 있는지 흉식호흡을 하고 있는지 체크해 보자. 복식호흡은 숨을 들이 마실 때 배로 공기를 가득 모으기 때문에 배가 앞으로 볼록하게 튀어 나오게 되고 숨을 내쉴 때에는 배가 안으로 쏙 들어가게 된다. 하지만 이와는 반대로 숨을 들이마실 때 가슴이 올라오고 배가 들어가게 된다면 흉식호흡을 하고 있는 것이다. 스피치에 왜 복식호흡이 좋은지는 다음을 참고하자.

흉식 호흡	• 가슴으로 하는 호흡법 • 맑으나 힘이 없고, 건조한 느낌 • 호흡량이 적어 길게 말할 수 없으며, 소리가 작고 약하다.
복식 호흡	• 배복식으로 하는 호흡법 • 목소리에 탄력성, 윤기, 힘이 있다. • 목소리가 낮으면서도 힘이 있고, 높은 음을 내도 거칠어지지 않는다.

만일 복식호흡에 대한 감이 도저히 오지 않는다면 바닥에 한번 누워보자. 그리고 평상시처럼 숨을 들이마셨다 내쉬어보라. 그러면 자연스럽게 숨을 들이마실 때에는 배가 나오고 내쉴 때에는 배가 들어가는 것을 느낄 수 있을 것이다. 그 느낌을 기억하고 평상시에도 계속해서 복식호흡을 연습하자. 그리고 복식호흡에 대해 어느 정도 감이 왔다면 이제 복식호흡을 하면서 배를 단단하게 만드는 작업을 하는 것이 좋다. 허리를 굽히고 펴는 동작을 하면서 호흡하면 많은 도움이 된다.

방법은 간단하다. 다리를 골반 너비 정도로 벌린 후에 먼저 숨을 깊게 들이 마신다. 공기를 배에 가득 채워서 빵빵하게 만드는 것이다. 그런 다음 허리를 천천히 숙이면서 숨을 내쉬도록 하자. 한 번에 모든 공기를 다 내뱉는 것이 아니라 내려가면서 조금씩 내뱉는다. 그리고 완전히 숙였을 때에 잠시 호흡을 멈춰 보자. 배가 단단해진 것을 느낄 수 있을 것이다. 그런 다음 다시 허리를 펴면서 다시 공기를 들이마시면 된다. 흉식호흡을 하던 사람이 갑자기 복식호흡을 하게 되면 처음에는 현기증도 일어나면서 불편함을 많이 느낄 것이다. 하지만 복식호흡은 스피치뿐만 아니라 우리의 건강을 지켜주는 고마운 호흡법이라는 것을 다시 한 번 상기하면서 꾸준히 연습하자.

발성 연습

하나 - 바르게 선 자세에서 숨을 들이마신 후에 하품할 때처럼 입을 크게 벌리고 '아~'하고 소리를 내보자. 연습할 때에는 5초→10초→15초로 조금씩 시간을 늘려가 본다. 시간을 늘려갈 때 크기가 작아지거나 소리가 불안정하게 떨려서는 안 된다. 시작부터 호흡을 너무 많이 뱉어내지 말고 처음부터 끝까지 균등하게 호흡을 조절한다.

둘 - 이번에는 '아~'하고 소리를 5초간 내다가 호흡을 잠시 멈추어 보자. 목에 힘을 주어 소리를 멈추는 것이 아니라 배에다가 힘을 주어 공기가 빠져 나가는 것을 순간적으로 멈추는 것이다. 소리는 목에서 만들어지는 것이 아니라 배에서 만들어진다는 것을 기억한다.

셋 - 마지막으로 글을 읽을 때에는 스타카토 발음으로 한 음절씩 끊어서 읽는 것도 도움이 된다. 한 음절씩 소리를 낼 때마다 배를 안으로 쏙쏙 집어넣으면 그 압력을 이용해서 더 큰 소리가 나올 수 있기 때문이다. 소리를 내뱉을 때 내뱉고 바로 밑으로 뚝 떨어뜨리는 것이 아니라 마치 공이 포물선을 그리며 날아가듯이 멀리멀리 소리를 던진다는 생각으로 연습한다.

발성 연습표

	ㅏ	ㅑ	ㅓ	ㅕ	ㅗ	ㅛ	ㅜ	ㅠ	ㅡ	ㅣ
ㄱ	가	갸	거	겨	고	교	구	규	그	기
ㄴ	나	냐	너	녀	노	뇨	누	뉴	느	니
ㄷ	다	댜	더	뎌	도	됴	두	듀	드	디
ㄹ	라	랴	러	려	로	료	루	류	르	리
ㅅ	사	샤	서	셔	소	쇼	수	슈	스	시
ㅇ	아	야	어	여	오	요	우	유	으	이
ㅊ	차	챠	처	쳐	초	쵸	추	츄	츠	치
ㅋ	카	캬	커	켜	코	쿄	쿠	큐	크	키
ㅍ	파	퍄	피	펴	포	표	푸	퓨	프	피
ㅎ	하	햐	허	혀	호	효	후	휴	흐	히

발음 연습

정확한 발음을 하는데 있어 혀, 입술, 아래턱의 근육을 충분이 풀어주지 않으면 알아듣기 힘들고 자연스럽지 못한 소리가 나오기 십상이다. 실제로 필자도 이 세 가지 근육을 제대로 활용하지 못해 말을 하면 웅얼대는 소리가 나고 전달이 잘 되지 않았다. 그래서 처음에 발음 연습을 할 때에는 입을 크게 벌리고 한 음절 한 음절 정확하게 읽어주는 것이 중요하다.

이때 거울을 보고 연습하면 더 효과적이다. 소리를 낼 때 입의 움직임이 활발한지, 한쪽 입술만 올라간 채로 소리를 내고 있지는 않은지 바로바로 확인이 가능하기 때문이다. 한 음절 한 음절 정확하게 읽는 연습을 한 후에는 문장 전체를 자연스럽게 처음부터 끝까지 읽어 보자.

말의 속도 및 강약 조절하기

말을 너무 빨리 하게 되면 상대방이 알아듣기 힘들고, 반대로 말을 너무 느리게 하면 상대가 따분함을 느낄 수 있다. 그렇다면 적절한 말의 속도의 기준은 어떻게 될까? 물론 내용과 상황에 따라 조금씩 다르긴 하겠지만 1분 동안 300 음절 내외를 말하는 것이 적당하다고 한다.

본인 말의 속도가 적정한 수준인지 먼저 체크해본 후 너무 빠르거나 느리다면 말의 완급조절을 통해 속도를 조절해 보자. 중요하거나 강조할 부분에서는 소리를 강하게 내뱉으면서 속도를 늦추고 중요하지 않은 내용을 급히 전달해야 할 때에는 속도를 빨리 내서 이야기해본다. 이야기를 할 때 다양한 속도로 말하게 되면 단조로운 이야기도 흥미롭게 느껴질 수 있다.

말의 속도 조절 예시

아래 문장을 40초 내외로 읽어보자.

> 내가 사랑하는 사람.
>
> 이 세상에서 내가 사랑하는 사람은 내 마음에서 언제나 활짝 웃고 있는 그대입니다.
>
> 눈을 감아도 선명하게 보이고 눈을 떠도 언제나 내 마음에서 지워지지 않는 그대입니다.
>
> 때로는 그리움이 좁디좁은 내 가슴에 가득 차고도 넘칩니다.
>
> 가끔은 그대를 원망도 하지요.
>
> 세월이 갈수록 그리움은 더 짙어지고 사랑하는 마음은 한결같은데 사랑한다는
>
> 나만을 사랑한다는 그대의 목소리를 그러다가 오늘도 지쳐 잠이 듭니다.
>
> – 시집 〈사랑과 시 그리고 나〉 중에서

강조법 활용하기 예시

하나 – 강조하고자 하는 부분을 힘 있고 강하게 외쳐보자.

> · **나는** 이 ○○회사에 꼭 취업하여 다른 사람의 희망이 되고 싶습니다.
> · 나는 이 ○○**회사**에 꼭 취업하여 다른 사람의 희망이 되고 싶습니다.
> · 나는 이 ○○회사에 꼭 취업하여 다른 사람의 **희망**이 되고 싶습니다.

▶ 강세를 두어야 할 곳이 따로 정해져 있는 것은 아니다. 말의 전체 맥락 중에서 화자가 강조하고 싶은 부분에 힘을 주어 말하면 된다.

둘 – 강조하고자 하는 부분을 작고 약하게 외쳐보자.

- 다시는 이 곳을 올 수 없다는 생각에 가슴이 **미어집니다.**
- 해결할 수 없는 문제에 부딪히자 나는 또 다시 **절망하고 말았습니다.**
- 그 사람 앞에만 서면 나는 항상 **작아집니다.**

▶ 좌절이나 실패, 절망 등 약하고 부정적인 단어를 사용할 때 많이 활용하는 강조법이다.

셋 – 강조하고자 하는 부분을 천천히, 또박또박 외쳐보자.

- 지난 1월 출생아수가 **4만 1400명**으로 전년 동월대비 6.3퍼센트 감소했습니다.
- 우리나라 서남해 쪽에 있는 가장 큰 화산섬은 **제주도**입니다.

▶ 보통 어렵고 복장한 내용이나 숫자, 인명, 지명, 연대 등을 말할 때는 천천히 또박또박 말해야 듣는 이가 잘 알아들을 수 있다.

반드시 목소리를 녹음해서 들어볼 것

본인의 목소리를 녹음기를 통해 들어본 적이 있는가? 만약 있다면 대부분은 생소하게 들려 적지 않게 당황했을 것이다. 말할 때 듣게 되는 자신의 목소리는 신체 공명을 통해 신체 내부에서 듣는 것이지만, 녹음기를 통해 듣는 자신의 목소리는 신체의 공명을 뺀 소리이기에 자신의 목소리가 아닌 것처럼 느껴지는 것이다. 따라서 타인이 듣는 본인의 목소리가 어떠한지 객관적으로 확인해 보기 위해서는 녹음기를 이용하는 것이 좋다. 실제 면접을 보고 있다고 생각하고 질문에 답변해가면서 본인의 목소리를 녹음해 보자. 듣기에 거북하지는 않은지, 발음은 정확한지, 톤은 적당한지 등을 체크해 보고 고쳐 나가야 할 사항들을 정리해 연습한다.

평상시에 할 수 있는 목소리 관리법

① 하루에 미지근한 물을 2리터 정도 마시면 성대를 촉촉하게 유지하는 데에 도움이 된다.

② 카페인은 성대를 건조하게 만들기 때문에 카페인이 많이 들어간 음료커피, 녹차, 코코아 등는 피한다.

③ 헛기침을 하지 않도록 하며 따뜻한 수건으로 목을 감싸준다.

④ 유제품우유, 요거트, 아이스크림 등 및 설탕이 많이 들어간 단 음식은 가래가 많이 생기기 때문에 피한다.

⑤ 아침부터 목을 많이 사용해야 할 때는 허밍 등과 같은 작은 목소리로 먼저 목을 가볍게 푼 다음에 큰 소리를 낸다.

⑥ 콜라, 사이다 등의 탄산음료는 피하고 목에 좋은 음료인 배즙, 매실차, 오미자차 등을 마신다.

⑦ 짠 음식은 수분을 빼앗아 가기 때문에 피하는 것이 좋다.

▶ 이 모든 사항을 매일 지키며 생활하는 것은 어렵겠지만 적어도 면접과 같이 목소리에 특히 신경을 써야 하는 날에는 적어도 네다섯 시간 이전부터 위의 사항들을 지킬 수 있도록 노력해 보자.

참고하면 좋은 격언

- 자기가 하고 있는 일에 사랑과 신념을 가지지 못한다면 불행한 사람이다. 토머스 칼라일

- 사람이 땀 흘리며 일할 때가 제일 사람답다. 노동처럼 거룩한 것은 없다. 존 러스킨

- 이기는 것이 중요한 것이 아니다. 어떻게 노력하는가가 문제이다. 쿠베르탱

- 시작은 그 일의 가장 중요한 부분이요 절반이다. 플래톤

- 너 자신을 도우면 하늘은 너를 도울 것이다. 라퐁텐

- 오늘은 어제 죽은 사람들이 그렇게도 원하던 내일이었다. 조병화 시인

- 자기 자신을 정복하지 못한 사람은 결코 자유로울 수 없다. 에픽테토스

- 자기신뢰 없이는 성공하지 못한다. 에머슨

- 인내는 쓰다. 그러나 그 열매는 달다. 루소

- 일의 기량을 닦기 위해서 가장 중요한 것은 실행과 경험이다. 콜루멜라

- 험한 언덕을 오르려면 처음에는 서서히 걸어야 한다. 셰익스피어

- 역경 속에서 사람은 희망에 의해 구제된다.

- 끝나버리기 전에는 무슨 일이든 불가능하다고 생각하지 말라.

- 로마는 하루에 이루어지지 않았다.

- 일찍 일어나는 새가 벌레를 잡는다.

- 태만은 살아 있는 사람의 무덤이다.

- 구르는 돌은 이끼를 모을 수 없다.

- 희망과 인내는 만병을 다스리는 치료약이다.

- 뜻이 있는 곳에 길이 있다.

- 엎질러진 우유를 보고 울어봤자 소용없다.

- 무엇이든 성공하려거든 자신이 하는 일에 미쳐야 한다.

참고하면 좋은 한자성어

1. 인재상

- 鐵中錚錚 철중쟁쟁 : 같은 동아리 가운데 가장 뛰어난 사람을 비유

- 股肱之臣 고굉지신 : 팔, 다리가 될 만한 신하

- 社稷之臣 사직지신 : 사직(왕조)을 지탱할 만한 신하

- 棟梁之材 동량지재 : 대들보(동량)가 될 만한 재목

- 柱石之臣 주석지신 : 주춧돌(주석)이 될 만한 신하

2. 성장 환경

- 三遷之敎 삼천지교 : 맹자의 교육을 위하여 그 어머니가 세 번이나 집을 옮긴 일. 교육에는 환경이 중요하다는 의미

- 蓬生麻中 봉생마중 : 쑥이 삼밭 가운데서 자람. 환경에 따라서 바로 자라게 됨을 뜻하는 말

- 易地皆然 역지개연 : 사람은 처한 환경에 따라서 행동이 달라진다는 의미

- 勤儉 治家之本 근검 치가지본 : 부지런하고 검소한 것은 집안 살림하는 근본이다. 곧 부지런히 일하고 검소한 생활을 하는 것을 생활의 바탕으로 삼아야 한다는 뜻

3. 학문/독서

- 螢窓雪案 형창설안 : 반딧불이 비치는 창과 눈雪이 비치는 책상이라는 뜻으로, 어려운 가운데서도 학문에 힘씀을 비유한 말

- 日就月將 일취월장 : 날로 날로 나아감. 곧 학문이 계속 발전해 감

- 刮目相對 괄목상대 : 얼마동안 못 보는 사이에 상대가 깜짝 놀랄 정도의 발전을 보임을 뜻함

- 晝耕夜讀 주경야독 : 낮에는 밭을 갈고 밤에는 책을 읽음

- 博而精 박이정: 여러 방면으로 널리 알뿐만 아니라 깊게도 앎. 즉, '나무도 보고 숲도 봄'

- 孟母斷機 맹모단기 : 맹자의 어머니가 아들이 학업을 중단하고 돌아왔을 때, 짜던 베를 칼로 잘라서 훈계한 고사로 '어머니의 엄격한 자녀 교육'을 이름

- 刺股懸梁 자고현량 : 중국의 소진이란 사람은 공부할 때 졸음이 오면 송곳으로 허벅지를 찌르고, 초나라의 손경이란 사람은 머리를 대들보에 매달아 졸음을 쫓으면서 공부했다는 고사. 열심히 학문에 열중함을 비유하는 말

4. 삶의 자세/인생관/의지

- 先公後私 선공후사 : 공적인 것을 앞세우고 사적인 것은 뒤로 함

- 大義滅親 대의멸친 : 대의를 위해서 사사로움을 버림

- 滅私奉公 멸사봉공 : 사를 버리고 공을 위해 희생함

- 磨斧爲針 마부위침 : 도끼를 갈아 바늘을 만든다는 뜻으로, 열심히 노력함을 비유

- 射石爲虎 사석위호 : 돌을 호랑이로 오인하여 쏘았더니 화살이 돌에 깊이 꽂혔다는 고사에서, 성심을 다하면 아니 될 일도 이룰 수 있음을 이르는 말

- 成實在勤 성실재근 : 성공의 열매는 부지런함에 있음

- 積小成大 적소성대 : 작은 것을 모아 큰 것을 이룸

- 誠勤是寶 성근시보 : 성실과 근면이 곧 보배

- 無汗不得 무한부득 : 땀을 흘리지 않으면 얻을 수 없음

- 愚公移山 우공이산 : 우공이 산을 옮긴다. 쉬지 않고 꾸준하게 열심히 하면 결국 큰 일을 이룰 수 있다는 뜻

- 水滴穿石 수적천석 : 물방울이 돌을 뚫는다는 의미

- 三思一言 삼사일언 : 세 번 생각하여 한 번 말함

- 有始有終 유시유종 : 처음이 있고 끝도 있다. 시작한 일을 끝까지 마무리한다는 말

- 有志竟成 유지경성 : 뜻이 있으면 마침내 이루어진다는 뜻

- 轉禍爲福 전화위복 : 화가 바뀌어 복이 됨

- 先公後私 선공후사 : 공적인 것을 앞세우고 사적인 것은 뒤로 함

- 磨斧爲針 마부위침 : 열 번 찍어 안 넘어가는 나무 없다. '도끼를 갈면 바늘이 된다'는 뜻으로 아무리 어렵고 험난한 일도 계속 정진하면 꼭 이룰 수가 있다는 의미

- 登高自卑 등고자비 : 천릿길도 한 걸음부터. 일을 하는 데는 반드시 차례를 밟아야 한다는 말

- 言寡尤行寡悔 언과우 행과회 : 남을 탓하는 말은 적게 하고 행실은 뉘우침을 적게 하라는 뜻

- 要生者必死其死者得生 요생자필사 기사자득생 : 살고자 하는 자는 반드시 죽고 죽음을 각오한 자는 살 수 있음

- 有始者必有終 유시자필유종 : 시작이 있는 자는 반드시 끝이 있다는 말

- 以責人之心責己 以恕己之心 恕人 이책인지심 책기 이서기지심 서인 : 남을 꾸짖는 마음으로써 자신을 꾸짖고 자신을 용서하는 마음으로써 남을 용서하라는 의미

- 勿令妄動靜重如山 물령망동 정중여산 : 가벼이 움직이지 말라. 침착하게 태산같이 행동하라는 뜻

- 必生卽死死必卽生 필생즉사 사필즉생 : 죽고자 하면 반드시 살고, 살고자 하면 죽음을 이르는 말

5. 고난 극복 의지

- 百折不屈 백절불굴 : 여러 번 꺾어져도 굽히지 않음

- 七顚八起 칠전팔기 : 일곱 번 넘어지더라도 여덟 번째는 꼭 일어남

- 櫛風沐雨 즐풍목우 : 바람으로 빗질을 하고 빗물로 몸을 씻는다는 뜻으로, 긴 세월 동안 목적을 달성하기 위하여 온갖 난관을 무릅쓰고 고생한다는 말

- 臥薪嘗膽 와신상담 : 불편한 섶에서 자고, 쓴 쓸개를 맛본다는 뜻. 마음먹은 일을 이루기 위하여 온갖 괴로움을 무릅씀을 이르는 말, ～끝에 성공하다.

- 粉骨碎身 분골쇄신 : 뼈는 가루가 되고 몸은 산산조각이 됨. 목숨을 걸고 최선을 다함
- 專心致志 전심치지 : 오로지 한 가지 일에만 마음을 바치어 뜻한 바를 이룸
- 捲土重來 권토중래 : 한 번 실패하였다가 세력을 회복하여 다시 쳐들어옴

6. 친구/우정

- 肝膽相照 간담상조 : 간과 쓸개를 서로 내놓고 보인다는 뜻으로 서로 마음을 터놓고 허물없이 지내는 친구 사이
- 金蘭之交 금란지교 : 친구 사이가 너무 가깝기 때문에 그 벗함이 쇠보다 굳을 뿐 아니라 그 향기 또한 난초와 같다는 말
- 一面如舊 일면여구 : 단 한 번 만나 사귀어 옛 친구처럼 친해짐
- 竹馬故友 죽마고우 : 대나무 말을 타고 놀던 옛 친구라는 뜻으로, 어릴 때부터 가까이 지내며 자란 친구를 이르는 말
- 芝蘭之交 지란지교 : 친구끼리 좋은 감화를 주고받는 난초와 같은 맑고 아름다운 교제
- 布衣之交 포의지교 : 구차하고 어려운 시절의 사귐, 또는 신분·지위·명리名利를 떠나 순수한 벗으로 사귐을 이르는 말
- 呼兄呼弟 호형호제 : 서로 형, 아우라 부를 정도로 가까운 친구 사이

대기업, 공기업이 원하는
고졸취업

초판 1쇄 발행 2016년 7월 25일

지은이 김태완(블루벅스 대표)
펴낸이 나성원
펴낸곳 나비의활주로

기획편집 유지은
일러스트 정혜민
디자인 All design group

주소 서울시 강북구 삼양로85길 36
전화 070-7643-7272
팩스 02-6499-0595
전자우편 butterflyrun@naver.com
출판등록 제2010-000138호

ISBN 978-89-97234-80-6   03320